考试名家指导

专硕联考紫皮书分册系列教材

写作分册

联考与经济类联考

2023

鑫全工作室图书策划委员会　编
主编　赵鑫全
参编　张瑞娜　熊师路　张　婧
　　　马　佳　李　童　于俊淼

总第21版

北京理工大学出版社
BEIJING INSTITUTE OF TECHNOLOGY PRESS

版权专有　侵权必究

图书在版编目（CIP）数据

MBA、MPA、MPAcc、MEM 联考与经济类联考．写作分册/赵鑫全主编．—北京：北京理工大学出版社，2021.12
ISBN 978-7-5763-0717-7

Ⅰ.①M… Ⅱ.①赵… Ⅲ.①汉语-写作-研究生-入学考试-自学参考资料 Ⅳ.①G643

中国版本图书馆 CIP 数据核字（2021）第 254164 号

出版发行 / 北京理工大学出版社有限责任公司
社　　址 / 北京市海淀区中关村南大街 5 号
邮　　编 / 100081
电　　话 /（010）68914775（总编室）
　　　　　（010）82562903（教材售后服务热线）
　　　　　（010）68944723（其他图书服务热线）
网　　址 / http：//www.bitpress.com.cn
经　　销 / 全国各地新华书店
印　　刷 / 三河市宏图印务有限公司
开　　本 / 787 毫米×1092 毫米　1/16
印　　张 / 19.25　　　　　　　　　　　　　　　　责任编辑 / 张晓蕾
字　　数 / 474 千字　　　　　　　　　　　　　　　文案编辑 / 张晓蕾
版　　次 / 2021 年 12 月第 1 版　2021 年 12 月第 1 次印刷　　责任校对 / 周瑞红
定　　价 / 66.00 元　　　　　　　　　　　　　　　责任印制 / 李志强

图书出现印装质量问题，请拨打售后服务热线，本社负责调换

前 言

本书是编者多年的考试辅导经验总结，是专为管理类专业学位硕士（工商管理硕士、会计硕士、审计硕士和图书情报硕士等）联考 199 科目和经济类专业学位硕士（金融硕士、资产评估硕士和税务硕士等）联考 396 科目编写的考前中文写作备考辅导图书。

本书着重于以下两个方面：

第一，全面解决考生在联考写作方面存在的问题。本书不但给出了相关写作的策略，还给出了具体的写作步骤。此外，本书还给出了联考写作的评分标准及备考建议，具有较强的针对性和指导性。

第二，深入分析联考写作的命题形式，分层次总结联考写作应试技巧。为快速提高考生的写作基本功，本书给出了写作模板和范文供考生参考。

本书是系统的作文复习指导用书，建议考生在前期使用。《鑫全讲真题（写作）——写作历年真题名家详解》提供了历年写作真题的写作要点与范文，建议考生在后期使用。有了这两本全面、完整、浓缩的应试指导书，考生一般不再需要其他的写作辅导资料。

考生在使用本书过程中，如有疑问，可登录新浪微博@鑫全讲堂-赵鑫全（weibo.com/zhaoxinquan）提问交流，编者将给以解答。

赵鑫全

2021 年 12 月

配套服务使用说明

一、官方答疑

答疑小程序

扫描上方二维码或微信下滑
搜索"考研有问必答"小程序

专为考研学子开设的公益答疑频道，每天会有老师在线回复疑问，及时答疑解惑；另设置专属 VIP 一对一名师答疑，可直接与名师互动；如遇问题请及时咨询技术老师，QQ：342218140。

二、专业备考指导

考生可扫描下方二维码获得专业老师的专业咨询建议和备考指导。

MPAcc 官方微博　　MBA 官方微博　　物流与工业工程官方微博　　396 经济类官方微博

三、视频课程

扫描封面二维码，观看视频课程。

四、图书勘误

扫描下方二维码获取图书勘误。

五、投诉建议

全国统一投诉热线：400-807-7070。如果遇其他学习服务问题，也可以在新浪微博@鑫全讲堂-赵鑫全，或@考研大熊老师进行投诉。

目 录

前　言
配套服务使用说明

第一部分　2022年专业学位硕士联考写作考试大纲

管理类专业学位硕士联考（199科目）写作考试大纲 …………………… 3
经济类专业学位硕士联考（396科目）写作考试大纲 …………………… 4

第二部分　论证有效性分析写作

论证有效性分析复习备考流程 …………………………………………… 6

第一章　论证有效性分析命题详解 ……………………………………… 7
第1节　论证有效性分析大纲解析 ………………………………………… 7
　　一、论证有效性分析认知 ……………………………………………… 7
　　二、论证有效性分析大纲详解 ………………………………………… 8
第2节　论证有效性分析论证结构识别 …………………………………… 14
　　一、论证的构成及特点 ………………………………………………… 14
　　二、考试常见论证结构的类型 ………………………………………… 15

第二章　论证有效性分析的分析方法 …………………………………… 22
第1节　论证有效性分析的分析步骤 ……………………………………… 22
第2节　精准定位论证关系 ………………………………………………… 22
第3节　有效分析论证缺陷 ………………………………………………… 26
　　一、论证有效性分析的命题要点 ……………………………………… 26
　　二、论证有效性分析的分析类型 ……………………………………… 26
　　三、论证有效性分析公式化训练 ……………………………………… 42
第4节　论证结构与论证关系分析练习 …………………………………… 45

v

第三章　论证有效性分析文章写作要点

第1节　论证有效性分析评分标准
　　一、阅卷组评分标准 ·· 59
　　二、鑫全工作室细化评分标准（评分要点） ················ 60

第2节　论证有效性分析三步成文 ································ 65

第3节　论证有效性分析写作公式 ································ 72
　　一、文章架构 ·· 72
　　二、时间分配 ·· 73
　　三、结构要点 ·· 73

第四章　论证有效性分析强化训练 ································ 88
　论证有效性分析训练1 ·· 88
　论证有效性分析训练2 ·· 92
　论证有效性分析训练3 ·· 94
　论证有效性分析训练4 ·· 97
　论证有效性分析训练5 ·· 100
　论证有效性分析训练6 ·· 102
　论证有效性分析训练7 ·· 105
　论证有效性分析训练8 ·· 108
　论证有效性分析训练9 ·· 111
　论证有效性分析训练10 ·· 114

第三部分　论说文写作

　论说文复习备考流程 ·· 120

第一章　论说文命题详解
第1节　论说文认知 ·· 121
第2节　论说文大纲解析 ··· 122

第二章　论说文写作高分速成
第1节　论说文写作八大步骤 ·· 134

　　　　一、审题立意 ··· 135
　　　　二、列提纲 ··· 135
　　　　三、写作 ··· 135
　　第 2 节　论说文审题立意的技巧 ··· 136
　　　　一、审题立意的基本技巧 ··· 137
　　　　二、真题演练 ··· 141
　　第 3 节　拟题、开头与结尾 ··· 145
　　　　一、论说文拟题技巧详解 ··· 145
　　　　二、论说文开篇攻略 ··· 146
　　　　三、论说文结尾攻略 ··· 149
　　第 4 节　论说文结构公式 ··· 150
　　第 5 节　展开分论点的方法 ··· 160
　　　　一、展开分论点常见误区 ··· 160
　　　　二、常用展开分论点的方法 ··· 162
　　第 6 节　母题专训——论证与素材运用 ··· 166
　　　　母题一：企业成长 ··· 167
　　　　母题二：企业与社会 ··· 171
　　　　母题三：社会发展 ··· 175
　　　　母题四：社会和谐 ··· 179
　　　　母题五：个人成长 ··· 186
　　　　母题六：个人与社会 ··· 192

第三章　论说文强化训练 ··· 199
　　单元练习一 ··· 199
　　单元练习二 ··· 210
　　单元练习三 ··· 222

附　录
　　附录 A　管理类联考及经济类联考论证有效性分析真题 ································ 235
　　附录 B　管理类联考及经济类联考论证有效性分析真题解析（示例） ·················· 262
　　附录 C　管理类联考及经济类联考论说文写作真题 ···································· 272
　　附录 D　管理类联考及经济类联考论说文真题解析（示例） ··························· 286

第一部分

2022年专业学位硕士联考写作考试大纲

通过对管理类专业学位硕士和经济类专业学位硕士联考大纲比较研究，我们可以发现二者的异同点。这两类专业学位硕士联考都由三部分组成。

第一部分：数学基础。前者主要考核初等数学内容；后者主要考核高等数学内容。前者25题，后者35题，都由选择题组成。

第二部分：逻辑推理。二者的考核内容完全一样，前者注重形式逻辑的考核，后者注重论证逻辑的考核；前者30题，后者20题，都由选择题组成。

第三部分：中文写作。二者的考核内容完全一样，都由论证有效性分析（要求600字左右）和论说文（要求700字左右）组成。根据具体大纲，考生可以再详细研究一下具体内容。

管理类专业学位硕士联考（199科目）写作考试大纲

综合能力考试中的写作部分主要考查考生的分析论证能力和文字表达能力，通过论证有效性分析和论说文两种形式来测试。

1. 论证有效性分析

论证有效性分析试题的题干为一篇有缺陷的论证，要求考生分析其中存在的问题，选择若干要点，评论该论证的有效性。

本类试题的分析要点是：论证中的概念是否明确，判断是否准确，推理是否严密，论证是否充分等。

文章要求分析得当，理由充分，结构严谨，语言得体。

2. 论说文

论说文的考试形式有两种：命题作文、基于文字材料的自由命题作文。每次考试为其中一种形式。要求考生在准确、全面地理解题意的基础上，对命题或材料所给观点进行分析，表明自己的观点并加以论证。

文章要求思想健康，观点明确，论据充足，论证严密，结构合理，语言流畅。

经济类专业学位硕士联考（396科目）写作考试大纲

综合能力考试中的写作部分主要考查考生的分析论证能力和文字表达能力，通过论证有效性分析和论说文两种形式来测试。

1. 论证有效性分析

论证有效性分析试题的题干为一篇有缺陷的论证，要求考生分析其中存在的缺陷与漏洞，选择若干要点，围绕论证中的缺陷或漏洞，分析和评述论证的有效性。

论证有效性分析的一般要点是：概念特别是核心概念的界定和使用是否准确并前后一致，有无明显的逻辑错误，论证的论据是否支持结论，论据成立的条件是否充分等。

文章根据分析评论的内容、论证程度、文章结构及语言表达给分。要求内容合理、论证有力、结构严谨、条理清楚、语言流畅。

2. 论说文

论说文的考试形式有两种：命题作文、基于文字材料的自由命题作文。每次考试为其中一种形式。要求考生在准确、全面地理解题意的基础上，对材料所给观点或命题进行分析，表明自己的态度、观点并加以论证。文章要求思想健康、观点明确、材料充实、结构严谨完整、条理清楚、语言流畅。

第二部分

论证有效性分析写作

论证有效性分析复习备考流程

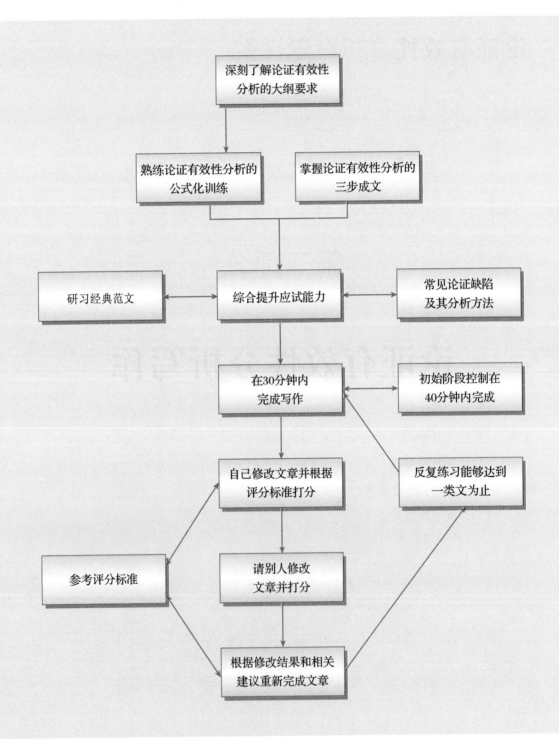

第一章
论证有效性分析命题详解

第 1 节　论证有效性分析大纲解析

一、论证有效性分析认知

"论证有效性分析"是我国借鉴 GMAT（经济管理类硕士研究生入学考试）中"Analysis of an Argument"而设计的一种新题型，主要考查的是考生的批判性思维能力。批判性思维即批判性的聆听和阅读，要求对个人耳闻目见的一切进行系统的分析。

批判性思维
1. 接受别人观点时，是否有足够充分的理由
2. 能否对别人的观点进行客观的评价
3. 能否评判他人论证观点水平的高低
4. 能否提出自己的观点并进行有效论证

美国前总统奥巴马在一次演讲中提到："人们需要通过理科课程的学习，获取知识和解决问题的能力，开发新能源技术，保护人类的生存环境。人们需要从文科学习中培养洞察力和批判性思维，消灭贫困、愚昧、犯罪和歧视现象……"

那么，如何培养批判性思维呢？

批判性思维的培养	
多问"How"	不要只学知识，要知道如何实践应用
多问"Why"	不要死背知识，只有理解"为什么是这样"之后才是真的学会了
多问"Why not"	试着去反驳任何一个想法，无论你真正如何认为

【提示】论证有效性分析主要针对批判性思维培养的第三点，即"Why not"，展开命题。

二、论证有效性分析大纲详解

> "论证有效性分析题的题干为一篇有缺陷的论证,要求考生分析其中存在的问题,选择若干要点,评论该论证的有效性。"

关键词一:论证

```
前 提  ———————→  结 论
  ↑                ↑
论证有效性分析      传统论说文
针对此处,即论证。   针对此处,即结论。
要求不评价他人观    或评价他人观点或
点,也不提出自己    树立自己观点,并
观点,而是对前提    提出理由和依据。
能否推出结论提出
个人看法。
```

关键词二:缺陷

大纲中"一段有缺陷的论证"告诉我们,只需要关注"有问题的论证",而不用分析论证有效的部分。

【提示】"缺陷"不同于"错误","错误"是缺陷的子集,如果找错误是"将墙推倒",那么找缺陷则是"将墙晃动便可",当然,若能推倒则更好。请考生认真思考此段提示。

关键词三:分析与评价

考生需要指出材料中的论证缺陷,也就是表达对材料论证关系的质疑(再次提示:不是对"论点"的质疑!)。大多考生善于此,但仅仅做了这一步,也只能得到20%左右的分数,我们还必须进行分析。也就是说,我们不仅要指出论证是有缺陷的,还必须说明其缺陷所在,分析其有效性缺失的原因。

【提示】分析时可应用多种写作手法，证明自己对论证错误分析的正确性和充分性。考生有30分钟的时间来构思并完成这篇短文。

注意：

要想获得论证有效性分析写作高分，考生需要做到以下三点：

1）找出给定材料的论证结构和主要论证缺陷（漏洞）。

2）组织、发展和阐述你的分析。注意，你的分析需要符合逻辑、条理清楚并让人信服。

3）可适当地使用恰当的事例和论据来支持你的分析；注意要针对材料的论证而不是论点（即结论）；更不要另外提出新的见解和建议。

精点习题

▶▶ 2004年1月管理类联考真题

分析下述论证中存在的缺陷和漏洞，选择若干要点，写一篇600字左右的文章，对该论证的有效性进行分析和评论。（论证有效性分析的一般要点是：概念特别是核心概念的界定和使用是否准确并前后一致，有无各种明显的逻辑错误，论证的论据是否成立并支持结论，结论成立的条件是否充分等。）

目前，国内约有1000家专业公关公司。去年，规模最大的10家本土公关公司的年营业收入平均增长30%，而规模最大的10家外资公关公司的年营业收入平均增长15%；本土公关公司的利润率平均为20%，外资公司为15%。十大本土公关公司的平均雇员人数是十大外资公关公司的10%。可见，本土公关公司利润水平高、收益能力强、员工的工作效率高，具有明显的优势。

中国公关协会最近的调查显示，去年，中国公关市场营业额比前年增长25%，达到了25亿元；而日本大约为5亿美元，人均公关费用是中国的10多倍。由此推算，在不远的将来，若中国的人均公关费用达到日本的水平，中国公关市场的营业额将从25亿元增长到300亿元，平均每家公关公司就有3000万元左右的营业收入。这意味着一大批本土公关公司将胜过外资公司，成为世界级的公关公司。

从上面这一段材料中，我们可以看出，该题干包含三个要素：

第一个要素是材料的结论。表明材料结论的结构标志词主要有"因此、于是、可以认为、所以"等。

第二个要素是材料的假设，即阶段性的小结论，也可以理解为结论成立的基本前提。这种假设有时在题目中是明确陈述出来的，有时是隐藏的。

9

第三个要素是材料的论据，包括事实和基于事实的谨慎的推理。

总之，要写好一篇论证有效性分析文章，需要关注两点：结论和支持结论的论据。通过认真读题，我们发现本题的论证结构如下：

> 论证一：本土公关公司年营业收入平均增长快→本土公关公司收益能力强
> 论证二：本土公关公司利润率高→本土公关公司利润水平高
> 论证三：本土公关公司平均雇员人数少→本土公关公司员工的工作效率高
> 论证四：日本人均公关费用是中国的10多倍 中国的人均公关费用达到日本的水平 → 中国公关市场的营业额将从25亿元增长到300亿元
> 论证五：中国公关市场的营业额将从25亿元增长到300亿元→平均每家公关公司就有3000万元左右的营业收入
> 论证六：平均每家公关公司营业收入增长→一大批本土公关公司将胜过外资公司，成为世界级的公关公司

注意：

论证有效性分析的命题目的不是要求说明你相信什么，而是要求评价命题者论证的有效性，所以找出题目的结论和论据之后，我们可以从以下几个方面入手来进行分析：

1) 概念，特别是核心概念的界定和使用是否准确并前后一致；
2) 有无各种明显的逻辑错误；
3) 该论证的论据是否支持结论；
4) 论据成立的条件是否充分。

✓ **以下是阅卷组提供的官方标准答案**

❶ 收入增长速度与收入能力或收入水平是不同的概念，在题干中被混用了。营业收入增长率只有在增长基数基本相同的情况下才能说明收益能力的差异。本土公关公司与外资公关公司处于不同的发展阶段，收入增长速度快并不意味着收入能力强（在小的基数上增长总是比在大的基数上增长容易），由本土公关公司的年营业收入平均增长率高于外资公关公司的年营业收入平均增长率，不能得出前者的收益能力比后者强的结论。

❷ 公司的利润水平与平均利润率是不同的概念，不能根据本土公关公司的平均利润率比外资公司高，推断出本土公司的利润水平比外资公司高。即使本土公关公司的平均利润率高，但是总体利润水平仍有可能低于外资公司。

❸ 在题干第一段的论证中，混淆了"公司规模"与"员工工作效率"之间的关系。员工的工作效率取决于两个因素：员工的数量和员工在单位时间内所完成的总有效工作量。十大本土公关公司的平均雇员人数是十大外资公关公司的10%，只能说明本土公司规模小，而不能得出结论"前者员工的工作效率比后者高"。

❹ 中国与日本的人口结构存在着相当大的差异，尤其对于公关这样的城市化程度要求很高的行业而言，简单地将日本的人均公关费用推广到中国，是错误的类比。

❺ 对未来市场总额的估计与现在市场中企业的总数不是同一时点的数据（前者是预测值，后者是统计值），不具有可比性。公关市场营业额的增长，极有可能伴随着公关公司数量的增长。上述论证使用中国公关市场的营业额将增长到300亿元的预测数据，计算出平均每家公司就有3000万元左右的营业收入，隐含的假设是公关公司的数量基本不变。这个假设是很难成立的。

❻ 论证根据中国公关市场的营业额的增长，推算出每家公关公司的营业收入有大的增长。这里，受益于营业收入增长的公司自然同时包括本土和外资公司。因此，这不能成为一大批本土公关公司将胜过外资公关公司的根据。即使中国公关市场营业额增加到300亿元的水平，即使平均到每一个公司营业收入水平都很高，但这既包括本土公司，也包括外资公司，因此无法得出本土公司必将击败外资公司的结论。

❼ 当我们讨论本土公关公司中是否会诞生一批世界级公司时，采取平均的方法所推算出的每个公司的平均营业收入缺乏说服力。在某个行业中，常常是20%的企业创造了80%的市场营业收入，所以，这种根据平均值推断的方式存在很大的漏洞。

注：6、7可合成一个论证关系。

| 精点解析 |

✓ **论证关系分析**

论证一：本土公关公司年营业收入平均增长快→本土公关公司收益能力强

对于"本土公关公司收益能力强"，原文支持该论点的论据是"去年，规模最大的10家本土公关公司的年营业收入平均增长30%，而规模最大的10家外资公关公司的年营业收入平均增长15%"。收入增长速度不足以判定收益能力的实际情况。首先，只有在增长基数基本相同的情况下才能用增长比例比较收益水平的差异。更何况，衡量收益时不仅仅要考虑收入，还应分析相应的支出水平。

论证二：本土公关公司利润率高→本土公关公司利润水平高

对于"本土公关公司利润水平高"，原文支持该论点的论据是"本土公关公司的利润率平均为20%，外资公司为15%"。公司的利润水平与平均利润率是不同的概念（核

11

心概念混淆），是利润绝对量与相对值的关系。如果本土公关公司本身的基数小，即使平均利润率高，但总体利润水平仍有可能低于外资公司。

论证三：本土公关公司平均雇员人数少→本土公关公司员工的工作效率高

对于"本土公关公司员工的工作效率高"，原文支持该论点的论据是"十大本土公关公司的平均雇员人数是十大外资公关公司的10%"。题干中混淆了"公司规模"和"员工工作效率"之间的关系。员工的工作效率取决于两个因素：员工的数量和员工在单位时间内所完成的总的有效工作量（论证成立的条件还需补充）。根据十大本土公关公司的平均雇员是十大外资公关公司的10%，只能说明本土公司规模小，而不能得出结论"前者员工的工作效率比后者高"。

论证四：日本人均公关费用是中国的10多倍+中国的人均公关费用达到日本的水平→中国公关市场的营业额将从25亿元增长到300亿元

对于"根据日本公关市场的发展经历，我国公关市场的营业额将扩大"，原材料中支持该论点的论据是"中国公关市场营业额比前年增长25%，达到了25亿元；而日本大约为5亿美元，人均公关费用是中国的10多倍。由此推算，在不远的将来，若中国的人均公关费用达到日本的水平，中国公关市场的营业额将从25亿元增长到300亿元"。很明显，材料中犯了不当类比的错误，中国与日本的人口结构存在着相当大的差异，尤其是对于公关公司这样城市化程度要求很高的行业而言，简单地将日本的人均公关费用推广到中国，是错误的类比。

论证五：中国公关市场的营业额将从25亿元增长到300亿元→平均每家公关公司就有3000万元左右的营业收入

对于"平均每家公关公司的营业收入将扩大"，原材料中支持该论点的论据是"中国公关市场的营业额将从25亿元增长到300亿元，平均每家公关公司就有3000万元左右的营业收入"。我们不能把对未来市场总额的估计，与现在市场中企业的总量进行平均，就算是同一时点的数据（前者是预测值，后者是统计值）本身也不具有可比性。公关市场营业额的增长，极有可能伴随着公关公司数量的增长。上述论证根据中国公关市场的营业额将增长到300亿元，计算出平均每家公司就有3000万元左右的营业收入，这里假设的是公关公司的数量基本不变，而这个假设是很难成立的。

论证六：平均每家公关公司营业收入增长→一大批本土公关公司将胜过外资公司，成为世界级的公关公司

材料根据中国公关市场的营业额的大幅增长，推算出每家公司的营业收入都有大幅的增长。这里，受益于营业收入增长的公司自然同时包括本土和外资公司。因

此，这不能成为一大批本土公司将胜过外资公司的根据。即使中国的公司营业额增加到300亿元的水平，即使平均到每一个公司，营业收入水平都很高，但这既包括本土公司，也包括外资公司，因此无法得出本土公司必将击败外资公司的结论。当我们讨论本土公关公司中是否会诞生一批世界级公司时，采取平均的算法所推算出的每个公司的平均营业收入是缺乏说服力的。在大多数行业中，常常是20%的企业创造了80%的市场营业收入，所以，这种根据平均值推断的方式存在很大的漏洞。

本土公关公司能成为世界级公关公司吗

上述材料通过本土公关公司与外资公关公司的对比分析，得出一大批本土公司将超过外资公司，成为世界级公关公司的结论，但是该论证过程存在若干缺陷，现分析如下：

"规模最大的十家本土公关公司年收入平均增长高于外资公关公司"不意味着"本土公司收益能力强"，论证者忽略了营业收入水平的基数问题，如果外资公关公司的去年营业收入水平是本土公关公司的10倍，那么本土公关公司的收益能力就远不如外资公关公司。

"本土公关公司平均利润率高于外资公关公司"不必然得出"本土公关公司利润水平高"的结论。利润率与利润是两个不相同的概念，不能混为一谈，利润率高不代表利润水平高，只要外资公关公司的收入够高，那么即使利润率低，也存在外资公关公司利润水平大于本土公关公司的可能。

"十大本土公关公司平均雇员人数是十大外资公关公司的10%"不一定能推出"本土公关公司员工工作效率高"。雇员人数少，可能是因为本土公关公司的规模小，业务少，不需要大量的雇员，而影响工作效率的因素是工作时间以及工作量，与雇员人数无关。

"中国公关市场营业额将从25亿元增长到300亿元"不代表"平均每家公关公司有3000万元左右的营业收入"。论证者显然忽略了公关公司数量增长的可能性，得出的结论是基于公关公司数量不变的假设，但随着社会进步、经济发展，公关公司数量增长的可能性很大。

综上所述，论证者在论述过程中存在着诸多漏洞，故"本土公关公司将超过外资公司，成为世界级公关公司"的论证是值得商榷的。

> **注意：**
> 论证有效性分析写作的关键是找出原材料中的论证漏洞。要想顺利通过论证有效性分析联考写作这一关，考生在平时练习和考试时必须注意以下六点：
> 1）不必对材料的立场本身表示赞同或反对，而应探讨支持论证者观点的论证思路；
> 2）不应对原材料所涉及的话题发表看法，而应评价原论证的逻辑性；
> 3）不应关注原题中的陈述是否精确或真实，而应关注结论和推理是否有效地从这些陈述中推导而出；
> 4）区分哪些是证据，哪些是假设（明说的或暗示的），哪些是结论或作者的主张；
> 5）要密切注意原论述中的结构标志词，因为这些标志词通常表明上下文的逻辑联系；
> 6）注意原论述的结构或推理思路，看看每一步推理是否合乎逻辑。

第2节 论证有效性分析论证结构识别

"论证有效性分析"相当于"分析论证的有效性"，这告诉我们"论证"是我们分析的对象和关键。

> 【提示】"找到论证"是我们得分的基础，"有效分析"是我们得高分的依据。如果论证找的不正确，所做的一切"分析"工作都是南辕北辙！

一、论证的构成及特点

前提和结论相结合，就构成了我们所定义的论证。

有时候，一个论证只包含单个前提和结论；但是常见的情况是，很多前提用于支撑某个结论。所以当我们谈到某人的论证时，我们可能在谈论单个前提和相关的结论，但论证有效性分析则是一整套前提和它们将要证明的结论。

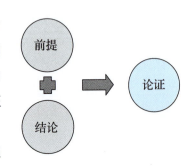

在我们使用的术语中，论证（argument）和推理

（reasoning）的意思是一样的，都是指使用一个或多个想法来支撑另一个想法。这样，如果某个交流缺乏前提只有结论的话，那么它既不属于论证，也不是推理。所以，只有论证和推理中才有可能存在逻辑错误。因为一个前提本身只是一个孤立的想法，它并不能反映出一种逻辑关系。

论证本身具有以下特点：

论证特点	
1. 论证必有其目的 →	人们展开论证的目的是希望说服我们相信某些事情或是按某些特定的方式行动
2. 论证的质量有高有低 →	我们需要依赖批判性思维来判定一个论证的有效性
3. 论证有两个明显的必要构成部分 →	对于结论及其支撑前提，二者当中如果有一个我们找不到，也就意味着我们失去了客观评价这一论证的机会

【提示】哲学家维特根斯坦曾说过，一个聪明人和另一个聪明人说话时，大家总是先说："等一等！"花点时间找出论证之所在，然后再去评估我们认为别人说过的那些话，只有这样对提出论证的人才够公平。

二、考试常见论证结构的类型

类型 I 一个前提推出多种结论

前 提	推 理	结 论
A	→	B_1
		B_2
		B_3
		……

类型 II 多个前提推出一个结论

前 提	推 理	结 论
A_1	→	
A_2	→	B
A_3	→	
……	→	

类型 III 一个前提推出一个结论

前 提	推 理	结 论
A_1	→	B_1
A_2	→	B_2
A_3	→	B_3
……	→	……

下面就针对这三个类型各举一例，请大家注意体会其中异同。

类型 I 举例

▶▶ **2006 年 1 月管理类联考真题**

分析下述论证中存在的缺陷和漏洞，选择若干要点，对该论证的有效性进行分析和评论。

在全球9家航空公司的140份订单得到确认后，世界最大的民用飞机制造商之一——空中客车公司2005年10月6日宣布，将在全球正式启动其全新的A350远程客机项目。中国、俄罗斯等国作为合作伙伴，也被邀请参与A350飞机的研发与生产过程，其中，中国将承担A350飞机5%的设计和制造工作。

　　这意味着未来空中客车公司每销售100架A350飞机，就将有5架由中国制造。这表明中国经过多年艰苦的努力，民用飞机研发与制造能力得到了系统的提升，获得了国际同行的认可；这也标志着中国已经可以在航空器设计与制造领域参与全球竞争，并占有一席之地。

　　由此可以看出，在经济全球化的时代，参与国际合作将带来双赢的结果，这也是提高我国技术水平和产业国际竞争力的必由之路。

✓ 以下是阅卷组提供的官方标准答案

　　❶ 文中指出"中国将承担A350飞机5%的设计和制造工作"，这里的5%概念界定不清，到底是飞机部件数量的5%，还是飞机价值的5%等，无法识别。

　　❷ 从"承担A350飞机5%的设计和制造工作"中，得出"未来空中客车公司每销售100架A350飞机，就将有5架由中国制造"的结论明显错误。"A350飞机的5%"只是飞机的一个部分，而且是极少的一个部分，与5架完整的飞机是完全不同的概念。

　　❸ 中国参与"A350飞机5%的设计和制造工作"，可能只是参与少部分非关键的零配件的制造，并不必然意味着中国民用飞机研发与制造能力得到了系统的提升，更不能得出中国已经可以在航空器设计与制造领域参与全球竞争的结论。

　　❹ 空中客车公司邀请中国参加"A350飞机5%的设计和制造工作"，可能意在获得中国市场，而不是因为对中国飞机设计和制造能力的认可。文中归因存在偏差。

　　❺ 从前面的陈述中无法推断出"参与国际合作会带来双赢的结果"，属于主观臆断，没有论据支持；而且，参与国际合作未必会带来双赢的结果。

　　❻ 提高我国技术水平和产业国际竞争力，具有多种途径可供选择。参与国际合作可能只是其中一条可供选择的道路，而不一定是"必由之路"。

| 精点解析 |

✓ 论证结构分析

> 【提示】上述论证结构属于类型Ⅰ，即"一个前提推出多种结论"的论证结构类型。

前　提	推　理	结　论
中国将承担 A350 飞机 5%的设计和制造工作	→	①每销售 100 架 A350 飞机，就将有 5 架由中国制造
	→	②研发与制造能力得到了系统的提升，获得了国际同行的认可
	→	③在航空器设计与制造领域参与全球竞争，并占有一席之地
	→	④参与国际合作将带来双赢的结果
参与国际合作	→	⑤提高我国技术水平和产业国际竞争力的必由之路

✓ **论证关系分析**

论证一：中国将承担 A350 飞机 5%的设计和制造工作→每销售 100 架 A350 飞机，就将有 5 架由中国制造

材料中"中国将承担 A350 飞机 5%的设计和制造工作"，显然存在概念界定不清的问题。5%到底是总飞机数量的 5%？还是单架飞机工作量的 5%？无法判定。也许"A350 飞机 5%"只是单架飞机的一个部分，而且是极小的一个部分，这样便无法推出相关结论。

论证二：中国将承担 A350 飞机 5%的设计和制造工作→研发与制造能力得到了系统的提升，获得了国际同行的认可

中国参与"A350 飞机 5%的设计与制造工作"，可能只是参与少部分非关键的零配件的制造，比如制造的只是座位等没有技术含量的部分。也可能是空客公司希望未来在中国市场有所发展而采用的一种策略，并不意味着中国民用飞机研发与制造能力得到了系统的提升，也不意味着是对中国飞机设计与制造能力的认可。

论证三：中国将承担 A350 飞机 5%的设计和制造工作→在航空器设计与制造领域参与全球竞争，并占有一席之地

中国承担的 A350 飞机制造工作仅有 5%，况且 A350 飞机也只是航空器中很小的组成部分，航空器还包括气球、飞艇、直升机等，即使中国掌握了 A350 的制造技术，也不意味着中国通晓其他种类航空器的制造技术。此外，中国仅仅被邀请参加 A350 的研发与生产，而结果如何尚无定论，不能由此就说明中国在航空器的设计和制造领域参与了全球竞争，更不能说明占有一席之地。

论证四：中国将承担 A350 飞机 5%的设计和制造工作→参与国际合作将带来双赢的结果

材料肯定地认为"参与国际合作会带来双赢的结果"，却没有更多的论据证明一定会"双赢"。在企业合作特别是国际合作中，最后失败或是损失了市场、资源、利益的并不鲜见。倘若这种合作不能给中国带来新技术的引进或者升级，而仅仅有利于合作方的市场开拓，就不能算是双赢。

论证五：参与国际合作→提高我国技术水平和产业国际竞争力的必由之路

参与国际合作未必是中国提高技术水平的必由之路，要提高技术水平还有很多其他途径可以选择，比如购买专利技术、自主创新、引进国外尖端人才、输送人才到发达的西方国家学习等。而参与国际合作只是其中一种途径，并非是必由之路。

类型Ⅱ举例

分析下述论证中存在的缺陷和漏洞，选择若干要点，对该论证的有效性进行分析和评论。

在萨鲁达市的小型非营利性医院中，病人住院的平均时间是2天，而在邻近的梅加市的大型营利性医院中，病人住院的平均时间是6天。而且萨鲁达市医院的病人的治愈率是梅加市医院的两倍左右。萨鲁达市医院员工与病人的比例高于梅加市的医院，而且病人对前者的服务很少有不满。所有这些都充分说明了，在小型的非营利性医院中接受治疗，比在大型的营利性医院中更加经济实惠，而且可以享受到更高质量的服务。

| 精点解析 |

✓ **论证结构分析**

【提示】上述论证是典型的类型Ⅱ，即"多个前提推一个结论"的论证结构类型。

前　提	推　理	结　论
①住院的平均时间短	→	
②治愈率高	→	经济实惠，更高质量的服务
③员工与病人的比例高	→	
④病人对前者的服务很少有不满	→	

✓ **论证关系分析**

论证一：住院的平均时间短→经济实惠，更高质量的服务

①前提以萨鲁达市的小型非营利性医院、梅加市的大型营利性医院为例，而结论

中却是小型的非营利性医院、大型的营利性医院，该论证显然有"以偏概全"之嫌。

②判断一个医院是否"经济实惠"以及拥有"更高质量的服务"，除了考量住院的平均时间长短以外，还需分析其他影响因素，比如，医院的医疗设备、医生的医术水平等。

③由"住院平均时间的长短"无法判断"是否经济实惠"。材料没有明确说明每天住院的花费。虽然前者平均住院时间2天，但是如果其每天花费800元；后者平均住院6天，但是每天花费100元，那么很难得出前者比后者一定更加实惠和服务质量高。

论证二：治愈率高→经济实惠，更高质量的服务

①前提中的萨鲁达市医院与梅加市医院，与结论中的小型非营利性医院和大型营利性医院，显然不是同一概念。二者之间划分标准不同，比如前提中是按照地域范围划分，结论是按照医院规模划分，该论证有"偷换概念"之嫌。

②材料中没有说明两个医院就诊人员的状况，如果到前者就诊的病人的病情本来就很轻，而到后者就诊的病人的病情本来就很严重，那么，论据对结论的支持力度便有限了。

论证三：员工与病人的比例高→经济实惠，更高质量的服务

医院"员工与病人的比例的高低"无法说明医院提供的"服务质量的状况"。即便前者员工和病人的比例高，但是如果这些员工大多是行政人员，而非医疗服务人员，或者即使服务很认真，但是他们的医疗技术和医疗设备都远远落后于后者，那么，我们就难以得出前者的服务治疗水平要高于后者。

论证四：病人对前者的服务很少有不满→经济实惠，更高质量的服务

病人对前者的服务很少有不满，或许只是因为他们不愿意去表达不满而已；再有消费者行为研究告诉我们"没有不满，并不意味着就是满意"。更何况病人对后者服务态度如何，也需进一步说明。

【提示】①②③代表从不同角度分析论证。

类型Ⅲ举例

分析下述论证中存在的缺陷和漏洞，选择若干要点，对该论证的有效性进行分析和评论。

10月15日，2013年国家公务员考试开始报名，计划招录2万余人，创历年新高。但据预测，今年报名人数很可能接近200万人，招录比例或达90∶1，竞争强度也创历年之最。根据有关居民幸福感调查显示，国家机关党群组织、企事业单位负责人回答非常幸福的比例最高，可见，公务员是"高幸福感"职业。

有学者认为：迟迟难降温的"公务员热"，其根本原因是中国传统的"官本位"思想。直到现在，很多年轻人都把当官作为最好的选择，把当官作为实现人生价值的最好途径。也有学者认为公务员热，竞争强，对于国家、社会、民族是好事情，这样可以提升国家行政管理人员的素质和工作作风。

事实上，虽然公务员进入门槛越来越高，但这些年政府的懒政之风备受诟病，究其根本，是没有合理的公务员退出机制。采用公务员聘任制，可以最大限度地避免人浮于事、不负责任、公权滥用等现象。将所有公务员采用聘任制是一种必然的趋势，可以降低"公务员热"的现象。此外，社会上也有另外一种声音，认为"公务员"未必就是"幸福的铁饭碗"，也会出现类似于当年国企改革一样的"下岗潮"。

精点解析

✓ 论证结构分析

【提示】上述论证是典型的类型Ⅲ，即"一个前提推一个结论"的论证结构类型。

前 提	推 理	结 论
①国家机关党群组织、企事业单位负责人的观点	→	①公务员是"高幸福感"职业
②中国传统的"官本位"思想	→	②"公务员热"难以降温
③公务员热，竞争强	→	③提升国家行政管理人员的素质和工作作风
④没有合理的公务员退出机制	→	④政府的懒政之风
⑤所有公务员采用聘任制	→	⑤可以降低"公务员热"
⑥出现类似于当年国企改革一样的"下岗潮"	→	⑥"公务员"未必就是"幸福的铁饭碗"

最后一个论证关系中结论的确定，依赖于标志词"就是"。

✓ 论证关系分析

论证一：国家机关党群组织、企事业单位负责人的观点→公务员是"高幸福感"职业

①国家机关党群组织、企事业单位负责人回答非常幸福的比例最高，不等于公务员幸福感最高，也得不出公务员是"高幸福感职业"，因为"幸福感"不同于"职业

幸福感"。这显然是偷换概念。

此外，国家机关党群组织、企事业单位负责人的权位高、收入高因此幸福感高，不代表基层公务员也是如此，未必就能得出公务员是"高幸福感"职业，显然论证者以偏概全。

②判断公务员是否属于"高幸福感"职业，除了相关人员回答之外，还需要综合其他因素共同分析，比如：工资高、工作稳定、工作相对比较轻松等。再者，公务员的"幸福感"未必来源于他们的工作，也可能来源于家庭美满、知足常乐的心态等。

论证二：中国传统的"官本位"思想→"公务员热"难以降温

事实上，公务员的种类繁多，有管理岗，也有技术岗，因此，"公务员"并不等同于"当官"。"公务员热"更可能受其他因素的影响，比如：工作稳定、福利好、社会地位高等。

论证三：公务员热，竞争强→提升国家行政管理人员的素质和工作作风

公务员热，竞争强，未必能"提升国家行政管理人员的素质和工作作风"。公务员的素质和工作作风还与其自身的道德修养、工作价值观、工作成熟度、行政部门整体的工作风气、是否有完善的行政监督体系、制度约束情况等密切相关。

论证四：没有合理的公务员退出机制→政府的懒政之风

"没有合理的公务员退出机制"并非是"政府的懒政之风"的关键原因，论证显然归因不当。政府的懒政之风主要受其他因素影响，如公务员绩效考核制度是否完善等。

论证五：所有公务员采用聘任制→可以降低"公务员热"

公务员采用聘任制未必可以降低"公务员热"的现象。如果整个社会的就业和创业环境没有得到根本改变，公务员仍可能是择业的较好选择，脱离了环境的一种制度或政策很难从根本上改变"公务员热"的现象。

论证六：出现类似于当年国企改革一样的"下岗潮"→"公务员"未必就是"幸福的铁饭碗"

当年"下岗潮"是国企转型以及破解企业"经营困境"的必然选择。并且大多数下岗工人由于学历、素质等较低，换岗较为困难。而政府不存在经营困难之说，即使精简机构，政府也可以将公务员分流到其他地方或部门，人尽其才。

第二章
论证有效性分析的分析方法

第 1 节 论证有效性分析的分析步骤

第一步：精准定位论证关系 （占 30% 的分数）	①精准定位结论
	②精准定位前提
	③明确论证关系及推理过程
第二步：有效分析论证缺陷 （占 70% 的分数）	①前提与结论的核心概念是否明确
	②推理过程中是否存在逻辑谬误
	③论据是否支持结论
	④结论成立的条件是否充分

第 2 节 精准定位论证关系

1. 有关前提的说明

请思考以下几个断定：

① 大学生就业并不难。
② 政府不应干预生产过剩。
③ 洋快餐一定会成为中国饮食行业的霸主。

上述三个断定，我们既可以同意，也可以不同意，我们既不能说它无效，也不能说它有效。这些断定都没有逻辑依据来说服我们支持或反对它。

以上断定所缺的部分正是支撑其成立的前提。所谓前提，就是指用来支撑或证明结论的看法、证据、隐喻、类比和其他陈述。这些陈述是构建结论可信度的基础。一个论证是否有效,主要的标志就要看能否提供充足的论据来支撑这个观点。

【提示】只有找到支撑结论的前提时才能判定一个论证的有效性。

2. 有关结论的说明

所谓结论,即作者或论证者希望别人接受的断定。结论是一个观点,需要其他观点来进行支撑。因此,如果有人断言某件事是正确的,或者某件事应该去做,却没有提供相应陈述来支撑他的这一断言,这一断言就不能成为结论,因为提出此断言的人并没有提供这个看法得以建立的任何基础。我们将没有论据支撑的断言称为没有前提的结论,是无源之水、无本之木。

【提示】结论本身并不是证据,它是一个由证据或其他看法支撑起来的看法。一个结论由一个前提所支撑,这就是论证的基本结构。

3. 寻找前提和结论的线索

在我们客观评价一个人的论证之前,首先必须找到他的论证所在。这样做看起来易如反掌,实则不然。要成为会批判性思考的人,第一步就得培养找准前提和结论的能力。

寻找前提和结论的方法	
方法一	利用结构指示词构建论证
方法二	区分"事实"与"评价"构建论证

方法一:利用结构指示词构建论证

① **结论指示词**

结论前面常有指示词引导,告诉我们接下来出现的就是结论。当看到这些指示词的时候,务必要提高警惕。比如:

> 因此、表明、由此可知、由此得出、由此推出、因此可以断定、我要说的重点是、显示出、证明、告诉我们、问题的实质是、意味着、说明……

23

阅读下面材料，然后找出其中的指示词并做上记号。这样就能找出包含结论的那些陈述。

例： 1984年以前，只有阿司匹林和艾斯塔米诺芬占据着有利可图的非处方止痛药市场。然而到了1984年，易布洛芬预计会占有非处方止痛药销售量的15%的份额。商业专家**据此预测**，在1984年，阿司匹林和艾斯塔米诺芬的总销售量相应下降了15%。

考生应该在"**据此预测**"下面做上记号，结论正是由此引出来的。

② 前提指示词

以下是表示理由的一些指示词：

> 由于、因为、因为这个原因、因为这个事实、鉴于、由以下材料支撑、因为证据是、研究显示、第一（第二，第三）、得益于、依靠于……

例1： 法庭的被告中，被指控偷盗、抢劫的定罪率，要远高于被指控贪污、受贿的定罪率。**其重要原因是**后者能聘请收费昂贵的私人律师，而前者主要由法庭指定的律师辩护。

考生应该在"**重要原因是**"下面做上记号，前提正是由此表现出来的。

例2： 所谓"金砖四国"国际声望的上升，无不**得益于**他们的经济成就，无不**得益于**互联网技术的发展。

考生应该在"**得益于**"下面做上记号，前提正是由此表现出来的。

③ 条件关系指示词

如同寻找前提和结论一样，有些特定的关联词前后紧跟前提和结论。
以下是表示条件关系的一些指示词：

> 只要……就……、只有……才……、无论……都……、不管……也……、即使……也……、如果……就……

例1： 纳税者**只有**承担了纳税义务，**才能**享受纳税者的权利。**如果**没有纳税，人们对国家**就会**失去主人翁的责任感，**就**不可能有强烈的公民意识，也**就会**失去或放弃监督政府部门的权利。

考生应该在"**只有……才……**""**如果……就……**"这些词下面做上记号，前提"享受纳税者的权利""没有纳税"和结论"承担了纳税义务""失去主人翁的责任感、不可能有强烈的公民意识、失去或放弃监督政府部门的权利"正是由此引出来的。

例2： 现代企业管理制度的设计要遵循的重要原则是权力的制衡和监督，只要有了制衡与监督，企业的成功就有了保证。

（节选：2012年1月真题）

考生应该在"只要……就……"下面做上记号，前提"有了制衡与监督"和结论"企业的成功有了保证"正是由此引出来的。

方法二：区分"事实"与"评价"构建论证

有的时候，论证者并没有提供明确的论证结构词，我们需要利用"事实→评价"来构建论证关系。

例1： 事实：我们班60%同学近视。→ 评价：高考易导致近视。

例2： 事实：陈菲成绩优异。→ 评价：陈菲是优秀的大学生。

> 【提示】事实一般由以下构成：①事例（文中常出现，例如……）；②数据；③定义；④背景信息；⑤证据。评价则是由事实得出的观点。

阅读下面几段材料，然后找出其中的指示词并做上记号。这样你就能找出包含前提的那些陈述。

例1： 美国非法移民的人数正在急剧下降。研究显示2008、2009年非法移民的人数下降了将近100万。

题干推理 事实：2008、2009年非法移民的人数下降了将近100万。→ 评价：美国非法移民的人数正在急剧下降。

例2： 人类学家发现早在旧石器时代，人类就有了死后复生的信念。在发掘出的那个时代的古墓中，死者的身边有衣服、饰物和武器等陪葬物。

题干推理 事实：在发掘出的那个时代的古墓中，死者的身边有衣服、饰物和武器等陪葬物。→ 评价：人类学家发现早在旧石器时代，人类就有了死后复生的信念。

第3节　有效分析论证缺陷

一、论证有效性分析的命题要点

【提示】下述①是最初的论证有效性分析的命题要点。②是执行新大纲后论证有效性分析的命题要点。考生可以进行比较，寻求差异，深刻理解命题要求。

①本类试题的分析要点是：论证中的概念是否明确、判断是否准确、推理是否严密、论证是否充分等。

②论证有效性分析的一般要点是：概念特别是核心概念的界定和使用是否正确并前后一致，有无各种明显的逻辑错误，论证的证据是否成立并支持结论，结论成立的条件是否充分等。

二、论证有效性分析的分析类型

分析类型			
	第一类分析	核心概念	概念界定不清
	第二类分析	逻辑缺陷	①类比不当
			②以偏概全
			③自相矛盾
			④数字谬误
			⑤滑坡谬论
			⑥非黑即白
			⑦不当假设
	第三类分析	前提与结论的关系	①前提与结论无关
			②前提不唯一
			③得出结论不必然
	第四类分析	充分必要性分析	①充分性分析
			②必要性分析

第一类分析：核心概念

概念混淆近几年出现的频率非常高。在考试时间紧张、命题材料字数偏多的情况下，大多考生在短时间的阅读中很难考虑周全，会被出题者把一些概念偷换而难以在短时间内发现。

此外，命题者故意把概念界定得模糊不清，虽不会在材料中明显地提出两个完全不同的概念，但会在接下来的论述中，引用偏离原来概念本身的内涵去描述事物，考生往往自动跳进材料安排好的混淆陷阱而浑然不觉。

概念界定不清

若要正确地对该类缺陷进行论述，关键就是区分概念。首先应该找到被偷换的两个概念，然后分别进行定义范围的区分，找到两个概念不同的地方，然后再针对题目中两个概念的引用范围进行进一步论证。

|解析范例| |001|

从本质上来说，权力平衡就是权力平等，因此，这一概念本身蕴含平等的观念。

（节选：2014年1月真题）

"权力平衡"与"权力平等"明显是两个不同的概念。它们看似相近，但是内涵不同。权力平衡代表力量均衡，指相互竞争的各方势力处于一个相对稳定、彼此牵制的状态，不使任何一方过于强大而打破均势，破坏稳定。而权力平等代表大小相同、力量相等，指权力授予内的各方都拥有同样大小的权力，而且权力行使是彼此独立的，相互之间没有制约。因此，论证者利用二者表面的相似性而忽略了它们之间的本质区别。

|解析范例| |002|

文化在推行的过程中往往是强制的，甚至是敌对的。对方辩友，外来文化的利又在何处？

"文化"不同于"文化的推行"。文化推行的方式是文化传播的方式，与文化本身利弊没有直接的关系。"推行过程中往往是强制的"说明文化的传播方式存在弊端，但不能否认文化本身的作用和意义，故二者不能等同。

|解析范例| |003|

生产过剩是市场经济的常见现象。既然如此，那么生产过剩也就是经济运行的客观规律。

（节选：2015年1月真题）

"常见现象"不等同于"客观规律"。"常见现象"是事物发展的外在表现，是表面的、多变的、复杂的，而"客观规律"是事物发展的本质属性，是内在的，不能将两者混淆。正如"苹果落地"这一现象不同于"万有引力"这一客观规律。

| 解析范例 | 004 |

既然宇宙间万物的运动都是相对的，那么我们观察问题时也应该采用相对的方法，如变换视角等。

（节选：2012年1月真题）

上述论证犯了混淆概念的错误。前提中的"相对"特指爱因斯坦的相对论，它是一种科学理论，揭示的是万物运动的相对性。而结论中的"相对"指的是看待事物的角度和方法，即变换视角，从不同的方向去看问题。明显这两个"相对"并不等同。

| 解析范例 | 005 |

中国人很勤劳，张三是中国人，张三很勤劳。

论证者通过字面的相似性将两个不同的概念联系在了一起，并没有将两个"中国人"的概念加以区分。前者中国人指的是集合概念，而后者中国人是指非集合概念即张三，集合体所具有的属性，其构成部分未必具有，故中国人很勤劳，张三是中国人难以说明张三很勤劳。

写作公式

> 上述材料中的_____和_____是两个不同的概念，_____的含义是_____，而_____却是_____。论证者利用二者表面的相似性而忽略了它们之间的本质区别。在概念界定不清的情况下，论证者的论证有待进一步完善。

第二类分析：逻辑缺陷

1. 类比不当

类比不当，简单地说，就是将两类并不具有可比性的事物强行拉在一起对比。在考试题目中，通常会在对A事物进行描述后，沿着该事物的特点，看似自然地过渡到B事物，试图说明B事物也跟A事物具有类似的特点。一般在考试中常见的不当类比有以下三类：

类型Ⅰ："动物行为"与"人类个人行为、组织行为"类比

该类型主要是用"动物实验"中动物的行为、所处的环境及实验的结果类推到"人类个人行为"或"组织行为"上，认为他们也与其具有相同的行为和特点，这样的论证显然是有待商榷的。

解析范例 006

有两个人在山间打猎，遇到一只凶猛的老虎。其中一个人扔下行囊，撒腿就跑，另一人朝他喊："跑有什么用，你跑得过老虎吗？"头一个人边跑边说："我不需要跑赢老虎，我只要跑赢你就够了！"

这个故事告诉我们，企业经营首先要考虑的是如何战胜竞争对手，因为顾客不是选择你，就是选择你的竞争者，所以只要在满足顾客需求方面比竞争者快一点，你就能够脱颖而出，战胜对手。

（节选：2004年10月真题）

材料中的论证显然存在"类比不当"。从材料中的故事推断企业经营，所依据的逻辑，是将故事中的两个人看作竞争者，而忽略了老虎本身也是人的竞争对手这一事实，因此破坏了整体的论证有效性。

解析范例 007

就像蜜蜂或苍蝇一样，企业经常面临一个像玻璃瓶那样的不可思议的环境。

（节选：2003年1月真题）

实验中"蜜蜂和苍蝇所处的玻璃瓶的环境"与"企业面临的环境"不具有可比性。实验中的"玻璃瓶"是由实验者控制的，并且只有"光的方向"这一可变因素；而"企业面临的环境"错综复杂，影响它的方面有很多，比如市场机制、政府政策等因素，其中的可变因素也不止一个，因此，如此类比是值得商榷的。

类型Ⅱ：自然现象与人类行为类比

该类比主要是用自然现象来类推人类社会。比如月有圆缺，人有合离；车到山前必有路，船到桥头自然直；金无足赤，人无完人；学如逆水行舟，不进则退等。将自然现象的一些特点类推到人类社会上，显然是值得考量的。

该类比有时会将自然中的一些偶然性现象或自然变化发展的普适规律，与人类社会中的变化发展结果进行类比。然而由于两者的本质特点、影响因素、发展方向都

存在很大的不同点，所以不能进行简单的由此及彼的论证。

| 解析范例 | 008 |

　　风雨之后就会出现晴空，因此可以得知，我们经历困难后一定会成功。

　　风雨后出现晴空是常见的自然现象，雨是由云形成，雨停云消的时候，太阳自然会照射下来，因为太阳一直在。这个简单的自然现象不会受到我们个人的意念或想象的影响。而人类活动是一种非常复杂的行为，个人经历的困难和是否还要经历更多的困难，或者最终是否能成功还要受到诸多因素的影响，因此这是不当类比。

类型Ⅲ：不同行业、不同区域的类比

　　该类型主要是跨行业、跨领域、跨地区进行比较，因为不同行业、领域和不同地区之间的环境、人口、行为、习惯都有很大的不同，因此简单地类比难以得出让人信服的结果。

| 解析范例 | 009 |

　　中国公关协会最近的调查显示，去年，中国公关市场营业额比前年增长25%，达到了25亿元；而日本约为5亿美元，人均公关费用是中国的十多倍。由此推算，在不远的将来，若中国的人均公关费用达到日本的水平，中国公关市场的营业额将从25亿元增长到300亿元，平均每家公关公司就有3000万元左右的营业收入。这意味着一大批本土公关公司将胜过外资公司，成为世界级的公关公司。

（节选：2004年1月真题）

　　论证者由日本公关市场的发展过程不必然推出中国公关市场未来的发展状况，二者明显存在不同，比如，中国和日本是两个不同的国家，在人口结构、消费者收入、传统习惯、城市化进程等方面都存在千差万别。因此不能将它们简单类比。

| 解析范例 | 010 |

　　试图向某个从未从事过管理工作的人传授管理学，不啻于试图向一个从来没见过其他人类的人传授哲学。

（节选：2005年1月真题）

　　材料中的两类人显然有本质的区别。即便某个人没有从事过管理工作，但并不意味着其本身不具备基本的管理知识。有可能此人深谙管理的知识，对管理工作很熟悉，只是因为职业选择，没从事管理工作，向他们传授管理学可能很容易接受。但是从来

没见过其他人类的人可能与人类隔绝，不了解人类社会，向他们传授哲学则难以接受。

| 解析范例 | 011 |

在企业管理的字典里，"终身制"和"铁饭碗"应该是褒义词。不少国家包括美国不是有终身教授吗？既然允许有捧着"铁饭碗"的教授，为什么不允许有捧着"铁饭碗"的工人呢？

（节选：2007年10月真题）

教授的工作性质与工人的工作性质有非常大的区别，将"终身教授"与"铁饭碗"工人简单类比是不恰当的。教授具有丰富的学识训练，其技能周期长、见效慢，且对年龄时段要求非常高；而工人的技能周期短、见效快、难度低，所以两者应该区分开论证。

写作公式

> 论证者不能将_____与_____简单类比，二者明显存在不同，比如_____等。因此该论证是欠妥当的。

2. 以偏概全

以偏概全依然是历年考题里出现频率较高的一个考点。这类错误最明显的特点就是：以局部一个特点作为另外更大范围的特点，或是将一个事物的局部特点作为该事物的整体特点，片面地看待事物。

| 解析范例 | 012 |

在贵州省道真县民众有句俗话——就算砸锅卖铁，也要供孩子读书。不难看出，读书是摆脱贫穷的唯一通道。

"贵州省道真县的具体情况"不足以说明"读书是摆脱贫穷的唯一通道"。当地民众的认知可能跟当地发展状况有关。其他地区也许与该县情况完全不同，可能更多的人通过创业摆脱贫穷，而非通过读书，因此，该论证前提无法说明读书是摆脱贫穷的唯一途径。

| 解析范例 | 013 |

据报道，近年长三角等地区频频出现"用工荒"现象，2015年第二季度我国岗位空缺与求职人数的比率约为1.06，表明劳动力市场需求大于供给。

（节选：2016年1月真题）

长三角等地区出现"用工荒"现象，可能只是这个地区的特殊情况，如：该地区经济发达，"用工量"远远高于其他区域。作为个例，其并不能反映全国的真实状况，很有可能全国其他地方劳动力市场"供过于求"。

写作公式

> 论证者由＿＿＿＿不足以推出＿＿＿＿结论。材料中提到的＿＿＿＿，可能只是这个地区的特殊情况，是个例，而与＿＿＿＿（整体）可能不同，并不能反映＿＿＿＿（整体）的状况。因此，该论证有"以偏概全"的嫌疑。

3. 自相矛盾

两个概念的外延互相排斥，而外延之和等于邻近的属概念的外延，二者的关系就是矛盾关系。具有矛盾关系的两个概念叫矛盾概念。通常是一段材料中的观点前后不一致，相互抵触。

| 解析范例 | 014 |

我国部分行业出现生产过剩，并不是真正的生产过剩。道理很简单，在市场经济条件下，生产过剩实际上只是一种假象。只要生产企业开拓市场，刺激需求，就能扩大销售，生产过剩马上就可以化解。退一步说，即使出现了真正的生产过剩，市场本身也会进行自动调节。

（节选：2015年1月真题）

材料前面认定，出现的生产过剩并不是真正的生产过剩，也即完全否定了有真正的生产过剩的存在，但是材料后面提到"即使出现了真正的生产过剩"，也就是肯定了"真正的生产过剩"存在的可能性。论证的前后显然是"自相矛盾"。

| 解析范例 | 015 |

因为环环相扣的监督机制能确保企业内部各级管理者无法敷衍塞责，万一有人敷衍塞责也会受到这个机制的制约。

（节选：2014年1月真题）

材料前面的观点是"环环相扣的监督机制能确保企业内部各级管理者无法敷衍塞责"，由此可以推定"没有人能够敷衍塞责"。而材料后面又认为"万一有人敷衍塞责也会受到这个机制的制约"，即肯定了"敷衍塞责"发生的可能性。前后明显自相矛盾。因此，该论证的有效性是缺失的。

解析范例 016

由此可见，人类的问题就是大自然的问题，即使人类在某一时刻部分地改变了气候，也还是整个大自然系统中的一个自然问题，自然问题自然会解决，人类不必过于干涉。

（节选：2012 年 1 月真题）

材料前面的观点是"人类的问题就是大自然的问题"，由此可以断定"自然的问题自然会解决，人类同样会解决自然的问题"。而材料后面又认为"自然的问题自然会解决，人类不必过多干涉"，即否定了"人类会解决自然的问题"的可能性。前后明显自相矛盾。因此，该论证是有待研究的。

写作公式

> 材料前面说_____，也就是_____，而材料后面又说_____，明显前后是自相矛盾的。因此，该论证是不足信的。

4. 数字谬误

在考试中常常会出现一些数字陷阱，考生应当特别注意平均数、百分比以及不同条件下数字的比较以及数字与结论的关系等。

解析范例 017

本市平均空气污染指数已经降到警戒线以下，所以我们所在区域的空气质量是好的。

论证者通过对"本市平均空气污染指数"这一平均数字的分析，得出论证者"所在区域空气质量好"的结论。该论证过程还有待研究，因为平均数只能说明样本总量的总体特征和集中趋势，并不能代表每一个样本的具体情况，可能论证者所在区域的空气质量恰恰就在平均水平之下，因此该数据对其结论的支持度是有限的。

写作公式

> 论证者通过_____这一平均数字的分析，得出_____结论。该论证过程还有待研究，因为平均数只能说明样本总量的总体特征和集中趋势，并不能代表每一个样本的具体情况，可能_____恰恰就在平均水平之下（上），因此该数据对其结论的支持度是有限的。

解析范例 018

我们厂的电视机销售量去年增加50%以上，而我们的竞争对手只增加了不到25%。去年我们厂的电视机销售量一定比竞争对手高。

论证者由"电视机的销售量增加百分比"不必然推出"电视机销售量的实际情况"。没有基数的百分比是没有意义的，因为其只能代表一个相对的比率，而无法说明总量的高低。因此我们无法从论述者的数据中得到相关的结论。

写作公式

> 论证者由_____不必然推出_____。没有基数的百分比是没有意义的，因为其只能代表一个相对的比率，而无法说明_____的实际状况。因此我们无法从论述者的数据中得到_____的结论。

解析范例 019

在美国与西班牙作战期间，美国海军曾经广为散布海报，招募兵员。当时最有名的一个海军海报这样说：美国海军的死亡率比纽约市民的还要低。海军官员就海报解释说："根据统计，现在纽约市民的死亡率是每千人有16人，而尽管是战时，美国海军士兵的死亡率也不过每千人只有9人。"

该论证忽略了"基数"问题，显然是一个百分比陷阱，因为二者的人口统计基础是不一样的，比如纽约市民中含有年老体弱的老年人口以及抵抗力差的儿童等，所以二者的比较说明不了问题。

解析范例 020

某位酒厂老板对自己厂出品的酒赞不绝口，因为每100位消费者中只有3位投诉该酒有质量问题。他说："这就是说，有97%的消费者对我厂的产品满意，由此可以看出我厂的酒是多么好。建议大家经常买我们厂的酒喝。"

论证者得出"97%的消费者对该厂的产品满意"的结论，该结论是基于"每100位消费者中只有3位投诉该酒有质量问题"这一事实。显然，论证者提供的数据与其结论的关联性十分有限。因为，上述数据反映了不满意投诉的情况，然而还可能存在不满意不投诉的消费者情况，因此论证者提供的数据不能有效支持其结论。

写作公式

> 论证者得出_____结论，该结论是基于_____。显然，论证者提供的数据与其结论的关联性十分有限。因为，上述数据反映了_____情况，然而还可能存在_____情况，因此论证者提供的数据不能有效支持其结论。

5. 滑坡谬论

滑坡谬论，即不合理地使用连串的因果关系，将"可能性"转化为"必然性"，以达到某种意图的不合理结论。

滑坡谬论的典型形式为"如果发生 A，接着就会发生 B，接着就会发生 C，接着就会发生 D，……接着就会发生 Z"，而后通常会明示或暗示地推论"Z 不应该发生，因此我们不应允许 A 发生"。A 至 B、B 至 C、C 至 D……因果关系好似一个个"坡"，从 A 推论至 Z 的过程就像一个滑坡。

滑坡谬论的问题在于，每个"坡"的因果强度不一，有些因果关系只是可能而非必然，有些因果关系相当微弱，有些因果关系甚至是未知或缺乏证据的，因而即使 A 发生，也无法一路滑到 Z，Z 并非必然（或极可能）发生。

| 解析范例 | 021 |

一个人受教育程度越高，他的整体素质也就越高，适应能力也就越强，当然也就越容易就业。大学生显然比其他社会群体更容易就业，再说大学生就业难就没有道理了。

（节选：2016 年 1 月真题）

材料以"教育程度"高低为前提，中间经过系列论证，得出"就业"是否容易的结论。显然，该论证过程是不恰当的。其中每一个论证过程都是或然的而非必然。比如，一个人受教育程度高但有可能整体素质低，因为受教育程度只能说明其文化水平高低，是外在表现，而一个人的素质高低是内在修养，二者没有必然联系。就像某些高学历的犯罪分子，难道说他们的整体素质高吗？同理，最终无法得出大学生容易就业的结论。

| 解析范例 | 022 |

提倡敢花就是鼓励消费，就能促进货币和物资流通，就不会产生大量的产品积压，从而也能解决许多企业员工的就业问题，使他们得到挣钱的机会，并进一步增加消费。

（节选：2013 年 10 月真题）

"提倡敢花"便能"增加消费"？上述系列论证把"可能"当成了"必然"，存在"滑坡谬论"的嫌疑。提倡敢花不一定鼓励消费、促进货币和物资流通，因为"提倡"只是外在因素，具体消费与否主要取决于人们的内在因素。即使他们消费了，但如果购买的不是过剩产品，那么依旧可能产生大量的产品积压，进而也解决不了许多企业员工的就业问题，使他们也得不到更多的赚钱机会，最终导致无法进一步增加消费。

写作公式

> 论证者（材料）以_____为前提，中间经过多个推理，最终得出_____结论，显然，该推理过程是不恰当的。其中每一个推理过程都是或然的而非必然。比如，_____不一定是_____，反而可能是_____，因为_____。同理，最终无法得出该结论。（注："比如"后可以选择其中一个论证关系分析。）

6. 非黑即白

非黑即白，即不是黑就是白，然而一真一假的推理关系只适用于矛盾关系，但是黑与白是反对关系。简而言之，非黑即白就是将反对的关系以矛盾的形式进行推理，隐藏了其他选择。

解析范例 023

在一个经常变化的世界里，混乱的行动比有序的衰亡好得多。

（节选：2003年1月真题）

在一个经常变化的世界里，混乱的行动和有序的衰亡并不是两种仅有的选择。显然该论证存在"非黑即白"的逻辑错误。没有理由因为反对有序的衰亡而提倡混乱的行动。

解析范例 024

从科学角度看，现代医学以生物学为基础，而生物学又建立在物理、化学等学科的基础之上。但中医的发展不以这些科学为基础，因此，它与科学不兼容，这样的东西只能是伪科学。

（节选：2008年1月真题）

即使"中医与科学不兼容"，并不能认定中医只能是"伪科学"。"科学"和"伪科学"是反对关系并非矛盾关系，"科学"的对立面是非科学。比如文学、艺术虽不是科学，但绝非伪科学。

写作公式

论证者通过 _____ 推出 _____，是不恰当的。因为除 _____ 就是 _____，显然将事物关系简单化处理，除此之外，还有其他可能，比如 _____ _____。

7. 不当假设

假设即隐含的前提，不当假设是论证关系中假设了某些隐含条件成立。如"运动的人越来越少了，所以运动鞋的销量就会下降"。不当假设了人们只在运动的时候才穿运动鞋，但是运动鞋在散步、旅游、上课时都可以穿，所以该论证的假设不成立。

|解析范例|025|

据调查，临海市有24%的家庭拥有电脑，但拥有电脑的家庭中12%的用户每周编写程序两小时以上，23%的用户在一小时至两小时之间，其余的每周都不到一小时。可见，临海市大部分购买电脑的家庭并没有充分利用他们的家庭电脑。

上述论证中包括这样一个假设：临海市购买电脑的家庭充分使用电脑的标志就是是否主要用于编程。这个假设是有问题的。临海市家庭购买电脑的主要目的可能是获取信息或者娱乐，未必就是用来编程。

写作公式

上述材料由 _____ 推出 _____，显然不当假设了 _____。然而 _____，因此，该论证是欠妥当的。

第三类分析：前提与结论的关系

1. 前提与结论无关（X↛Y）

这类错误出现的频率高。材料中可能会将毫无关联的一个前提和一个结果强行拉在一起，形成不符合逻辑的因果关系。

| 解析范例 | 026 |

洋快餐在中国受到广大消费者特别是少年儿童消费群体的喜爱。显然，那些认为洋快餐不利于健康的观点是站不住脚的。

论证者由"少年儿童消费群体喜爱洋快餐"推出"其有利于健康"，两者看似有联系，实则并不相关。因为喜爱并非是判断食物健康的标准，"喜爱"是人的主观情感，而"健康"是食物的客观性质，两者之间无必然联系。因此，论证者需要提供更多的证据来说明它们之间的关系。

写作公式

> 论证者以_____为前提，推出_____的结论，两者看似有联系，实则并不相关，因为_____。因此，论证者需要提供更多的证据来说明它们之间的关系。

2. 前提不唯一（X+? →Y）

前提不唯一也是比较常见的错误类型，论证者只考虑其中一种因素，忽略了其他因素，从而匆忙认定该前提是推出当前结论的唯一因素，这样的论证显然是欠妥当的。

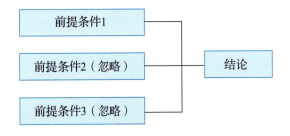

| 解析范例 | 027 |

所谓"金砖四国"国际声望的上升，无不得益于它们的经济成就，无不得益于互联网技术的普及。特别是中国经济的起飞，中国在世界上的崛起，无疑也依靠了互联网技术的普及，同时也可作为"世界是平的"这一观点的有力佐证。

（节选：2010年1月真题）

"中国经济的起飞和崛起"，不能简单归因于"互联网技术的普及"。与之相比更为重要的是中国实行改革开放后带来的经济发展，中国加入WTO后带来的贸易繁荣；中国极具优势的人力成本让产品保持了竞争优势等。

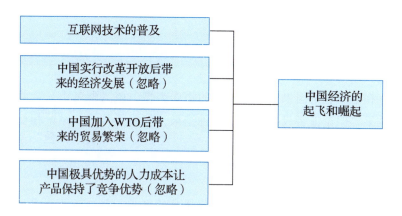

由上图可见,材料中提到的"互联网技术的普及"在中国经济的发展中,仅仅是其中一个因素而已,论证者对互联网技术对于中国发展的作用过于夸大。

| 解析范例 | 028 |

一般来说,要正确判断某一股票的价格高低,唯一的途径就是看它的历史表现,但是,有人在判断当前某一股价的高低时,不注重股票的历史表现,而只注重股票今后的走势,这是一种危险的行为。

(节选:2011年1月真题)

"判断某一股票的价格高低"的途径未必仅仅依赖于它的"历史表现"。股票的历史表现反映了过去的表现,并不能反映现在或未来的走势。同样地,股票价格的高低受多种因素的影响,比如公司财务状况、产品营收情况、投资机构做空与否等等。而看历史表现只是其中的一种途径,并非是唯一途径。

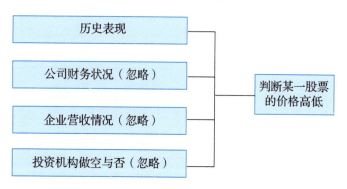

写作公式

论证者从_____不足以得出_____的结论,其实_____(该结论)受多种因素共同影响,比如_____等,_____(前提)只是其中的一个因素,仅凭它是不足够的。

3. 得出结论不必然（X→?）

同样，存在他果也是因果关系中常见的错误类型，该类型是由一个前提本来可以推出好几个结果，但论证者只描述其中一种结果，忽略了与已知结论相反的结果或其他结果。

解析范例 029

要从股市获取利益，第一是要掌握股价涨跌的概率，第二还是要掌握股价涨跌的概率，第三也还是要掌握股价涨跌的概率。掌握了股价涨跌的概率，你就能赚钱；否则，你就会赔钱。

（节选：2011年1月真题）

论证者显然忽略了一个潜在的结果：掌握了概率可能赚钱，也可能赔钱。比如，一个人知道99%的机会是赚钱的，但是这99次中每次只赚1万元；仅有一次亏损，但是这个极小概率的亏损额度达到上千万元，总体来说依然是亏损。

解析范例 030

因为"空降兵"不适应我们的文化、游戏规则或是权力构架，所以，我们唯一的选择就是让他们及时调整自己。

即使"空降兵"不适应我们的文化、游戏规则或是权力构架，如果不是空降兵自身存在问题，而是企业自身存在问题，那么就应该企业自身调整。此外，即使空降兵自身有问题，但是同时企业自身也有问题，在这种情况下就应该共同调整。

写作公式

> 论证者由_____无法推出_____的结论。因为_____，在该情况下，有可能还会存在_____的结果，则与论证者认为的恰恰相反（或者不同）。因此，论证者还需要进一步论证其结果的必然性。

第四类分析：充分必要性分析

1. 充分性分析

在分析材料的过程中，遇到类似"如果P，那么Q"的条件关系时，我们的主要分析思路是"P推出Q是否充分"，即P+?→Q，以及可能存在P∧非Q。

解析范例 031

只要有了制衡与监督，企业的成功就有了保证。

（节选：2014年1月真题）

"制衡与监督"不是"企业成功"的充分条件。企业要想成功还需其他条件共同作用，比如宽松的国家政策、巨大的潜在市场、良好的经济形势等，显然，仅凭制衡与监督是片面的。

解析范例 032

如果生产不足，就势必会造成供不应求的现象，让人们重新去过缺衣少食的日子，那就会影响社会的和谐与稳定。

（节选：2015年1月真题）

即使"生产不足"也不一定会造成"供不应求"的现象。因为如果生产不足的商品有替代品，人们有可能对替代品需求量大，而对生产不足的商品需求少，那么，并非会出现供不应求的现象，更不会影响社会和谐与稳定。

写作公式

（P+?→Q公式）_____（前提）不是_____（结论）的充分条件，可能还有其他的条件共同作用，比如_____等。显然，仅凭_____（前提）是片面的（不足够的）。

（P∧非Q公式）论证者由_____（前提）无法说明_____（结论）。因为_____。因此_____（非Q）。

2. 必要性分析

在分析材料过程中，遇到类似"只有Q，才P"的条件关系时，在逻辑上通常按形式推理，即Q是结论，P是前提。主要分析思路是没有Q，也存在P。

解析范例 033

母语是学习的基础，只有学好母语才能学好包括英语在内的其他科目。

（节选：2014年1月经济类真题）

"学好母语"并不一定是"学习英语等其他科目"的必要条件。每门科目都有自己不同的特点，比如：学习英语等其他科目与学习中文的方法不同，它们在句式、用法、使用环境等方面都有所不同，因此，即使没有学好母语也有可能学好包括英语在内的其他科目。

| 解析范例 | 034 |

只有建立有效的激励机制，才能杜绝企业丑闻的发生。

(节选：2006年10月真题)

建立"有效的激励机制"并非是"杜绝企业丑闻的发生"的必要条件。杜绝企业丑闻发生，即便没有有效的激励机制，也可通过提高员工自身素质，加强对高管的道德意识的培养、社会监督、政府监督、企业自身内部的监督等实现。

写作公式

> _____（Q）并非是_____（P）必要条件，即便没有_____，也可以_____。因此，该论证显然有待进一步完善。

三、论证有效性分析公式化训练

考生常常感到论证有效性分析灵活多变，缺少固定的应对方法。即便找到论证，也无从分析，无话可谈。然而，根据大纲要求，找到论证可得到30%左右分数，而言之有理的分析则占70%，是得分的主要来源。根据以上四类分析类型，总结出以下这个简单却又十分行之有效的分析方法。考生务必掌握，并反复练习。

第一步：找到论证
前提→结论（即X→Y）。

第二步：分析论证
- 角度一：前提推不出结论

该角度思路如下：①X→/Y，即X与Y无关；②X→Y过程存在逻辑错误，常见有以偏概全、非黑即白、混淆概念、集合体性质误用、不当类比等（详解见之前的"论证有效性分析的分析类型"中的"第二类分析：逻辑缺陷"）。

- 角度二：?→结论

该角度思路如下：①非X→Y，即X不是导致结果的因素；②X+?→Y，X是原因，但不是唯一原因，还需其他因素共同作用推出结论。

- 角度三：前提→?

该角度思路如下：①X→Z，即X→Y不必然，还存在其他结果的可能；②X→非Y，即X不仅可以推出其他结论，还可以推出与该论证矛盾的结论。

例：张三家境贫寒，但他爱学习，所以他是好学生。

（注：张三家境贫寒是背景信息，不是好学生的论据，注意转折词。）

第一步：找到论证

张三爱学习→张三是好学生

第二步：分析论证

角度一：前提推不出结论。略。

角度二：？→结论。判断张三是否为"好学生"，除了考虑他是否爱学习外，还应该考虑其他因素，比如：德、体、美、劳等，也就是说前提推出结论不充分。

角度三：前提→？。如果张三爱学习，但是自私自利、刚愎自用，这样，他不仅不是好学生，还很有可能是一个"差学生"。

【提示】进行分析论证时，我们不需要每一个角度都涉及（大多时候，一个论证可能只涉及一个角度），只要达到字数要求，讲出道理便可。也就是说，我们可以只用一个角度，也可以几个角度同时分析。

| 解析范例 | 035

据国家统计局数据，2012年我国劳动年龄人口比2011年减少了345万，这说明我国劳动力的供应从过剩变成了短缺。

第一步：找到论证

劳动年龄人口减少345万→劳动力的供应从过剩变成了短缺

第二步：分析论证

角度一：前提推不出结论。材料没有明确提及2011年的实际过剩人数，如果2011年劳动力过剩多于345万，即使2012年劳动年龄人口减少了345万，有可能只是缓解过剩，而不一定会变成短缺。

角度二：？→结论。仅仅从劳动年龄人口减少不足以判断出劳动力的供应是否从过剩变短缺。我们还需要了解其他相关信息，如2011年劳动力供应过剩的具体人数、2012年劳动力市场需求情况等。

角度三：前提→？。即使劳动年龄人口减少，如果劳动力需求亦大幅减少，甚至其减少幅度大于供给减少的幅度，那么劳动力的供应依然过剩。

| 解析范例 | 036 |

现在网络技术可以使你在最短的时间内查询到你所需要的任何知识信息,有的大学毕业生因此感叹何必要为学习各种知识数年寒窗,这不无道理。

第一步:找到论证

网络能查询到任何信息→不需要学习各种知识

第二步:分析论证

角度一:前提推不出结论。"信息"不等于"知识","信息"是不成体系的,而"知识"是系统的。且"检索知识"和"掌握知识"是两个不同的层次,比如,我们仅仅依靠《新华字典》检索,而非掌握字词使用方法,未必能够将字词有效连接,准确表达。

角度二:?→结论。略。

角度三:前提→?。"网络技术可以迅速查询到所需的信息"只能说明网络作为一种辅助工具,能够在学习知识中为我们提供更多便利。知识的有效性及真伪的判断仍依赖于个体掌握知识的水平。也就是"查询知识"越便利,需要我们有更高的知识掌握水平。

| 解析范例 | 037 |

既然一个国家的文化在国际上的影响力是该国软实力的重要组成部分,那么,要增强软实力,只需搞好本国的文化建设并向世人展示就可以了。

第一步:找到论证

搞好本国文化建设并向世人展示→增强国家软实力

第二步:分析论证

角度一:前提推不出结论。略。

角度二:?→结论。软实力还包括价值观念、社会制度、民族精神等其他方面。而文化建设仅仅只是国家软实力的一部分,并非全部,显然,仅凭搞好文化建设是不足够的。

角度三:前提→?。搞好本国的文化建设并向世人展示,可能展示的内容不一定能产生影响力,即使产生了影响力,也要看该影响力是正面的还是负面的。如果是负面的影响力,试问还能提高软实力吗?

第 4 节 论证结构与论证关系分析练习

🔒 思考题 1

分析下列论证中存在的缺陷与漏洞，选择若干要点，对该论证的有效性进行分析和评述。

以下资料摘自《星城日报》经济专栏："在过去的十年里，星城地区的饭店业经历了空前的发展，预计这种增长的势头在未来的几年里将会继续保持。其理由是最近几年该城市的变化：人们收入增加，有更多可以自由利用的休闲时间，人们对美食有了更大的兴趣，这些变化可以通过《星城日报》对其读者所做的调查得到证实。"

精点解析

✓ 论证结构分析

前　提	推　理	结　论
①星城地区饭店业在过去发展空前	→	
②人们收入的增加	→	
③人们可自由利用的休闲时间增加	→	增长势头在未来几年继续保持
④人们对美食有更大兴趣	→	
⑤《星城日报》对读者所做的调查	→	

✓ 论证关系分析

1. 前提①推不出结论

ⓐ 前提推不出结论：该论证不当假设星城地区的饭店业将继续保持和以前相同的增长速度，显然是"忽略发展"。星城地区饭店业在过去的发展可能是由当时的经济环境导致的。在未来几年，可能随着经济环境的恶化、消费者行为的改变等，饭店业不一定会保持一直快速发展的势头。

ⓑ ?→结论：星城地区的饭店业增长势头在未来能否保持，其影响因素很多，例如该市经济的发展、国家政策、城市规模的扩大、人口的增长、消费者的需求、饭店

服务的提高等。而饭店业过去的发展对未来的影响十分有限。

ⓒ 前提→?：星城地区饭店业在过去发展空前，可能已使更多的投资者看到商机，纷纷都来投资饭店业，进而饭店增多，市场饱和，那么未来几年的发展可能保留在停滞甚至下滑的状态。

2. 前提②推不出结论

ⓐ 前提推不出结论：略。

ⓑ ?→结论：饭店业能否持续增长可能是多种因素共同作用的结果。比如外来人口增长幅度、该地区饭店业广告宣传力度，或者饭店业本身的服务水平和质量等。仅仅依赖人们收入的增长，显然是不足够的。

ⓒ 前提→?：人们收入的增加可能用于休闲娱乐、教育支出、旅游、健身、投资理财等。只要不去饭店进行消费，饭店业的发展就会缓慢，其增长势头在未来几年未必会继续保持。

3. 前提③推不出结论

ⓐ 前提推不出结论：略。

ⓑ ?→结论：略。

ⓒ 前提→?：或许随着消费理念和人们观念的改变，人们更多地愿意将空闲时间花费在观光旅游、看书、健身、上网、购物、开展家庭活动等这些消费上，而去饭店进行消费的可能性进一步降低。

4. 前提④推不出结论

ⓐ 前提推不出结论：略。

ⓑ ?→结论：略。

ⓒ 前提→?：即便人们对美食产生更大的兴趣，但随着人们养生观念的加强，对饮食营养、食品安全问题、在家就餐的氛围更加关注，人们很可能更倾向于在家里制作美食而非更多地去饭店就餐。

5. 前提⑤推不出结论

ⓐ 前提推不出结论：论证者得出结论的论据基于《星城日报》对其读者所做的调查。而《星城日报》的读者是否具有代表性还有待研究。如果其读者是某一特定人群，那么该人群的消费行为就不能代表星城地区的消费趋势。存在"以偏概全"的嫌疑。

ⓑ ?→结论：略。

ⓒ 前提→?：略。

思考题 2

分析下列论证中存在的缺陷与漏洞,选择若干要点,对该论证的有效性进行分析和评述。

在马瑞地区,开一个爵士乐俱乐部能够给公司带来大量的利润。现在,离这个地区最近的爵士乐俱乐部也有 65 公里的距离;因此,我们建立一个爵士乐俱乐部能够占有当地全部的市场。此外,爵士乐在马瑞地区非常流行。去年夏天,有超过 100000 的民众参加了马瑞爵士乐节,一些著名的爵士乐家都居住在马瑞地区,并且在当地收视率最高的电视节目是每天的"爵士乐之夜"。最后,在全国范围内的调查显示:爵士乐的粉丝愿意花 1000 美元在爵士乐的娱乐上。这些都说明,爵士乐俱乐部在这个地区一定能够赚钱。

| 精点解析 |

✓ 论证结构分析

前 提	推 理	结 论
① 有市场空白→建立一个爵士乐俱乐部能占有全部市场	→	①开爵士乐俱乐部能赚钱
③ 去年夏天许多民众参加马瑞爵士乐节	→	② 爵士乐在马瑞地区非常流行
④ 爵士乐家住在马瑞地区	→	
⑤ "爵士乐之夜"是收视率最高的节目	→	
⑥ 全国范围内的调查显示	→	①开爵士乐俱乐部能赚钱

✓ 论证关系分析

1. 前提①推不出结论①

ⓐ 前提推不出结论:略。

ⓑ ?→结论:一个俱乐部是否能占有当地的市场是由很多因素综合决定的。比如市场投入情况、其自身的服务质量、当地民众是否对其服务领域有较大兴趣以及竞争者的竞争水平等,有"市场空白"与之相比并不重要。

ⓒ 前提→?:市场有空白很可能是由于当地人们对爵士乐不感兴趣,没有市场需求,或者是由于建立俱乐部投入高,而盈收有限。这时即使当地有市场需求,也不仅不能赚钱反而可能亏本。

2. 前提②推不出结论①

ⓐ 前提推不出结论：略。

ⓑ ?→结论：略。

ⓒ 前提→?：爵士乐在当地流行，只能说明当地人喜爱爵士乐，但人们可能更愿意选择在家用音响听爵士乐或者通过电视广播等途径听爵士乐，而不一定会去俱乐部。所以，即使爵士乐在当地很流行，爵士乐俱乐部也不一定能赚钱。

3. 前提③推不出结论②

ⓐ 前提推不出结论：去年夏天的状况并不代表将来的情况，显然论证忽略了事物在不断发展变化的规律。并且参加爵士乐节的民众未必是当地居民，可能是外来游客，因此爵士乐不一定在马瑞地区流行。

ⓑ ?→结论：略。

ⓒ 前提→?：即便许多民众参加马瑞爵士乐节，如果参加者大多数并不是爵士乐的爱好者，只是图一时新鲜凑个热闹，而并非真正喜欢爵士乐，那么就无法得出"爵士乐在马瑞地区非常流行"。

4. 前提④推不出结论②

ⓐ 前提推不出结论：略。

ⓑ ?→结论：略。

ⓒ 前提→?：爵士乐家住在马瑞地区并不能说明爵士乐在马瑞地区非常流行。爵士乐家住在马瑞地区，可能因为当地的房价低、气候宜人、风景独特、物价水平低等原因。并且他们也许只是在马瑞地区居住，而非演出。

5. 前提⑤推不出结论②

ⓐ 前提推不出结论：略。

ⓑ ?→结论：略。

ⓒ 前提→?：收视率高可能是因为节目本身受欢迎，比如节目主持人很受观众喜爱，或者是由于节目是在黄金时间档播出等等，未必说明爵士乐流行。此外，即便其流行，也很可能说明大家都去看电视了，而非选择爵士乐俱乐部。

6. 前提⑥推不出结论①

ⓐ 前提推不出结论：全国范围内的调查并不能代表马瑞地区，显然存在"集合体性质误用"的嫌疑。可能马瑞地区消费水平低于全国平均水平，或者爵士乐在别的地区发展很完善了，并不能说明开爵士乐俱乐部在马瑞地区可以赚钱。

ⓑ ?→结论：略。

ⓒ 前提→?：在全国范围内的调查显示，粉丝愿意花钱在爵士乐娱乐上，但未必会选择去俱乐部消费，也可能在网上、论坛上进行交流。

思考题 3

分析下列论证中存在的缺陷与漏洞，选择若干要点，对该论证的有效性进行分析和评述。

下文摘录于"奥林匹克食品集团"给它的股票持有者的一份年度报告：

随着时间的推移，加工成本会逐渐下降，原因是企业改进了工艺从而提高了效率。以彩照冲印为例，1970年冲印一张3×5英寸的照片成本为50美分；到了1984年，成本降到20美分。食品加工的情况也一样。我们奥林匹克食品集团马上要迎来25周年庆典，这么长的从业经历，无疑可以使我们建立信心：本公司可以实现成本最小化和利润最大化。

| 精点解析 |

✓ **论证结构分析**

前 提	推 理	结 论
① 改进工艺→提高效率	→	
② 彩照冲印成本由1970年的50美分降到1984年的20美分	→	① 加工成本下降
③ 彩照冲印业加工成本下降	→	② 食品加工业也是一样
④ 这么长的从业经历	→	③ 本公司可以实现成本最小化和利润最大化
⑤ 加工成本会逐渐下降	→	

✓ **论证关系分析**

1. 前提①推不出结论①

ⓐ 前提推不出结论：改进工艺提高效率并不意味着加工成本会下降。工艺成本只是加工成本的一部分，加工成本还包括原材料采购及损耗费用、制造费用、管理费用等。如果后面这些成本上升，则加工成本就不一定会下降。

ⓑ ?→结论：加工成本下降可能由多方面因素共同促成，例如人工成本减少、制造费用减少、原材料损耗费用减少等等，而工艺成本下降只是其中一个因素，仅凭它不足以得出该结论。

ⓒ 前提→？：随着技术的发展，改进工艺可能会提高工艺成本，比如粗加工改为精细加工，如果效率的提高不足以抵消工艺成本的上升，那么改进工艺反而会导致加工成本上升。

2. 前提②推不出结论①

ⓐ 前提推不出结论：彩照冲印业成本的变化只是一个个例，不足以代表整个行业的发展状况。再者照片成本由1970年的50美分到1984年的20美分，并不能说明加工成本下降，要考虑通货紧缩等因素而导致货币价值的变化。

ⓑ ？→结论：略。

ⓒ 前提→？：如果照片成本由1970年50美分降到1984年20美分，但20美分的货币由于购买力比50美分的货币购买力强，反而说明加工成本上升。

3. 前提③推不出结论②

ⓐ 前提推不出结论：彩照冲印业与食品加工业分属于两个不同的行业，其行业特点差异较大，不能直接类比。彩照冲印业是技术密集型产业，其成本构成主要是胶片为主，随着技术的进步其加工成本会逐步降低；而食品加工业是劳动密集型产业，成本主要由原材料和人工构成，原材料价格弹性较低，而人工成本会随时间的推移逐步升高。因此，不能简单地把一个行业的发展状况推及另一个行业。

ⓑ ？→结论：略。

ⓒ 前提→？：略。

4. 前提④推不出结论③

ⓐ 前提推不出结论：从业经历长并不意味着企业盈收管理能力强，与企业能否做到"成本最小化和利润最大化"之间并不存在必然联系。"成本最小化"与企业对成本的控制联系更紧密，"利润最大化"则需要在保证成本最小化的同时还要实现收入最大化。

ⓑ ？→结论：略。

ⓒ 前提→？：略。

5. 前提⑤推不出结论③

ⓐ 前提推不出结论：成本不仅包括加工成本，还包括管理成本、销售成本、资金使用成本。加工成本下降是总成本中的一小部分，即使加工成本下降，如果其他成本不降反升，也不可能得出成本最小化和利润最大化的结论。

ⓑ ？→结论：略。

ⓒ 前提→？：即使加工成本下降，其他成本大幅上升，总成本仍可能是不变的甚至

是上升的。例如：加工成本下降，但原材料价格上涨，如若收入不变，利润反而会下降。

思考题 4

分析下列论证中存在的缺陷与漏洞，选择若干要点，对该论证的有效性进行分析和评述。

《中国陶瓷》杂志采访了几位知名的已退休的景泰蓝工艺师，以询问关于陶瓷业的变化。这些工艺师中仅有一位获得过大学相关专业学位，其他人都是在早期以学徒的身份进入该行业，并在一位经验丰富的景泰蓝工艺师的监督下工作。已经有几所学院表示，许多有前途的景泰蓝工艺方向的学生在他们本科还未毕业时就早早离开了学校。因此，鉴于目前招募有才华的景泰蓝工艺毕业生越来越难，景泰蓝工艺陶瓷公司应该设立一个锐意进取的学徒项目并雇佣那些对景泰蓝工艺表示浓厚兴趣的高中生，而不要等到他们从大学毕业之后再招募。

| 精点解析 |

✓ 论证结构分析

前 提	推 理	结 论
①《中国陶瓷》杂志采访了几位知名的已退休的景泰蓝工艺师	→	
② 工艺师中仅有一位获得过大学相关专业学位，其他人都是在早期以学徒的身份进入该行业	→	①设立一个锐意进取的学徒项目并雇佣对景泰蓝工艺有浓厚兴趣的高中生
③ 早期以学徒的身份进入该行业，并在一位经验丰富的景泰蓝工艺师的监督下工作	→	
④ 许多有前途的景泰蓝工艺方向的学生早早离开了学校	→	

✓ 论证关系分析

1. 前提①推不出结论①

ⓐ 前提推不出结论：文中的基本论据是"几位知名的已退休的景泰蓝工艺师"的

采访录。但是，调查的样本是否具有代表性？情况未知。首先，"几位"说明调查的样本量不足；其次，"知名的"无法反映"不知名"的工艺师的情况；再者，"已退休"无法反映"在职者"的状况。可见，该论证有"以偏概全"之嫌。

b ？→结论：略。

c 前提→？：略。

2. 前提②推不出结论①

a 前提推不出结论：工艺师中仅有一位获得过大学相关专业学位，其他人都是在早期以学徒的身份进入该行业，该前提具有特殊性，因为40年前的大学生凤毛麟角，设置景泰蓝专业的大学更少，因此，工艺师中学徒居多，大学生仅有一位不足为奇。但是现在社会与40年前显然不可同日而语，在劳动力素质大幅提升、劳动关系已经发生变化的今天，学徒制未必还适合培养工艺师，显然论证者有"忽略发展"之嫌。

b ？→结论：略。

c 前提→？：虽然"其他人都是在早期以学徒的身份进入该行业"，但是工艺师在进入这个行业后是否经历了再次进修，取得大学学位？未知。若是再次进修，那么他们的成就并非是因为"学徒工"而是因为"大学生"，那就说明现在设置"锐意进取的学徒项目"未必可行。

3. 前提③推不出结论①

a 前提推不出结论：略。

b ？→结论：略。

c 前提→？：要知道是否应该采用学徒制，我们还必须知道曾经总共有多少学徒工参加了学习培训，成功率如何。如果采用这种学徒方式成为景泰蓝工艺师的概率很低，那么，在本公司开展学徒项目很可能就难以达到目的。

4. 前提④推不出结论①

a 前提推不出结论：略。

b ？→结论：略。

c 有前途的景泰蓝工艺方向的本科生还未毕业时就早早离开了学校，离开学校后是否从事有关景泰蓝方面的工作，材料中没有明确说明。如果去从事与景泰蓝有关的工作，或者他们离开了这些学校后却到别的大学学习与景泰蓝相关的专业，那么，该论证并不能否认高校培养景泰蓝专业人才的有效性。

思考题 5

分析下列论证中存在的缺陷与漏洞，选择若干要点，对该论证的有效性进行分析和评述。

"研究显示，一般人随着年龄的增长，用于运动的时间将逐渐减少，而用于看电视的时间将逐渐增多。在今后 20 年，城市人口中老年人的比例将有明显增长。因此本公司应当及时售出'达达运动鞋'公司的股份，并增加对'全球电视'公司的投资。"

| 精点解析 |

✓ 论证结构分析

前 提	推 理	结 论
限定条件：一般人随年龄增长 ①运动的时间将逐渐减少 ②看电视的时间逐渐增多	→	①及时售出"达达运动鞋"公司的股份
限定条件：今后 20 年 ③城市人口中老年人的比例将有明显增长		②增加对"全球电视"公司的投资

✓ 论证关系分析

1. 前提①+前提③ 推不出结论①

ⓐ 前提推不出结论：该论证不当假设了老年人只有运动时才穿运动鞋。其实不然，老年人平时也可以穿运动鞋。因为运动鞋穿着舒适且不容易摔跤，更符合老年人的需求，因此老年人对运动鞋的购买量未必就会减少。

ⓑ ?→结论：略。

ⓒ 前提→?：材料由"老年人运动时间的减少"，推不出整个社会对运动鞋的需求量明显减少的结论。就某一个老年人而言，运动时间减少可能导致其购买运动鞋次数减少，但就社会而言，可能因为参加运动的人数增加导致对运动鞋的需求量增加。

2. 前提②+前提③ 推不出结论②

ⓐ 前提推不出结论："老年人看电视的时间增多"与增加对"全球电视"公司的投资，二者之间看似有联系，实则并不相关。老年人看电视时间增多，不一定看的是"全球电视"公司生产的电视节目，也可能是其竞争对手制作的电视节目。

更何况"全球电视"公司是生产"电视机"还是"电视节目"还有待进一步明确。

ⓑ ？→结论：是否要增加对"全球电视"公司的投资，不仅要考虑"老年人看电视时间增多"这一个条件，还要考察该公司的运营情况、盈利能力、发展前景等。

ⓒ 前提→？：老年人看电视的时间增多，也可能看的是其他公司生产的电视节目或使用其他电视机，而非"全球电视"公司的相关产品。

3. 前提③ 推不出结论①+结论②

ⓐ 前提推不出结论：运动时间、运动鞋销量、运动鞋公司的利润，这些变量之间并不存在必然的因果关系。今后20年，城市人口总的发展趋势如何？是增长还是减少？这种变化对材料中的研究和预测有什么影响？今后20年，城市人口中老年人的比例究竟以何种方式增长？这些对未来的市场都有影响。显然论证者忽略了发展。

ⓑ ？→结论：略。

ⓒ 前提→？：略。

4. 前提①+前提②+前提③ 推不出结论①+结论②

ⓐ 前提推不出结论：略。

ⓑ ？→结论：略。

ⓒ 前提→？：即便所有的前提都正确，也无法证明"售出运动鞋公司的股份，增加电视公司投资"的决策是正确的。因为，这一切都与公司自身的经营能力息息相关。一个行业产品需求减少，并不意味着对该行业某个公司的投资回报一定低；一个行业产品需求增加，投资该行业的某个公司也未必有较高的回报。

🔒 思考题6

分析下列论证中存在的缺陷与漏洞，选择若干要点，对该论证的有效性进行分析和评述。

自丰达公司一年前开始生产、销售一种豪华型电风扇以来，经济型电风扇的销量和公司的利润都在大幅下滑。豪华型电风扇的售价比经济型高50%，但是豪华型电风扇比经济型电风扇耐用程度强一倍。为了增加经济型电风扇销量，提高利润，公司应该停掉豪华型电风扇的业务。

精点解析

✓ 论证结构分析

前　提	推　理	结　论
限定条件：丰达公司一年前开始 ①生产、销售豪华型电风扇	⟶	①经济型电风扇的销量大幅下滑 ②公司的利润大幅下滑
②公司停掉豪华型电风扇的业务	⟶	③增加经济型电风扇销量，提高利润

✓ 论证关系分析

1. 前提① 推不出结论①

ⓐ 前提推不出结论："生产、销售豪华型电风扇"与"经济型电风扇的销量大幅下滑"没有必然的联系。经济型电风扇的销量大幅下滑可能是因为经济型电风扇技术比较落后，其用途和性能不能满足大多数消费者的需求等，并非是生产、销售豪华型电风扇所致。

ⓑ ?→结论：略。

ⓒ 前提→?：略。

2. 前提① 推不出结论②

ⓐ 前提推不出结论：略。

ⓑ ?→结论：生产、销售豪华型电风扇对其利润的影响可能极其有限。公司的利润大幅下滑可能由多种因素共同导致，比如管理者经营不善、部门比较冗杂、成本控制不合理、竞争对手比较强劲等。

ⓒ 前提→?：略。

3. 前提① 推不出结论①+结论②

ⓐ 前提推不出结论：略。

ⓑ ?→结论：略。

ⓒ 前提→?：不同产品有不同的消费人群。豪华型电风扇有可能会得到高端消费者的青睐，而经济型电风扇则受到普通消费者的欢迎。生产、销售豪华型电风扇未必会影响经济型电风扇的销量。

4. 前提② 推不出结论③

ⓐ 前提推不出结论：略。

ⓑ ？→结论：略。

ⓒ 前提→？："公司停掉豪华型电风扇的业务"不一定会"增加经济型电风扇销量，提高利润"。如果经济型电风扇销量下降是因为其产品性能比较落后、售后服务比较差等因素，即使公司停掉豪华型电风扇的业务也未必会增加经济型电风扇销量，反而可能进一步降低公司的利润。

思考题 7

分析下列论证中存在的缺陷与漏洞，选择若干要点，对该论证的有效性进行分析和评述。

甲：乙方认为吸收了外来文化，中国人就失去了民族底蕴，在座的各位多少人西装革履，就都失去了民族底蕴了吗？

乙：甲方要外来文化，但是我们更要自主独立。我请问对方辩友，如果外来文化是要毁灭我们民族文化的自主和独立的基础，你要不要？

甲：对方辩友说得好，为什么要外来文化呢？正是因为它对于我们民族文化利大于弊啊！

乙：对方辩友，你搞错了。纵观历史，文化在推行的过程中往往是强制的，甚至是敌对的。对方辩友，你的利又在何处？

甲：我终于看清楚对方辩友的逻辑了，对方辩友说人不需要吃饭，因为如果你把世界上所有的粮食都吃下去了或者你用鼻子吃饭，那就必定是有弊无利了。

乙：接受外来文化果然就如你所说的是一顿美餐吗？你们怎么能对当今世界频繁的文化冲突视而不见呢？比如说吧，我们中国人讲究"一日夫妻百日恩"。外国人讲究什么呢？"露水夫妻一夜情"啊。如果引进这样的文化，中国的离婚率能不上升吗？

甲：要谈外来文化，还是让我们来看看离我们最近的日本的文化。日本文化中的汉字汉音，书道茶道，哪一个不是从中国文化演进的？到现在，到底有没有日本民族的特色，更不要说片假名和平假名了。

乙：外来文化果然就是十全十美吗？想想看，中国人讲究"远亲不如近邻"，而外国文化一来呢？在钢筋水泥的丛林里，东一道铁门，西一道铁门，探亲搞得像探监一样。

| 精点解析 |

✔ 论证结构分析

前 提	推 理	结 论
① 在座的一些人西装革履并没有失去民族底蕴	⟶	①外来文化利大于弊
②外来文化毁灭民族文化的自主和独立的基础	⟶	② 外来文化弊大于利
③文化在推行过程中往往是强制的	⟶	
④ 外来文化导致离婚率上升	⟶	
⑤日本吸收中国文化后仍具民族特色	⟶	①外来文化利大于弊
⑥吸收外来文化，邻里关系疏远	⟶	②外来文化弊大于利

✔ 论证关系分析

1. 前提①推不出结论①

ⓐ 前提推不出结论。在座的人西装革履并没有失去民族底蕴未必能说明外来文化利大于弊。"在座的一些人"是否就能代表全部中国人？"西装革履"也只是文化符号之一，这里有以偏概全的嫌疑。

ⓑ ？→结论。略。

ⓒ 前提→？。即便民族文化并没有因为穿西装而丧失或有任何的减弱，但是，这样的推理只能说明外来文化对我们民族文化没有什么坏处，也即"无弊"，但并不代表着有"利"。

2. 前提②推不出结论②

ⓐ 前提推不出结论。外来文化和本民族文化的关系不仅只有对立，也有相互促进的双赢关系。乙方只看到了一种极端而且少见的斗争关系，然后在此基础上得出一个普遍性的结论"外来文化对民族文化的发展弊大于利"，这显然有以偏概全的嫌疑。

ⓑ ？→结论。略。

ⓒ 前提→？。即使外来文化毁灭民族文化的自主和独立的基础，但如果民族文化因此更加被珍惜，更广泛地传播到全世界，以更加多变的形式被创作和推广，那么可能外来文化并非弊大于利。

3. 前提③推不出结论②

ⓐ 前提推不出结论。该论证的缺陷是混淆了"文化推行或传播的方式"与"文化

本身"。文化推行的方式是文化传播的方式，与文化本身是否有利没有直接的关系。推行过程中往往是强制的说明文化的传播方式存在弊端，但不能说明文化本身是存在弊端的，二者不能等同。

ⓑ ？→结论。略。

ⓒ 前提→？。略。

4. 前提④推不出结论②

ⓐ 前提推不出结论。外来文化让离婚率上升和文化本身的利与弊无关。可能外来文化让人们思想更开放自由，有更多自我的选择机会，这些影响本质是好的，离婚率上升只是由此衍生而来的人的主观行为，和文化利弊无关。

ⓑ ？→结论。略。

ⓒ 前提→？。婚姻观念只是文化观念的一个方面，就算这个方面有冲突，也不能因此就说明各种不同的文化在总体上或本质上就是冲突的。除了婚姻观念之外，还有很多其他的文化和价值观念，而这些观念很可能在各个民族文化中还有很多共通的东西，去其糟粕取其精华，可能利还是大于弊的。

5. 前提⑤推不出结论①

ⓐ 前提推不出结论。日本文化保持日本民族的特色，并非就意味着中国文化对日本文化是利大于弊的，因为有"特色"并不等于有"好处"。就算中国文化对日本民族的文化发展是利大于弊的，也不能因此就得出普遍性的结论，认为所有的外来文化对任何别的民族的文化发展都是利大于弊的。

ⓑ ？→结论。略。

ⓒ 前提→？。略。

6. 前提⑥推不出结论②

ⓐ 前提推不出结论。略。

ⓑ ？→结论。邻里关系变得疏远可能是由多方面因素导致的，例如我国城市化进程速度快，越来越多的人住进城市的高楼大厦，而非过去门对门的四合院等。由于住房的原因导致现代人见面的机会较少，才使得邻里关系变得疏远，并非是因为外来文化，那么由此得出外来文化弊大于利有欠妥当。

ⓒ 前提→？。略。

第三章
论证有效性分析文章写作要点

第 1 节　论证有效性分析评分标准*

一、阅卷组评分标准

管理类联考论证有效性分析总分30分，根据分析评论的内容、文章结构和语言表达综合评分：

（1）根据分析评论的内容给分，占16分，需指出和分析题干论证中存在的若干缺陷。

（2）根据论证程度、文章结构和语言表达给分，占14分，分四类卷给分：

　　一类卷（12~14分）：分析论证有力，结构严谨，条理清楚，语言精练流畅。
　　二类卷（8~11分）：分析论证较有力，结构较严谨，条理较清楚，语言较通顺，有少量语病。
　　三类卷（4~7分）：尚有分析论证，结构不够完整，语言欠连贯，语病较多。
　　四类卷（0~3分）：明显偏离题意，内容空洞，条理不清，语句不通。

（3）每3个错别字扣1分，重复的不计，至多扣2分。
（4）书面不整洁，标点不正确，酌情扣1~2分。
（5）缺题目扣2分。

> 【提示】以上分5点阐述了论证有效性分析的给分点和扣分点。换句话说，需要考生指出题干的缺陷并给出理由。阅卷老师会从论证、结构、条理以及语言方面给出相应的评分。从这里的排序考生亦可看出，阅卷老师首先看分析论证是否有力度；其次看结构分布是否严谨，条理是否清楚；最后再看语言是否精练流畅。

---

* 此处评分标准以管理类联考（199）为例分析，经济类联考（396）论证有效性分析总分20分，评分标准与管理类基本一致。

二、鑫全工作室细化评分标准（评分要点）

以 2021 年考试为例，答对 4 个或 4 个以上要点，分析论证有力，结构严谨，条理清楚，语言精练流畅，满分 30 分。其中每一个点 7.5 分，即找到点（论证关系）得 2 分，分析、语言表达等占 5.5 分。详细说明如下：

（一）标题

1. 失分（非质疑性题目或漏写题目扣 2 分。整体文章印象得分减少。）

> 例
> ⓐ 洋快餐一定会成为饮食行业的霸主（2005.10 真题）
> ⓑ 物质主义不会造成精神世界空虚（2018.1 真题）
> ⓒ 利用赏罚就可以防止以权谋私（2017.1 真题）

2. 不失分也不增分（万能题目）

> 例
> ⓐ 一篇经不起推敲的论证
> ⓑ 一篇难以奏效的论证
> ⓒ 如此论证，有待斟酌

3. 得分（新颖，扣材料。整体文章印象可增加 1~2 分。）

① 后"吗"式

> 例
> ⓐ 大学生就业真的不难吗（2016.1 真题）
> ⓑ 政府不必干预生产过剩吗（2015.1 真题）

② 质疑式

> 例
> ⓒ 制衡与监督使企业成功，值得商榷（2014.1 真题）
> ⓓ 文化建设增加软实力，有待斟酌（2013.1 真题）

（二）开篇

1. 失分（未表达质疑或针对结论，整体文章印象得分减少1~2分。）

① 未表达质疑

> ⓐ 上述材料通过系列分析，得出"洋快餐一定会成为饮食行业霸主"的结论。（2005.10 真题）
>
> ⓑ 论证者通过系列分析，试图论证"物质主义不会造成精神世界空虚"。（2018.1 真题）

② 针对结论（注意不应针对结论，而要针对论证过程。）

> ⓒ 针对"利用赏罚可以防止以权谋私"的论题，论证者展开系列论证，其结论存在以下缺陷：（2017.1 真题）
>
> ⓓ 大学生就业不难？论证者针对此观点展开层层论证，其结论失之偏颇，现分析如下：（2016.1 真题）

2. 不失分也不增分（万能式）

> ⓐ 上述材料中的论证有效性存在缺失，分析如下：
>
> ⓑ 上述材料通过系列分析，得出相关结论，其论证过程存在以下不足：
>
> ⓒ 论证者围绕其结论展开系列论证，其论证过程看似严谨，但经不起推敲，现分析如下：

3. 得分（详略得当，整理出材料总的论证关系并表达质疑，整体文章印象得分增加1~2分。）

> ⓐ 上述材料通过对洋快餐发展前景的分析，得出"洋快餐一定会成为饮食行业霸主"的结论，其论证过程是欠妥当的，分析如下：（2005.10 真题）
>
> ⓑ 上述材料针对"物质决定精神"的观点展开系列分析，得出"物质主义不会造成人类精神世界空虚"的结论，其论证过程并不严谨，现分析如下：（2018.1 真题）
>
> ⓒ 论证者围绕"人的本性好利恶害"展开系列论证，得出"利用赏罚就能防止以权谋私"的结论，其论证过程存在以下缺陷：（2017.1 真题）

（三）正文（即分析点，至少需要写 4 个点，每个点 7.5 分）

✓ "引+评"部分占 30%分数（即 2 分）

1. **失分**（找错论证关系，为 0 分。）

2. **得分**（论证关系定位正确即可得分。）

得分情况分为以下几种：

① 全分（精确概括论证关系，能用引号强调论证核心，语句通顺。得 2 分。）

> **例**
>
> ⓐ 洋快餐在大城市的"网点数"每年增长不必然得出洋快餐的"市场占有率"将超过 20%。（2005.10 真题）
>
> ⓑ 人的本性"好利恶害"难以说明都会"追求奖赏，逃避刑罚"。（2017.1 真题）
>
> ⓒ "劳动年龄人口"减少并不意味着"劳动力"的供应从过剩变短缺。（2016.1 真题）

② 50%左右分数（引出论证关系，但不能恰当整理，扣一半分数。得 1 分左右。）

> **例**
>
> ⓐ "洋快餐在大城市中的网点数以每年 40%的惊人速度增长"并不意味着"在中国广大的中小城市和乡镇还有广阔的市场成长空间"。（2005.10 真题）
>
> ⓑ "物质决定精神，精神是物质在人类头脑中的反映"并不能说明"物质丰富只会充实精神世界，物质主义潮流不可能造成人类精神世界的空虚"。（2018.1 真题）
>
> ⓒ "据国家统计局数据，2012 年我国劳动年龄人口比 2011 年减少了 345 万"，无法说明"我国劳动力的供应从过剩变成了短缺"。（2016.1 真题）

③ 30%左右分数（仅能引用原材料，不能整理出前提与结论，扣 70%左右分数。得 0.5 分左右。）

> **例**
> ⓐ 论证者认为:"喜爱洋快餐的未成年人成为具有消费能力的成年群体,洋快餐市场将大幅提升",其论证过程是失之偏颇的。(2005.10真题)
> ⓑ 论证者认为:"一部分大学生就业难,是因为其所学专业与市场需求不相适应,或对就业岗位的要求过高",其是不严谨的。(2016.1真题)
> ⓒ 论证者认为"要正确判断某一股票的价格高低,唯一的途径就是看它的历史表现",是不妥当的。(2011.1真题)

✓ "分析"部分占总分70%左右分数(即5.5分)

1》失分(没有相应分析,没有相关表达接近论证分析,不得分,即0分。)

2》得分(分析只要言之有理即可得分。)

得分情况分为以下几种:

① 全分(有"核心句",并能恰当准确说出理由,可得全分,即5.5分。)

> **例**
> ⓐ 洋快餐在大城市的"网点数"每年增长不必然得出洋快餐的"市场占有率"将超过20%。**网点数增加不代表市场占有率也会增加**。比如,网点数增加了,但平均每一个网点的销售额却下降了,使得整体的销售总额在市场中占比下降,即市场占有率下降。(2005.10真题)
> ⓑ "劳动力市场"需求大于供给不代表"大学毕业生"供不应求。**因为劳动力市场中的职位并非全都适合刚毕业的大学生**,比如高精尖的技术岗位、精密仪器制造以及一些技术工种等,这些岗位可能需要多年工作经验的人,而大学毕业生相对缺乏工作经验,不一定能胜任这些岗位,因此大学毕业生未必供不应求。(2016.1真题)
> ⓒ 文化具有"普同性"并非一定会被他国所"接受"。**各国文化的内容即使相近,但表现形式可能不同**。例如:中国的七夕节和西方的情人节一样,都是表达爱情的节日,但其所展示的文化传统和价值观与西方文化传统和价值观不一样,他国未必能够接受。(2013.1真题)

② 60%左右分数(没有核心句,但能恰当说明理由可得60%左右分数,即3.5分左右。)

> **例**
>
> ⓐ 洋快餐在"大城市的网点数"每年增长不必然得出洋快餐的"市场占有率"将超过20%。洋快餐在大城市中的网点数每年大幅增长，发展状况良好，可能是因为其刚刚入驻中国市场，潜力巨大，并且大城市的居民乐于尝鲜，长期食用洋快餐有可能出现厌倦感，导致洋快餐市场占有率缩小。（2005.10真题）
>
> ⓑ 鼓励大学生"自主创业"，大学生的"就业问题将不复存在"吗？显然并非如此。大学生的自主创业一定程度上可以缓解就业压力，但是创业毕竟是少数人的选择，大部分毕业生仍选择就业；创业成功率现阶段来说不高，一些人创业失败又会选择就业，更加加重了就业问题，并非大学生的就业问题将不复存在。（2016.1真题）
>
> ⓒ "政府干预市场"未必会"违背经济运行的客观规律"。政府也是市场经济调节的一种手段，它是一只"有形的手"，在一定条件下对经济运行起到很大的促进作用。因此，不仅不会违背经济运行的客观规律，反而可能会遵循并利用经济规律。（2015.1真题）

③ 30%左右分数（没有相应分析，自身缺乏逻辑性，但有个别句子接近论证分析，可得30%左右分数，即1.5分左右。）

> **例**
>
> ⓐ 洋快餐在"大城市的网点数"每年增长不必然得出洋快餐的"市场占有率"将超过20%。洋快餐在大城市发展得好，可能是因为大城市生活节奏快，洋快餐方便、卫生，但在相对悠闲的中小城市及农村则缺乏吸引力。（2005.10真题）
>
> ⓑ "大城市洋快餐"发展迅速无法说明"中小城市和乡镇的洋快餐"也有广阔的成长空间。因为大城市和中小城市存在诸多不同，人口结构不同，发展水平不同，生活节奏也不同。因此，不能将两者简单类比。（2005.10真题）
>
> ⓒ "个人基本的物质生活条件得到满足"不一定会"把注意点转移到非物质方面"。若一个人之前处于饥饿状态，当他吃饱穿暖后，可能会追求物质生活，不一定会把注意力转移到非物质方面。（2018.1真题）

（四）结尾

1» **失分**（漏写结尾段或没有总结，并不涉及全文论证，整体文章印象得分减少 1~2 分。）

2» **不失分亦不得分**（万能式）

> **例**
> ⓐ 综上所述，上述论证存在诸多不足，有待进一步完善。
> ⓑ 总之，上述论证是不足信的，还需进一步研究。
> ⓒ 综上所述，以上论证漏洞百出，还需加以完善。

3» **得分**（扣材料，合理总结，并对全文论证有评价，整体文章印象得分增加。）

> **例**
> ⓐ 综上所述，论证者关于"洋快餐会成为中国饮食行业的霸主"的论证中存在诸多不妥之处，还需加强论证。（2005.10 真题）
> ⓑ 总之，上述论证存在纰漏，论证者若想得出"物质主义不会造成人类精神世界空虚"的结论，还需进一步完善论证。（2018.1 真题）
> ⓒ 综上所述，上述有关"企业成功"若干要素的论证显然不够充分，缺少企业发展外部因素考量。因此，其论证过程尚需进一步完善。（2014.1 真题）

（五）整体文章印象得分（在分析点外对考生全文表达水平的评价）

1» **失分**（每 3 个错别字扣 1 分，重复的不计，至多扣 2 分；书面不整洁，标点不正确，酌情扣 1~2 分。）

2» **得分**（语句通顺，逻辑性强，分析论证有力，整体文章印象得分加分 1~2 分。）

第 2 节　论证有效性分析三步成文

我们首先通过 1 道习题看看如何通过三步完成一篇论证有效性分析。如对论证有效性分析公式化训练内容有遗忘，请快速复习第二章中的"论证有效性分析公式化训练"。

2005年10月管理类联考真题

分析下述论证中存在的缺陷和漏洞,选择若干要点,写一篇600字左右的文章,对该论证的有效性进行分析和评论。

某管理咨询公司最近公布了一份洋快餐行业发展情况的分析报告,对洋快餐在中国的发展趋势给出了相当乐观的预判。

该报告指出,过去5年中,洋快餐在大城市中的网点数每年以40%的惊人速度增长,而在中国广大的中小城市和乡镇还有广阔的市场成长空间;照此速度发展下去,估计未来10年,洋快餐在中国饮食行业的市场占有率将超过20%,成为中国百姓饮食的重要选择。

饮食行业的某些人士认为,从营养角度看,长期食用洋快餐对人体健康不利,洋快餐的快速增长会因此受到制约。但该报告指出,洋快餐在中国受到广大消费者特别是少年儿童消费群体的喜爱。显然,那些认为洋快餐不利于健康的观点是站不住脚的。该公司去年在100家洋快餐店内进行的大量问卷调查结果显示,超过90%的中国消费者认为食用洋快餐对于个人的营养均衡有所帮助。而已经喜爱上洋快餐的未成年人在未来成为更有消费能力的成年群体之后,洋快餐的市场需求会大幅度跃升。

洋快餐长期稳定的产品组合以及产品和服务的标准化,迎合了消费者希望获得无差异食品和服务的需要,这也是洋快餐快速发展的重要优势。

该报告预测,如果中国式快餐在未来没有较大幅度的发展,洋快餐一定会成为中国饮食行业的霸主。

✓ 以下是阅卷组提供的官方标准答案

❶ 过去5年洋快餐在大城市中的网点数的增长速度,并不一定在未来10年仍能保持,更不能用洋快餐在大城市中的发展速度推断其在中国广大的二级城市和乡镇的发展速度。如果我们发现洋快餐针对的消费群体主要集中在城市中,甚至大城市的话,上述推断就会受到强烈的削弱。

❷ 用在洋快餐店内进行的问卷调查,来推出中国百姓的饮食营养观念,样本选择存在偏差——在快餐店内的消费者大多是认同洋快餐的,而总体中从不去或很少进快餐店的这部分意见却没有能够在该样本中体现。

❸ 未成年人到成年之后饮食习惯可能发生比较大的变化,不能轻易推断"已经喜爱上洋快餐的未成年人在未来成为更有消费能力的成年群体之后,洋快餐的市场需求会大幅度跃升",成年之后更具消费能力,却有可能不再消费洋快餐食品。

❹ 中国式快餐与洋快餐并不是中国饮食行业的全部，甚至算不上主要组成——正餐可能占到饮食行业90%的市场份额，即使中国式快餐没有发展，也无法自然推断出洋快餐一定会成为中国饮食行业的霸主。

❺ 洋快餐长期稳定的产品组合以及产品和服务的标准化，迎合了消费者希望获得无差异食品和服务的需要，但是也可能同时失去了满足别的消费者追求新鲜感、追求服务多样化的可能。

❻ 洋快餐在中国受到广大消费者，特别是少年儿童消费群体的喜爱，并不能消除饮食行业的某些人士对于"洋快餐存在着长期食用对人体营养的不利影响"的质疑——毒品消费者可能都很喜爱毒品，但毒品对人存在着致命的伤害。

| 精点解析 |

✓ **第一步：论证结构分析**

前 提	推 理	结 论
过去5年中，洋快餐在大城市中的网点数每年以40%的惊人速度增长	→	未来10年，洋快餐在中国饮食行业的市场占有率将超过20%
在中国广大的中小城市和乡镇还有广阔的市场成长空间	→	
少年儿童消费群体的喜爱	→	洋快餐是健康的
在100家洋快餐店内进行的问卷调查	→	食用洋快餐对于个人的营养均衡有所帮助
喜爱上洋快餐的未成年人在未来成为更有消费能力的成年群体之后	→	洋快餐的市场需求会大幅度跃升
洋快餐长期稳定的产品组合以及产品和服务的标准化	→	洋快餐快速发展的重要优势
中国式快餐在未来没有较大幅度的发展	→	洋快餐一定会成为中国饮食行业的霸主

✓ **第二步：论证关系分析**

论证一：
过去5年，洋快餐在大城市中的网点数每年以40%的惊人速度增长
在中国广大的中小城市和乡镇还有广阔的市场成长空间
→ 未来10年，洋快餐在中国饮食行业的市场占有率将超过20%

①前提推不出结论。论证者由过去5年的情况推未来10年的情况，显然忽略了发展。即使过去5年洋快餐网点数迅速增加，但如果随着时间的推移，消费者的饮食习惯、消费习惯、喜好等都发生改变，餐饮行业内部也发生大的变革，那么未来10年洋快餐的情况可能就没法预测。此外，洋快餐在大城市中的发展速度不足以推断其在中国广大的二级城市和乡镇的发展速度；如果我们发现洋快餐针对的消费群体主要集中在城市甚至大城市中，上述论证就会受到强烈的削弱。

②？→结论。市场占有率能否增加，不能仅看网点数，还需要看网点的营业额。即便网点数多，但是如果各网点营业额有限，其相应的市场占有率亦十分有限。

③前提→？。略。

论证二：少年儿童消费群体的喜爱→洋快餐是健康的

①前提推不出结论。"喜爱"与"健康"无关，材料不当假设了喜爱是判断食物健康的标准。"喜爱"是人的主观情感，而"健康"是食物的客观性质，两者之间无必然联系。

②？→结论。略。

③前提→？。洋快餐在中国受到喜爱，特别是受到少年儿童消费群体的喜爱，并不能消除饮食行业的某些人士对于"洋快餐是健康的"的质疑，比如儿童可能很喜爱"垃圾食品"，但"垃圾食品"为了色泽、口感，加入大量添加剂，未必是健康的。

论证三：在100家洋快餐店内进行的问卷调查→食用洋快餐对于个人的营养均衡有所帮助

①前提推不出结论。在洋快餐店内进行的"问卷调查的结果"不具有代表性，难以说明"90%的消费者"的观点。在洋快餐店内做问卷调查，样本存在偏差。可能在洋快餐店内的消费者大多数是认同洋快餐的，而总体中从不去或很少进洋快餐店的这部分人的意见却没有能够在该样本中体现。

②？→结论。略。

③前提→？。略。

论证四：喜爱上洋快餐的未成年人在未来成为更有消费能力的成年群体之后→洋快餐的市场需求会大幅度跃升

①前提推不出结论。"未成年人在未来成为更有消费能力的成年群体"并不意味着"洋快餐的市场需求会大幅度跃升"。论证者忽略了人的成长与发展。"未成年人"在成年以后，往往饮食习惯、经济能力、健康理念会产生较大的变化。

②？→结论。略。

③前提→？。如果人们随着成长渐渐意识到"洋快餐"的高热量，改变了口味与喜好，那么即使喜爱上洋快餐的未成年人在未来成为更有消费能力的成年群体，他们可能会转去别的餐厅消费，而导致洋快餐的市场需求下降。

论证五：洋快餐长期稳定的产品组合以及产品和服务的标准化→洋快餐快速发展的重要优势

①前提推不出结论。略。

②？→结论。略。

③前提→？。洋快餐长期稳定的产品组合以及产品和服务的标准化，迎合了消费者希望获得无差异食品和服务的需要，但是也可能同时失去了满足别的消费者追求新鲜感、追求服务多样化的可能，这反而可能会成为洋快餐的劣势。

论证六：中国式快餐在未来没有较大幅度的发展→洋快餐一定会成为中国饮食行业的霸主

①前提推不出结论。即使中国式快餐在未来没有较大幅度的发展，洋快餐也不一定会成为中国饮食行业的霸主。论证者不当假设了其他餐饮种类不会发展得超过洋快餐。然而其他种类的餐饮店可能会顺应行业的好势头发展得很好。

②？→结论。略。

③前提→？。中国式快餐与洋快餐并不是中国饮食行业的全部，甚至算不上主要组成部分——正餐可能占到饮食行业90%的市场份额，即使中国式快餐没有发展，也无法推断出洋快餐一定会成为中国饮食行业的霸主。

✔ **第三步：成 文**

【学员习文1】

洋快餐真的能成为霸主吗

上述材料通过一系列论证，得出了"洋快餐一定会成为中国饮食行业的霸主"的结论，（此处缺少对论证有效性的评价，即没有质疑材料的论证关系。）现分析如下。

洋快餐在"大城市"的网点数年增长速度为40%并不意味着其在"中国广大的中小城市和乡镇"有广阔的市场成长空间。（利用引号将论证关系突显，很好！）大城市与中小城市和乡镇的人均收入水平、消费习惯、消费偏好都存在较大差异，在大城市极为受欢迎的洋快餐可能到了其他城市或地区反而门可罗雀。

洋快餐在中国受到"广大消费者特别是少年儿童消费群体的喜爱"能说明"认为

洋快餐不利于健康的观点是站不住脚"的吗？（"不利于健康的观点站不住脚"可表达为"有利健康"的，原材料中的论证关系需要整理一下，以便语言表达准确、通顺、清晰。）答案显然是否定的。消费者对于某一种餐饮的喜欢可能并非因为食品有利于健康，而有可能是因为口味、做法甚至服务。比如门庭若市的海底捞，之所以如此受到消费者的欢迎，很大程度上因为它提供的服务无微不至。（"海底捞"就不健康了吗？考生思考，该例是否恰当。）

现在喜欢洋快餐的"未成年人"成为"更有消费能力的成年群体"并不一定意味着洋快餐的市场需求"大幅度跃升"。随着年龄的增长，人们的消费通常趋于理性化，不会像小时候一样因为喜好而大量购买。除此以外，未成年人长大后的口味可能会发生变化，变得不喜欢洋快餐了。可见，洋快餐的市场需求并不一定能"大幅度跃升"。（人们小时候有购买力吗？此处分析欠妥当。）

"中国式快餐在未来没有较大幅度的发展"也无法说明"洋快餐一定会成为中国饮食行业的霸主"。中国饮食行业除了快餐之外，还有如正宗的中餐、地方特色小吃等其他类别。随着《舌尖上的中国》热播，越来越多的人开始关注中国传统美食，这几类餐饮的比重可能会上升。因此，即使中国式快餐的发展并不理想，洋快餐也不一定能"成为中国餐饮行业的霸主"。（针对论证关系，分析精准，举例恰当，增加了文采。）

综上所述，上述材料的论证过程有失偏颇（"有失偏颇"用词不当，可改为"失之偏颇"），其结论也有待商榷，如果论证者希望继续论证，还需进一步补充材料。（希望继续论证？应该是"继续完善论证"。）

点评 作者能够准确找到分析点，但论证关系整理不够精准。有效性分析比较准确，分析内容有力度，语言表达需加强。可评为23分。

【学员习文2】

失之偏颇的论证

上述材料通过一系列论证，得出洋快餐逐渐成为中国饮食行业霸主的预测。（动宾搭配不当，可调整为"……通过一系列分析，预测……"）显然该预测是站不住脚的（预测的结果相当于论证的结论与观点，论证有效性分析一般不质疑结论。）。

由洋快餐快速增长且我国中小城市市场广阔不必然得出洋快餐将"成为中国百姓的重要选择"的结论。（审视材料，可发现该论证关系定位并不准确）一个行业的发展要经过多方考察后才能决定。即便市场广阔，也不一定适合饮食行业的发展。另外，老百姓对饮食的选择不仅仅取决于其在市场中的覆盖率，食物的口味、就餐的环境等都是老百姓选择饮食的重要参考因素。（考生分析点定位于中小城市市场广阔→洋快餐成为老百姓选择，而考生的分析并没有针对论证关系，可视为"跑题"。）

"洋快餐深受儿童喜爱"不能说明"洋快餐不利于健康的观点是站不住脚的"。虽然洋快餐深受儿童喜爱，但并不能表示大众消费者对洋快餐同样喜爱，也许只是比较符合青少年和儿童的口味，（这部分分析没有针对分析点。考生引出的论证关系是"儿童喜爱→健康"，分析的却是"儿童喜爱→大众喜爱"，显然是跑题。）并且洋快餐的食物主要以汉堡、薯条、可乐等为主，这些碳酸饮料和经过油炸的食品一般都含有较高的脂肪和胆固醇，长期食用是会对身体健康造成不良影响的。

"喜爱洋快餐的未成年人成为具有消费能力的成年群体"不必然说明"洋快餐市场将大幅提升"。消费能力增加之后也许会选择环境更好、食物选择更多的餐厅，并且未成年人将来不一定会继续喜爱洋快餐，口味、观念等也许会随着年龄的增长发生变化。另外，洋快餐的市场是否提升不仅依赖于未成年人的市场，成年人的市场也同样具有影响力。（"另外"的分析与论证有何关系？）

由"洋快餐长期稳定的产品和服务"不一定得出"这是洋快餐发展的重要优势"的结论。长期稳定的食品太过单一，味道单调，长此以往人们有可能会失去对洋快餐的兴趣；消费者所需要的服务，是让他们在餐厅能够舒服地享用食物，不一定就是洋快餐这种死板、根据规则而执行的服务。（没有准确定位材料的论证关系。材料中的论证关系是"标准化→优势"，但相应分析没有紧扣这一点展开。）

点评 不能准确定位论证关系，相应分析亦不准确。缺少结尾段，给阅卷者文章没有写完的感觉，影响得分。可评为 12 分。

参考范文

洋快餐真能成为饮食业的霸主吗

上述材料通过一系列论证，得出"洋快餐一定会成为中国饮食行业的霸主"的结论。然而，该论证存在几点缺陷，分析如下：

洋快餐在"大城市"以惊人的速度增长无法推出在"中小城市和乡镇"还有广阔的市场成长空间。论证者在此处将大城市和中小城市进行了不当类比，大城市的人口规模、消费水平、生活节奏与中小城市和乡镇有显著的不同，对于洋快餐的需求自然也有所不同。

洋快餐在中国受到少年儿童消费群体的"喜爱"并不意味着洋快餐对人体"健康"。少年儿童消费群体"喜爱"的食品与"健康"食品并不等同。少年儿童往往缺乏对于食品是否健康的判断力，而只单纯追求口味。也许洋快餐就如少年儿童"喜爱"的薯片、饮料一样对健康并不有利。

即使"未成年人在未来成为更有消费能力的成年群体"，洋快餐的市场需求也未必就会"大幅度跃升"。在成长过程中，"未成年人"的饮食结构和习惯也许会发生很大变化，而且在他们的经济能力和消费能力提升之后，很有可能追求更精致的饮食，反而对洋快餐的需求降低了。

"中国式快餐"在未来没有较大幅度的发展并不意味着"洋快餐"一定会成为中国饮食行业的霸主。显然论证者不当假设中国的饮食行业只有中国式快餐和洋快餐，事实上，快餐可能只占中国饮食行业的一小部分，更大的比例是中国式正餐。因此，"中国式快餐"和"洋快餐"未必是此消彼长的关系。

综上所述，论证者并不能有效地证明其关于"洋快餐一定会成为中国饮食行业霸主"的结论，其论证过程还有待完善。

第3节　论证有效性分析写作公式

一篇完整的文章由标题、开头、正文、结尾构成。论证有效性分析的写作训练重在精确把握结构，这也是考生在考场上按时完成写作的关键。命题通常要求三至四个论证缺陷，为了保险，建议考生寻找四至五个逻辑错误点展开写作，这样能最大可能地保证不因找点不足而被扣分。

一、文章架构

标题：_____（通常控制在12个字以内）

开头段：_____

_____（2行，约40字）

正文：共分4或5段，每段字数大约为120字，每段大约6行

正文第1段：_____

_____（6行，约120字）

正文第2段：_____

_____（6行，约120字）

正文第3段：_____

_____

(6 行，约 120 字)

正文第 4 段：_____

_____

(6 行，约 120 字)

正文第 5 段：_____

_____

(6 行，约 120 字)

结尾段：_____

_____

(2 行，约 40 字)

二、时间分配

在考试中时间安排尤为重要，特别是在联考综合考试中，排在试卷前面的数学和逻辑部分非常耗费时间，到写作的部分时时间显得更加珍贵。因此，需要在平时训练中严格按照时间要求自己，在考试前的日常练习中真实模拟多次，以达到对时间的精确把握，建议将时间做如下分配。

阅读材料	3 分钟	
标出分析点	3 分钟	
写开头	1 分钟	
写出四至五个主段	20 分钟	合计时间为 30 分钟
写结尾	1 分钟	
检查	2 分钟	

三、结构要点

接下来讲解最重要的步骤——对文章的每部分结构进行拆解和剖析。经过对下面步骤的学习，再加以熟悉和重复，一定可以在考试规定时间内保质保量地写出一篇出色的文章。

第一步：写标题

有些考生在考试的时候常常漏写标题，这是不该犯的错误。文章的标题就好像人的额头，各位考生可以试着想象，如果一个人没有了额头，将会是什么样？漏写标题一般要酌情扣 2 分。但是需要注意的是，并非每一位改卷的老师都十分理性，你的标题事关改卷老师对你文章的整体印象，这样看来，影响就不仅仅是 2~3 分了，所以我强调，千万不能忘了写标题。

标题不仅要写，而且还要写好。考生的心中时时要铭记：我们写的是论证有效性分析，不是立论，更不是驳论。所以我们要注意以下问题：

① 在选择标题的时候最好选择对文中论证进行评价性的题目，并能够表明你的态度，如"进入保健品市场的风险很大吗""保健品行业不宜投资吗"等都是不错的题目。

② 不要论点型的标题，如"不称职的财务总监"等。因为这容易让老师误以为你写成了立论，要知道老师改一份作文只需2~3分钟时间，不要在标题上让老师产生误解。标题不求标新立异，要求准，不偏题。有的同学写成了论点型标题，虽然正文是论证有效性分析，但由于标题的原因造成了不同程度的丢分现象。

③ 不要片面的标题。大纲要求确定4~5个论证缺陷并进行有效性分析，如果用1个论证缺陷概括整篇文章，这样的标题容易覆盖面不全，给改卷老师造成错觉。

具体可采用下列方法写标题。

1. "后吗"式

这种形式是在材料中的总结论后面加上"吗"字，这样表达直观，简单易行。如：

大学生的就业真的不难吗（2016年1月管理类考题）

政府真的不用干预生产过剩吗（2015年1月管理类考题）

有了制衡与监督企业就能成功吗（2014年1月管理类考题）

人类真的不必干涉自然吗（2012年1月管理类考题）

如此真的可以赚钱吗（2011年1月管理类考题）

迁都真的可以治城市病吗（2011年经济类考题）

洋快餐真的能成为饮食行业霸主吗（2005年10月管理类考题）

（注："吗"字后可不加"？"另，这类标题不适用于辩论题，详见后文"精点习题2"）

2. 质疑式

即质疑性语言加上对材料概括的语句。如：

大学生就业不难，值得商榷（2016年1月管理类考题）

一段不严谨的股票投资论（2011年1月管理类考题）

如此治理城市病，未必有效（2011年经济类考题）

值得商榷的洋快餐前景预测（2005年10月管理类考题）

3. 万能式

在考试时，如果在读完材料后动笔写的时候依然没有想到合适的标题，建议考虑使用万能标题，这样既可以节约时间，又可以避免忘记写标题被扣分。

下面提供一些万能标题作为参考。考生应该根据材料酌情选择一个最适合的标题。

① 一篇有缺陷的论证
② 失之偏颇的论证
③ 充满漏洞的论证
④ 站不住脚的论证
⑤ 值得商榷的论证
⑥ 一份经不起推敲的报告
⑦ 似是而非的论证
⑧ 推理不能成立
⑨ 且慢草率下结论
⑩ 不充分的论证

第二步：写开头

开头段具体内容大致包括以下四个方面：
① 指出题干所讨论的基本内容。
② 指出其论证过程。
③ 陈述其结论、观点。
④ 明确指出其论证、观点是不合适的，以引出正文。

但这四部分内容一定要简明扼要、高度概括，切不可过多提及题干中的具体内容。在篇幅上，四部分内容结合在一起一般不要超过60字，也就是考卷稿纸上2~3行。

写作模板

1. 上述论证通过_____，得出_____的结论。然而，该论证过程是值得商榷的。

2. 论证者得出结论，认为_____。之所以得出这样的结论是因为_____。然而，这一论证存在着以下几个方面的缺陷。

3. 论证者通过一系列论证得出结论，认为_____。然而，该论证难以令人信服，分析如下。

4. 上述材料认为_____，这一结论基于以下几个方面的因素：_____。不难看出，这一论证并非无懈可击，因为它有以下几个方面的不足。

5. 上述论证通过一系列分析，试图论证_____。但是，该论证在论证方法、推理过程中都存在不妥之处，分析如下。

6. 上述论证通过草率地分析，便得出＿＿＿＿结论。该论证是不足信的，存在以下问题。

> **真题写作示范**
>
> 1. 材料通过对"有了制衡与监督"的分析，得出"企业就能成功"的结论。然而，该论证过程是值得商榷的。（2014年1月管理类真题）
> 2. 论证者通过一系列论证得出结论，认为"大学生就业并不困难"。然而，该论证难以令人信服，分析如下。（2016年1月管理类真题）
> 3. 上述论证通过系列分析，试图论证"洋快餐一定会成为中国饮食行业的霸主"。但是，该论证在论证方法、推理过程中都存在不妥之处，分析如下。（2005年10月管理类真题）

第三步：写正文

正文写作是论证有效性分析作文的核心部分，一般需要从材料中明确指出漏洞所在，讲清逻辑"漏洞"原因，然后选择出4~5个有逻辑缺陷的点写作，每个点作为一个独立的段落。写作应按照错误出现的先后顺序，这样既有利于写作时思维的连续，也方便阅卷老师的阅读和批改。

写作模板

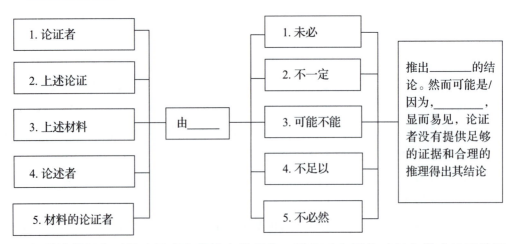

提供该模板主要是希望考生能够多样组合，避免正文写作时行文样式过于单调。同时希望考生不要照搬模板，而是根据上面的示范，组合修改成具有自己特色的模板，这样上考场就会轻松得多。

某同学的正文第一段在前面选择了1，后面选择3，则组成了如下结构模板：

论证者由_____可能不能推出_____的结论。因为，_____，显而易见，论证者没有提供足够的论据和合理的推理得出其结论。

真题写作示范

> 论证者由某事某物有用可能不能推出该事物就一定是科学的结论。因为，事物有用并不是判断其是否属于科学的标准，比如，空气对人类有用，但空气不是科学；阳光对人类有用，但阳光也不是科学。显而易见，论述者没有提供足够的依据和合理的推理得出其结论。（2008年1月管理类真题）

总之，正文段落的写作是核心部分。在进行论证有效性分析写作时，大部分同学写出来的文章都有点类似，虽然无须担心文体太类似而被扣分，但是能够展现具有变化的一面更容易获得高分。因此，建议每一段的陈述形式最好不要相同，一篇文章中分别论述几个问题时，尽量不要使用同一种表达方式。

同学们在熟练掌握了以上模板以后，根据结构的形式和语言，可以构造出只属于个人的模板。经过思考和整合，调整句式，酝酿"引+评+析"，你将会在紧张的考试中如行云流水一般地写出带有自己风格的文章。

第四步：写结尾

结尾作为文章的最后收尾，必不可少，而且也丝毫不能马虎。结尾以简单为宗旨，通常一句话即可，只需要对整篇文章做一个高度概括即可。

写作模板

1.

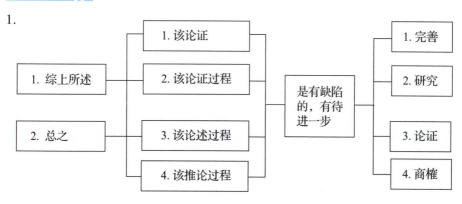

2. 综上所述，上述论证是欠妥当的，无法得出_____的结论，其还需进一步完善。

3. 综上所述，该论证认为_____，但论据无法有效推出_____的结论，该论证还需进一步完善。

4. 综上可知，论证者忽视_____，片面地认为_____，所以，这个所谓的_____的结论是值得商榷的。

真题写作示范

> 总之，上述论证是欠妥当的，无法得出"大学生就业并不难"的结论，其还需进一步完善。（2016年1月管理类真题）

精点习题 2

▶▶ **2008年1月管理类联考真题**

分析下述论证中存在的缺陷和漏洞，选择若干要点，写一篇600字左右的文章，对该论证的有效性进行分析和评论。（论证有效性分析的一般要点是：概念特别是核心概念的界定和使用是否准确并前后一致，有无各种明显的逻辑错误，论证的论据是否成立并支持结论，结论成立的条件是否充分等等。）

甲：有人以中医不为西方人普遍接受为由，否定中医的科学性，我不赞同。西方人普遍不能接受中医是因为他们不理解中国的传统文化。

乙：西医是以科学研究为根据的，科学研究的对象是普适的自然规律。因此，科学没有国界，科学的发展不受民族或文化因素的影响。把中医的科学地位归咎于西方科学界不认可中国文化，是荒唐的。

甲："科学没有国界"是一个广为流传的谬误。如果科学真的没有国界，为什么外国制药公司会诉讼中国企业侵犯其知识产权呢？

乙：从科学角度讲，现代医学以生物学为基础，而生物学建立在物理、化学等学科基础之上。中医不以这些学科为基础，因此它与科学不兼容，只能说是伪科学。

甲：中医在中国有几千年的历史，治好了很多人，怎么能说它是伪科学呢？人们为什么崇尚科学，是因为科学对人类有用。既然中医对人类有用，凭什么说它不是科学？西医自然有长于中医的地方，中医也有长于西医之处。中医体现了对人体完整系统的把握，整体观念、系统思维，就是西医所欠缺的。

乙：我去医院看西医，人家用现代科技手段从头到脚给我检查一遍，怎么没有整体观念、系统思维呢？中医在中国居于主导地位的时候，中国人的平均寿命只有三十岁左右，现代中国人平均寿命七十岁左右，完全拜现代医学之赐。

以下是阅卷组提供的官方标准答案

甲的漏洞主要有：

❶ "如果科学真的无国界，为什么外国制药公司会诉讼中国企业侵犯其知识产权呢？"这句话混淆了"科学"与"知识产权"这两个不同的概念。把"科学无国界"，偷换成"知识产权无国界"。

❷ "科学对人类有用"没错，但"既然中医对人类有用，凭什么说它不是科学？"这句话把"有用"不当地等同于"科学"；从"科学皆有用"不能推出"有用皆科学"。

乙的漏洞主要有：

❸ 从"科学研究的对象是普适的自然规律"，推不出"科学的产生和发展不受民族或文化因素的影响"。

❹ 从"中医的发展不以生物学、物理、化学等学科为基础"，得不出它与现代科学不兼容的结论。

❺ 即便中医与现代科学不兼容，也不能推出它是伪科学。"伪科学"不是"科学"的补集。比如，京剧艺术不是科学，但也不能说它是"伪科学"。

❻ "西医用现代科技手段从头到脚检查一遍"，是在操作上覆盖了身体的每个部分，并不意味着整体观念、系统思维。

❼ 现代中国人均寿命提高是多种因素作用的结果，归因于一种因素，并不恰当。

| 精点解析 |

论证结构分析

前　提	推　理	结　论
西方人不理解中国传统文化	⟶	普遍不能接受中医
科学研究的对象是普适的自然规律→科学没有国界→科学的发展不受民族或文化因素的影响		
科学无国界	⟶	外国不应诉讼中国企业侵犯知识产权
中医与现代医学不兼容	⟶	伪科学
科学对人类有用+中医对人类有用	⟶	中医是科学
从头到脚检查一遍	⟶	整体观念、系统思维
现代医学	⟶	现代中国人平均寿命增加

论证关系分析

论证一：西方人不理解中国传统文化 → 普遍不能接受中医

①前提推不出结论。略。

②？→结论。"西方人普遍不能接受中医"并不一定是因为"不理解中国传统文化"，这可能是因为其他因素，比如，中医方面专业书籍外文译著较少，西方人理解起来有一定难度，因此学通中医的外国人可能很少，因而难以普及；或中西方人士的体质有较大差异，西方人体质不适合中医疗法等。

③前提→？。略。

论证二：科学研究的对象是普适的自然规律→科学没有国界→科学的发展不受民族或文化因素的影响

①前提推不出结论。科学研究的对象是普适的自然规律不必然得出科学没有国界，以及科学的发展不受民族或文化因素的影响。这是两个不同的话题。科学研究的对象是自然规律，是客观存在的。但是科学研究的过程则受到民族和文化的影响。科学没有国界，但是科学家是有国界的。而科学的发展是由科学家在推动，那么它就会受到民族或文化因素的影响。

②？→结论。略。

③前提→？。略。

论证三：科学无国界→外国不应诉讼中国企业侵犯知识产权

①前提推不出结论。科学无国界不代表知识产权无国界。科学是一门具有理性思维的学科。而知识产权是指知识所有权，即权利人对其智力成果享有的专有权利。显然，科学和知识产权是两个不同的概念。

②？→结论。略。

③前提→？。略。

论证四：中医与现代医学不兼容→伪科学

①前提推不出结论。中医与现代医学不兼容只能说明中医可能是非科学，并不能证明中医一定就是伪科学。中医可能既不是科学，也不是伪科学。伪科学显然不是科学的补集。二者非矛盾关系，而是反对关系。正如，文学、历史等学科不属于科学范畴，但非伪科学。

②？→结论。略。

③前提→？。略。

论证五：科学对人类有用+中医对人类有用→中医是科学

①前提推不出结论。"科学"是"有用"的充分条件，而不是必要条件。因此，并不能反推出"有用的"都是"科学"，即中医是科学。例如，水对人类有用，但它并不是科学，而是一种物质。

②?→结论。略。

③前提→?。略。

论证六：从头到脚检查一遍→整体观念、系统思维

①前提推不出结论。"从头到脚检查一遍"并不等同于诊断具有"整体观念、系统思维"。前者是指从上到下的操作流程，从机器行为上检查；后者是指医生在进行诊断时，从病人体质、患病病因、特殊症状等多个方面全面考虑病人病情并做出专业判断，而不仅仅是从物理层面上"从头到脚"检查一遍。

②?→结论。略。

③前提→?。略。

论证七：现代医学→平均寿命增加

①前提推不出结论。略。

②?→结论。人平均寿命增加的原因有很多，如科学技术的进步、生活水平的提高、生活品质的改善等。而现代医学只是其中一个因素，但不是唯一因素。因此，说"完全"由现代医学导致平均寿命增加是欠妥当的。

③前提→?。略。

学员习文

中医具有科学性吗

（辩论题不适于写成后"吗"式，论证有效性分析通常不支持辩论中任何一方，后"吗"式相当于质疑一方而支持另一方，可改为"欠妥当的中医科学性之辩"。）

上述论证中，甲、乙两人对于中医是否具有科学性展开了辩论，但两人辩论过程都存在一系列缺陷，分析如下。

首先，文中谈到"科学没有国界"是一个广为流传的谬误。如果科学没有国界，为何外国制药公司会诉讼中国企业侵犯其知识产权呢？（没有整理论证关系，缺少明确的分析目标。）作者把科学与知识产权的概念混为一谈。科学无国界并不是知识产权就无国界。此处论证明显不为读者所信。（对于两个混淆的概念的分析不具体，缺少对两个概念的辨析。）

其次，乙提到中医不以物理、化学等学科做基础，因此它与科学不兼容，只能说

是伪科学。(此处没有很好地整理出论证关系，而且缺少评价。) 中医与科学不兼容，但它不是伪科学。可能科学的补集并非是伪科学，科学与伪科学不能构成全集。(分析内容未能做到简单明了，如果能够恰当举例，能起到画龙点睛的作用。) 所以，此处论证还有待商榷。

再次，甲谈到了人们崇尚科学的原因是科学对人类有用。中医对人类有用，凭什么它不是科学。(此处没有很好地整理论证关系，亦没有表达质疑。) 很明显，我们都知道中医对人类有用，但是有用的并非都是科学，科学只是其中一个子集而已。(显然分析单薄，没有点到问题实质，质疑力度较弱。) 另外，乙在文中最后谈到了中医主导时人均寿命只有三十岁左右，现代中国人均寿命七十岁左右，完全拜现代医学之赐。("引"太长，可简单概括为：中国人平均寿命增加完全拜现代医学之赐。) 此处有些过于绝对。("此处有些过于绝对"不属于论证缺陷。) 影响人均寿命延长的原因有很多，比如，生活水平的提高，健身水平的提高等。现代医学只是其中一个因素，并不能代表全部，因此此处也有缺陷。

综上所述，没有充分的论据说明中医是否具有科学性，该篇论证有待进一步考虑。

【点评】本文论点和结构都比较完整，但是，在语句和措辞上需要进一步完善，主要问题出在对原文的概括性引用上面，而且分析部分欠佳。本文可评12分。

参考范文

无效的中医科学性之辩

在上述材料中，甲乙双方针对"中医的科学性"进行了激烈的辩论。然而，该辩证过程存在一些缺陷，现分析如下。

"西方人普遍不能接受中医"并不一定是因为"不理解中国传统文化"，很可能受其他因素影响。比如，中医方面专业书籍外文译著较少，西方人理解起来有一定难度，因此精通中医的外国人可能很少，因而难以普及；或中西方人士的体质有较大差异，西方人体质不适合中医疗法等。

"科学研究的对象是普适的自然规律"不代表"科学没有国界，科学的发展不受民族或文化因素的影响"。这是两个不同的话题。科学研究的对象是自然规律，是客观存在的。但是科学研究的过程则受到民族和文化的影响。科学没有国界，但是科学家是有国界的。

中医与现代"科学"不兼容只能说明中医可能不是科学，并不能证明中医一定就是"伪科学"。伪科学显然不是科学的补集，科学的补集是非科学。二者非矛盾关系，而是反对关系。中医可能不是科学，也不是伪科学，反而是非科学。比如，文学、艺术等不是科学,难道是伪科学吗?

"科学对人类有用"就能说明"中医对人类有用,是科学"吗?未必。"科学"是"有用"的充分条件,而不是必要条件。因此,并不能反推出"有用的"都是"科学",即中医是科学。例如,水对人类有用,但它并不是科学,而是一种物质。

总之,在整个辩论过程中,甲乙双方都未能守住各自的阵地,存在一定的纰漏,其论证还需完善。

2011年1月经济类联考真题

分析下述论证中存在的缺陷和漏洞,选择若干要点,写一篇600字左右的文章,对该论证的有效性进行分析和评论。

2010年9月17日,北京发生"惊天大堵"。当日,北京一场细雨,长安街东西双向堵车,继而蔓延至143条路段严重堵车,北京市交管局路况实时显示图几乎通盘红色。央视著名主持人白岩松以"令人崩溃""惨不忍睹"的字眼来形容。全国工商联房地产商会理事陈宝存在接受媒体采访时称,北京"首堵"已成常态,不"迁都"已经很难改变城市的路况。

12月13日,上海学者沈晗耀在接受媒体采访时表示:要解决北京集中爆发的城市病,迁都是最好的选择,并提出未来的新首都应选在湖南岳阳或河南信阳。有人将其表述称之为"迁都治堵"。12月15日,沈晗耀告诉《郑州晚报》记者,媒体"曲解"了他迁都的本意,他的设想是在中部与西部、南方和北方连接处的枢纽地区建设"新首都",培育符合市场经济规律的"政策拉力",以此根本改变中国生产力分布失衡的状况。治疗北京日益严重的城市病,只是迁都后的一个"副作用"。沈晗耀说,他所认为的新都选址,不应该是一个已经成型的大中型城市,而是再造一个新城。与大多数建议者一样,沈晗耀将"新都"的选址定在了中原地区或长江流域,较好的两个迁都地址:"一个是湖南岳阳,一个河南信阳。距离武汉二三百公里的地方都是最佳的选择。"他的理由是,这些地方水资源充沛、交通便利、地势平坦。更重要的理由是,迁都能够带动中西部的发展,有利于经济重心的转移。

其实,1980年就有学者提出将首都迁出北京的问题。1986年,又有学者提出北京面临迁都的威胁,一度引起极大的震动。2006年,凶猛来袭的沙尘暴将"迁都"的提议推向高潮。当年3月,参加全国人大会议的479名全国人大代表,联名向全国人大常委会提出议案,要求将首都迁出北京。此后,北京理工大学教授胡星斗在网上发出酝酿已久的迁都建议书："中国北方的生态环境已经濒临崩溃。我们呼吁：把政治首都迁出北京，迁到中原或南方。"并上书中央、全国人大、国务院，建议分都、迁都和修改宪法。2008年，民间学者秦法展和胡星斗合作撰写了长文《中国迁都动议》，提出"一国三都"构想，即选择佳地建立一个全新的国家行政首都，而上海作为国家经济首都，北京则只留文化职能，作为文化科技首都。

网络上，关于迁都引发的争议，依旧在热议，甚至已有"热心人士"开始讨论新首都如何命名。但现实是，每一次环境事件都会引发民间对于迁都的猜想和讨论，不过，也仅仅限于民间。

| 精点解析 |

✔ 论证结构分析

前 提	推 理	结 论
2010年9月17日，北京发生"惊天大堵"	→	北京"首堵"已成常态
北京"首堵"已成常态	→	不"迁都"很难改变城市的路况
迁都是最好的选择	→	解决北京集中爆发的城市病
在枢纽地区建设"新首都"，培育符合市场经济规律的"政策拉力"	→	根本改变中国生产力分布失衡的状况
水资源充沛、交通便利、地势平坦	→	距离武汉二三百公里的地方是首都最佳的选择
迁都能够带动中西部的发展，有利于经济重心的转移	→	
凶猛来袭的沙尘暴	→	中国北方的生态环境已经濒临崩溃
"一国三都"	→	治理城市病

✔ 论证关系分析

论证一：2010年9月17日北京发生"惊天大堵"→北京"首堵"已成常态

①前提推不出结论。材料中相关人士不能因为一次较大的拥堵就说北京的拥堵已成常态，这一说法缺乏相关权威的数据作为支撑。只举证2010年9月17日这一日北京发生大堵显然过于单薄，有"以偏概全"之嫌。

②? →结论。略。

③前提→?。略。

论证二：北京"首堵"已成常态→不"迁都"很难改变城市的路况

①前提推不出结论。略。

②？→结论。略。

③前提→？。如果真如材料中所言，首都是拥堵的主要原因，那么就算迁都也毫无用处，因为无论迁都到哪个地方，最终都会因为该地是首都的原因而再次造成拥堵，这岂不徒劳？

论证三：迁都是最好的选择→解决北京集中爆发的城市病

①前提推不出结论。略。

②？→结论。解决北京集中爆发城市病的方法有很多，例如，建立智能交通、限制人口、采取生态环境治理与保护等多方面的措施，这些方法对于解决北京爆发的城市病都具有可行性，迁都只是其中的一种方法，未必是最佳选择。

③前提→？。略。

论证四：在枢纽地区建设"新首都"，培育符合市场经济规律的"政策拉力"→根本改变中国生产力分布失衡的状况

①前提推不出结论。略。

②？→结论。想要根本改变中国生产力分布失衡的状况，只在枢纽地区建设"新首都"这一项举措是不够的，还需要国家倡导各地区均衡发展，对生产力不发达地区采取大力扶持政策等。

③前提→？。中国生产力分布失衡的状况可能并不是首都所在何处造成的，换句话说，就算改变首都的位置，培育"政策拉力"，也不一定就能改变目前生产力失衡的现状。可能会带动人才流动和经济重心的转移；可能会使迁入地生产力上升，而迁出地的生产力下降。这不仅不能改变中国生产力分布失衡状况，反而可能会导致新一轮的生产力分布失衡。

论证五：水资源充沛、交通便利、地势平坦→距离武汉二三百公里的地方是首都最佳的选择

①前提推不出结论。略。

②？→结论。"水源充沛、交通便利、地势平坦"可能是一个城市所在地的标准，但是可能不是一个国家首都所在地最重要的因素。是否可以成为首都还有其他更重要的条件和因素，比如，文化因素、历史传承、国民的心理认同等。

③前提→？。即使水资源充沛、交通便利、地势平坦，但如果该地区的文化底蕴不够，气象灾害经常发生，经济发达程度不高，国民认可度不高，那么选择其作为首都

还需斟酌。

论证六：迁都能够带动中西部的发展，有利于经济重心的转移→距离武汉二三百公里的地方是首都最佳的选择

①前提推不出结论。略。

②?→结论。迁都可以让经济重心发生转移，这只是相关人士的主观臆断和美好愿望而已，缺乏相关有力论据的支持。能否成为经济重心更重要地取决于该地区的贸易、口岸、资源等诸多因素，首都所在只是其中一个因素而已。因此，迁都带动经济重心的转移未必是首都的最佳选择。

③前提→?。略。

论证七：凶猛来袭的沙尘暴→中国北方的生态环境已经濒临崩溃

①前提推不出结论。不能因为一次沙尘暴就推出北方的生态系统面临崩溃。事实证明，2006年的特大沙尘暴是偶发事件，并非北京的常态。论证显然有"以偏概全"之嫌。

②?→结论。略。

③前提→?。略。

论证八："一国三都"→治理城市病

①前提推不出结论。略。

②?→结论。略。

③前提→?。建设"一国三都"的设想可能不符合中国的治理传统。况且，"一国三都"还会造成办事效率低下、机构臃肿、管理漏洞频发等。这些与治城市病没有必然的关系，所以"建三都"不一定能"治城市病"。

参考范文

"迁都"能"治城市病"吗

"迁都"能"治城市病"吗？上述材料在论证方法、推理过程中存在不妥之处，未能给我们一个合理的答案。

"北京'首堵'已成常态"成为"迁都"的理由无法让人信服。治理交通拥堵的方法有很多种，如实行单双号轮流出行、大力发展公共交通、改善路面状况等。况且，如果首都是拥堵的主要原因，"迁都"何尝不是"迁堵"？岂非徒劳？

"在枢纽地区建设新首都"真的能"改变中国生产力分布失衡"的情况吗？未必。生产力分布失衡是我国历史发展的结果，首都在何处对其产生的影响可能有限。国家

的宏观调控政策、政治因素、资源及人口因素等都会影响生产力的分布。换句话说，就算改变首都位置也未必能平衡生产力的分布。

"湖南岳阳、河南信阳水源充沛、交通便利、地势平坦"未必适宜作为"最佳的新都地址"。某个地区被选为首都，要考虑到历史文化、政治经济、民众的诉求等综合因素。因此，不能单凭自然条件的优越就将其设为"新都"。如此简单地分析是值得商榷的。

北京发生"沙尘暴"未必就需"迁都"。"沙尘暴"如果只是偶然出现的恶劣天气，是一个特殊事件，是生态条件遭受破坏导致的。即使迁都，也改变不了沙尘暴继续的问题，况且不能因为一个偶然因素就决定迁都，如果是这样，那么北京出现禽流感是不是也需要迁都呢？

建设"一国三都"未必是"治城市病"的有效方法。"一国三都"并不符合中国行政管理的传统，可能会导致办事效率低下、机构臃肿、管理漏洞频发等诸多弊端。另外，迁都必然需要大量的经费，如果造成不良的后果，那将是巨大的损失，对周边城市居民生活也有潜在的危害。

综上所述，有关"迁都"治"城市病"的相关建议还需进一步完善。

第四章
论证有效性分析强化训练

论证有效性分析训练1

分析下述论证中存在的缺陷和漏洞，选择若干要点，写一篇600字左右的文章，对该论证的有效性进行分析和评论。（论证有效性分析的一般要点是：概念特别是核心概念的界定和使用是否准确并前后一致，有无各种明显的逻辑错误，论证的论据是否成立并支持结论，结论成立的条件是否充分等。）

有报道称，90后将会成为不买房的一代。该报道引用一项调查的结论，90后大学毕业生中只有三分之一有意向买房，另有超55%的90后毕业生选择"如果要背上沉重的房贷，我宁愿不买房"①。

调查显示，拥有自己的住房，仍是90后毕业生的刚性需求②。虽然在毕业一年后，租房居住面积不足20平方米，但他们并不在意。可见，拥有住房对90后毕业生而言完全没有必要，他们将成为"不买房一代"③。

相对于面积的大小，90后更希望有一个高质量的生活。租住青年公寓的董某说："租房没有太大经济压力，也不用操心修马桶、装灯管等生活琐事，想要跳槽，换工作，换城市，都可以随心所欲。"因此，租房相比买房好处多多，生活质量更高，90后完全没必要买房④。

事实上，一线城市高达40多倍的房价收入比，已影响到年轻人的购房能力和意愿，导致首次购房年龄推迟⑤。有数据显示，2013到2016年，北京、上海首次购房年龄由30岁推迟到34岁。年轻人租房时间延长，在一定程度上也意味着对租房生活的认可⑥。

报道称，在人口流动频繁的情况下，租房无疑是大多数人更倾向的居住方式。一家房产中介公司发布的报告显示，2015年中国有近1.6亿人租房，2020年这个数字将达到1.9亿，2030年将有2.7亿人成为租客……可以预见，90后是现在及未来租房的主力军⑦。

精点解析

✓ 论证结构分析

序号	前提	论证结构词	结论
①	一项对90后买房调查的结果	由"论据"与结论关系判断	90后将会成为不买房的一代
②	拥有自己的住房,仍是90后毕业生的刚性需求	刚性需求、完全没有必要	拥有住房对90后毕业生而言完全没有必要
③	毕业一年后,他们不在意租房居住面积小	可见	
④	董某对于租房的看法	因此	租房相比买房好处多,生活质量更高
⑤	一线城市房价收入比影响到年轻人的购房能力和意愿	导致	首次购房年龄推迟
⑥	年轻人租房时间延长	意味着	对租房生活的认可
⑦	租房人会越来越多	可以预见	90后是现在及未来租房的主力军

✓ 论证关系分析

论证一:一项对90后买房调查的结果→90后将会成为不买房的一代

①前提推不出结论:该项调查的对象能否代表所有90后对于买房的看法,还有待商榷。况且该调查对象中还有三分之一的人要买房。以上难以说明90后将会成为不买房的一代。

②前提→?。当前没有买房意向不代表未来一定不会买房。没有意向可能是由于眼下房价过高或者暂时没有购房需求。如果房价下降、资金充足且有强烈购房需求,那么他们很有可能选择买房。

论证二:拥有自己的住房,仍是90后毕业生的刚性需求→拥有住房对90后毕业生而言完全没有必要

前提推不出结论:论述者前面观点认为买房是"90后毕业生的刚性需求",也即肯定了房子对他们而言是必要的。但是后面又认为"拥有住房对90后毕业生而言完全没有必要",显然前后观点不一致,有自相矛盾之嫌。

论证三：毕业一年后，他们不在意租房居住面积小→拥有住房对90后毕业生而言完全没有必要

①前提推不出结论：对住房面积的看法不等同于对拥有住房的态度，显然论述者有"偷换概念"之嫌；他们不在意租房面积小，可能是由于工作时间短，达不到购房条件，并非是不想拥有自己的房子。

②前提→?。这部分人可能由于毕业时间短、工资待遇低等原因，不具备买房实力而选择租房。但是随着工作时间的增长，经济条件的改善，成家立业的需要，买房可能会成为刚需。

论证四：董某对于租房的看法→租房相比买房好处多，生活质量更高

前提推不出结论：首先，董某的观点未必能代表所有租房者的观点；其次，租房也未必好处多多。虽然董某不操心物业问题，但要面临房东终止合同等风险，显然不如住在自己的房子里踏实；再次，生活质量包括物质和精神两个方面，虽然租房经济压力小一些，但是租房住址可能经常变动，租户未必会有稳定的邻里关系，心理上的安全感和生活满意度也会受到影响，生活质量未必更高。相反，因为看中生活质量，可能更会选择买房。

论证五：一线城市房价收入比影响到年轻人的购房能力和意愿→首次购房年龄推迟

①前提推不出结论：一线城市不足以代表全国，北京、上海年轻人购不起房不代表其他二、三线城市年轻人也无力购房；也许二三线城市的年轻人很早就购买了自己的住房，那么就全国而言，首次购房年龄未必会推迟。

②?→结论。单凭上海、北京房价收入比高未必导致买房年龄推迟，还存在其他原因共同作用，如：这两个城市为了控制人口流入，出台严格的限购政策，限制导致年轻人只有符合条件后才能购房；此外，人们买房的目的通常是结婚，大城市人们结婚普遍越来越晚这一趋势也会导致购房年龄推迟。

论证六：年轻人租房时间延长→对租房生活的认可

前提推不出结论。租房时间延长可能是受资金、工作地点的稳定性等原因限制而不得已的行为，或者是不具备所在城市的购房资格，并非必定意味着对租房生活的认可。

论证七：租房人会越来越多→90后是现在及未来租房的主力军

前提推不出结论：首先，一家房产中介公司的数据是否全面到足以推测未来有待商榷；其次，租房人数增加，不代表一定是90后租房人数增加。再者从2015到2030年有15年的跨度，即使90后在2015年是租房主力军，但是15年后他们凭经济实力完全有可能买房，即使租房人越来越多，但主力军更可能是那时初出社会的00后、10后而非90后，显然该论证有"忽略发展"之嫌。

参考范文

90后将会成为不买房的一代吗

针对"90后将会成为不买房的一代"的论题，论证者展开系列论证，然而，其过程存在多处逻辑漏洞，现分析如下：

90后毕业生刚毕业时"不在乎"租房面积无法说明拥有住房对他们"没有必要"。首先，对住房面积的看法不等同于对拥有住房的态度，显然论述者有"偷换概念"之嫌；其次，毕业一年后可能由于工资比较低等原因，买不起房子而选择租房。但是随着工作时间的增长，经济条件的改善，那时更好的选择可能就是买房而非租房了。

"董某对于租房的看法"难以说明"租房相比买房好处多，生活质量更高"。首先，董某的观点未必能代表所有租房者的观点；其次，租房也未必好处多多。虽然董某不操心物业问题，但要面临房东终止合同等风险，显然不如住在自己的房子里踏实；再次，生活质量包括物质和精神两个方面，虽然租房经济压力小一些，但是租房住址可能经常变动，租户未必会有稳定的邻里关系，心理上的安全感和生活满意度也会受到影响，生活质量未必更高。相反，因为看中生活质量，更可能会选择买房。

租房时间"延长"并不意味着是对租房生活的"认可"。租房时间延长可能是受资金、工作等原因限制而不得已的行为，或者是不具备买房的条件，并非能说明是对租房生活的认可。

租房人数"越来越多"不能说明90后是现在及未来租房的"主力军"。首先，一家房产中介公司的数据是否全面到足以推测未来有待商榷；其次，租房人数增加，不一定意味着90后租房人数增加。而且从2015到2030年有15年的跨度，即使90后在2015年是租房主力军，但是15年后他们凭经济实力完全有可能买房，即使租房人越来越多，但主力军更可能是那时初出社会的00后、10后而非90后，显然该论证有"忽略发展"之嫌。

综上所述，上述论证存在诸多漏洞，还需进一步完善。

论证有效性分析训练2

分析下述论证中存在的缺陷和漏洞,选择若干要点,写一篇 600 字左右的文章,对该论证的有效性进行分析和评论。(论证有效性分析的一般要点是:概念特别是核心概念的界定和使用是否准确并前后一致,有无各种明显的逻辑错误,论证的论据是否成立并支持结论,结论成立的条件是否充分等。)

随着《上海市生活垃圾管理条例》的实施,混扔垃圾将被处以 50 元以上 200 元以下的罚款。若单位没按规定进行垃圾分类,最高罚款 5 万元。从条例试行开始,被垃圾分类支配的上海人民,衣食住行都围绕"垃圾"展开。

近年来,垃圾量迅速增长,垃圾分类也逐渐被提上了日程。但是随着政策的实施,有的人就会抱怨为什么要这么急着进行垃圾分类。由于垃圾的大量产出,我们赖以生存的环境已经变得岌岌可危①。垃圾会破坏良好的生活环境,污染水源、土壤、空气。垃圾分类可以将垃圾中的可回收物充分地分拣出来,然后统一处理,让可回收物变废为宝。

况且垃圾不仅影响我们人类,同样还在威胁各种野生动物的性命:被塑料袋缠住窒息的小海狮、误食垃圾而死的鱼等,类似的新闻屡见不鲜。难道以后我们的下一代要通过标本来观察动物的模样吗?如果出台了垃圾分类的政策,我们生存的环境就会变好②。若有的人没有按照标准进行垃圾分类,一旦采取罚款措施,就能唤醒人们的环保意识③。

垃圾分类关系着我们每一个人、每一个家庭、每一个城市。在垃圾分类之前,乱丢垃圾的现象也屡见不鲜。每次台风过境之后,留下的不仅是残破的建筑和花草,还有从海面上刮来的各类垃圾。上海阳光小区举办了垃圾分类讲座后乱丢垃圾现象反而较之前增加了 10%,这说明垃圾分类的讲座对减轻上海乱丢垃圾的现象无帮助④。

在垃圾分类上,日本很有发言权,日本把垃圾分类落实到每家每户花了 30 年的时间,那么中国也要花费 30 年的时间。但是环顾一下我们的四周,我们赖以生存的环境还能再等 30 年吗?⑤

| 精点解析 |

✓ 论证结构分析

序号	前　提	论证结构词	结　论
①	垃圾的大量产出	由于	赖以生存的环境已经变得岌岌可危

(续)

序号	前　提	论证结构词	结　论
②	出台了垃圾分类的政策	如果……就……	我们生存的环境变好
③	采取罚款措施	一旦……就……	唤醒环保意识
④	阳光小区举办讲座后乱丢垃圾现象增加10%	说明	垃圾分类讲座对减轻上海乱丢垃圾的现象无帮助
⑤	日本花30年的时间将垃圾分类落实	那么	中国也要用30年落实垃圾分类

✔ **论证关系分析**

论证一：垃圾的大量产出→赖以生存的环境已经岌岌可危

①？→结论：由人类活动引起的问题是次生环境问题，而环境问题可能主要是自然灾害引发的地震、洪涝、台风等导致的原生环境问题。由此可见，将生存环境变得岌岌可危归因为垃圾的大量产出，过于简单。

②前提→？。即使垃圾大量产出，如果我们没有随意丢弃垃圾，而是做好垃圾分类，正确地处理好垃圾，如把可回收垃圾重复利用，把易降解的垃圾堆肥处理等，我们的生存环境也不一定就岌岌可危。

论证二：出台了垃圾分类的政策→我们生存的环境变好

前提→？。即使出台了垃圾分类的政策，但是该政策终究是一个外在的措施，若人们没有从心里认识到垃圾分类对生存环境的重要性，也许不能很好地执行该政策，政策无法落实到实处，那么我们的生存环境未必会变好。

论证三：采取罚款措施→唤醒环保意识

①？→结论。罚款是一种强制执行的手段，是客观存在的一种措施，而唤醒环保意识仅凭罚款不足够，还需采取其他措施，比如让人们从主观上意识到环境的重要性、引导人们学习垃圾分类知识。

②前提→？。罚款可能会让一些人产生逆反心理，对环保宣传厌恶、抵制，因而可能会达到相反的效果，而非会唤醒他们的环保意识。

论证四：阳光小区举办讲座后乱丢垃圾现象增加10%→垃圾分类讲座对减轻上海乱丢垃圾的现象无帮助

前提推不出结论。阳光小区乱丢垃圾现象的增加可能是由于老人、小孩较多，对新事物接受较慢导致。并且阳光小区的居民现状可能代表不了整个上海的居民现状，它只是上海千千万万小区中的一个，显然该论证有"以偏概全"的嫌疑。

论证五：日本花 30 年的时间将垃圾分类落实→中国也要用 30 年落实垃圾分类

前提推不出结论。中国和日本消费者的消费水平、消费习惯有所不同，人口结构不同，在对于垃圾分类处理的观念上和接受程度上也有所不同。所以不能简单地用日本的情况类比中国的情况。

参考范文

如此论证，失之偏颇

论证者围绕"垃圾分类"问题展开了系列论证，然而，其论证过程存在诸多不足，现分析如下：

即使"出台了垃圾分类政策"，未必会使我们的"生存环境变好"。政策终究是一个外在的措施，若人们没有从心里认识到垃圾分类对生存环境的重要性，也许不能很好地执行该政策，政策无法落实到实处，那么我们的生存环境未必会变好。

"罚款"就能"唤醒环保意识"吗？未必。罚款是一种强制执行的手段，是客观存在的一种措施，而环保意识是主观的，二者之间没有必然的联系。此外，罚款可能会让一些人产生逆反心理，反而故意乱丢垃圾，排斥环保宣传。

仅凭"一个小区的现象"不足以判断"整个上海"举办讲座从而减轻乱丢垃圾现象的效果，我们不能片面地看待事物。阳光小区乱丢垃圾现象的增加可能是由于老人、小孩较多，对新事物接受较慢导致。并且阳光小区的居民现状可能代表不了整个上海的居民现状，它只是上海千千万万小区中的一个，显然该论证有"以偏概全"的嫌疑。

"日本"花 30 年的时间将垃圾分类落实无法类推出"中国"也需花 30 年的时间落实垃圾分类。中国和日本消费者的消费水平、消费习惯有所不同，人口结构不同，在对于垃圾分类处理的观念上和接受程度上也有所不同。所以不能简单地将日本的情况类比中国的情况，该论证有"不当类比"的嫌疑。

综上所述，上述论证是欠妥当的，有待进一步加强。

论证有效性分析训练3

分析下述论证中存在的缺陷和漏洞，选择若干要点，写一篇 600 字左右的文章，对该论证的有效性进行分析和评论。（论证有效性分析的一般要点是：概念特别是核心概念的界定和使用是否准确并前后一致，有无各种明显的逻辑错误，论证的论据是否成立并支持结论，结论成立的条件是否充分等。）

近日，由共享单车引发的社会问题又进入新闻媒体的报道中：云南有一小学生可以凭借"听声音"破解单车密码锁。除了社会问题外，共享单车的安全漏洞也浮出水面。在 5 月 14 日举行的国际安全极客大赛 GeekPwn 年中赛上，一位女程序员演示了一分钟内攻破共享单车的高危漏洞并直接获取用户的个人资料、免费骑车的过程。

普通的小学生、程序员都能做到这些，我们有理由相信一传十、十传百，在不久的将来大家都能做到这些①。那么，共享单车真的还能继续正常运营吗②？共享单车暴露出来的一些问题，是无法回避也是不能回避的。

前车之鉴，后事之师。在共享单车尚未处理好自己的摊子时，新的"共享"事物，如共享汽车、共享 KTV、共享充电宝以及共享篮球等却都已跃跃欲试，摩拳擦掌准备大干一场了。共享单车都存在如此多的问题，难道这些新兴的共享事物不会出现问题吗③？它们是否能够避免出现共享单车类似的弊病？如果不能解决，单纯只是因为"共享经济大有搞头"就开展业务，那是不是急了些？

共享经济被支持、提倡，无不得益于当下全国都在鼓励大众创业、万众创新，我们总不能做因噎废食的事④。可是，漠视可能出现的问题，不看看前车之鉴，一味埋头朝前跑，是不是不理智呢？将来，如果出现了问题，冷不丁"摔一跤"，这些一拥而上的共享企业就爬不起来了⑤。

共享经济的脚步不妨"慢一点"。磨刀不误砍柴工。现在的"共享经济"需要的就是"磨刀"的功夫。共享企业只要有了防患于未然的意识，意识到可能出现的"共享"病症，未来就能获得成功⑥。一拥而上地发展各类"共享"，恐怕过于急躁，最终利益肯定会受损⑦。

| 精点解析 |

✓ **论证结构分析**

序号	前　提	论证结构词	结　论
①	普通的小学生、程序员能做这些	有理由相信	大家都能做到
②	大家都能做到"听声解锁""获取隐私""免费骑车"	那么	共享单车不能继续正常运营
③	共享单车存在问题	难道	新兴的共享事物也会出现问题
④	全国都在鼓励大众创业、万众创新	得益于	共享经济被提倡
⑤	出现问题	如果……就……	共享企业就真的爬不起来了
⑥	共享企业有防患于未然的意识	只要……就……	未来就能获得成功
⑦	一拥而上地发展各类"共享"	肯定	利益肯定会受损

✓ 论证关系分析

论证一：普通的小学生、程序员能做这些→大家都能做到

前提推不出结论：论证者只是列举了一个小学生和程序员的事例，无法说明普遍现象。可能这个小学生和程序员具有特殊的技能，而并非所有的人都擅长，因此，大家未必能做到同样的事。

论证二：大家都能做到"听声解锁""获取隐私""免费骑车"→共享单车不能继续正常运营

前提→？：即使大家可以钻漏洞，但是由于此行为给个人带来不良影响，如诚信记录受损，人们或许不会选择去做，那共享单车也许可以继续正常运营。更何况，若共享单车企业修复漏洞的技术也在不断提升，比如经常更新密码设置规则，修复、更新程序代码，以此实现有效防止个人利用漏洞，共享单车或许还能更好地运营。

论证三：共享单车存在问题→新兴的共享事物也会出现问题

前提推不出结论：单车和新兴共享汽车、KTV、充电宝、篮球等是不同的产品，满足不同的需求。他们的商业模式、技术水平、运营管理、监管模式都会存在不同，故不能将它们进行简单类比。

论证四：全国都在鼓励大众创业、万众创新→共享经济被提倡

？→结论。共享经济被提倡并非仅是由全国鼓励创业、创新氛围导致，还受其他因素共同影响，比如国家政府对产业的大力支持、互联网科技的发展、社会亟须整合行业的产能过剩等。

论证五：出现问题→共享企业就真的爬不起来了

前提→？。在未来，即使出现了问题，但随着共享经济的日趋发展、日益成熟，对于一些可能出现的问题，如果有很好的应对措施，能找到恰当的解决办法，"边前进，边摸索"未必不是一种好的方式，企业不至于"爬不起来"。

论证六：共享企业有防患于未然的意识→未来就能获得成功

前提→？。即使共享企业有防患于未然的意识，能够意识到可能出现的"共享"病症，但未必就能获得成功。有了意识只是思想、理论上的，要想取得成功还需要将理论落实到实践行为中。若只有防患于未然的意识，意识到了可能出现的"共享"病症，而不针对该病症寻求解决方法，或者有了方法未能有效执行，那么成功从何谈起？

论证七：一拥而上地发展各类"共享"→利益肯定会受损

前提→？。一拥而上地发展各类"共享"，最终利益未必会受损。有的行业需要抢占先机，对于机遇的把握要及时。在抢占先机发展各类"共享"的同时，如果能找到解决各类可能出现的问题的方法并有效执行，那么对最终利益还有好处。

参考范文

共享经济难以为继吗

共享单车出现问题就难以为继吗？上述论证存在以下缺陷：

"普通的小学生、程序员能做这些"并非"大家都能做到"。论证者只是列举了一个小学生和程序员的事例，无法说明普遍现象。可能这个小学生和程序员具有特殊的技能，而并非所有的人都擅长，因此，大家未必能做到同样的事。

"共享单车存在问题"无法类推出"新兴的共享事物也会出现问题"。单车和新兴共享汽车、KTV、充电宝、篮球等是不同的产品，满足不同的需求。他们的商业模式、技术水平、运营管理、监管模式都会存在不同，故不能将它们进行简单类比。

"共享经济被提倡"并非仅是由"全国鼓励创业、创新氛围"导致，还受其他因素共同影响，比如国家政府对产业的大力支持、互联网科技的发展、社会亟须整合行业的产能过剩等。

即使共享企业有"防患于未然的意识"，能够意识到可能出现的"共享"病症，但未必就能"获得成功"。有了意识只是思想、理论上的，要想取得成功还需要将理论落实到实践行为中。若只有防患于未然的意识，意识到了可能出现的"共享"病症，而不针对该病症寻求解决方法，或者有了方法未能有效执行，那么成功从何谈起？

"一拥而上"地发展各类"共享"，最终利益不一定会"受损"。有的行业需要抢占先机，对于机遇的把握要及时。在抢占先机发展各类"共享"的同时，如果能找到解决各类可能出现的问题的方法并有效执行，那么对最终利益还有好处。

总之，上述论证存在诸多不足，有待进一步完善。

论证有效性分析训练4

分析下述论证中存在的缺陷和漏洞，选择若干要点，写一篇600字左右的文章，对该论证的有效性进行分析和评论。（论证有效性分析的一般要点是：概念特别是核心概念的界定和使用是否准确并前后一致，有无各种明显的逻辑错误，论证的论据是否成立并支持结论，结论成立的条件是否充分等。）

老话说："学而优则仕。"意思是学习成绩优秀的人会被提拔当官。但是古老的规则于现今的企业来说是有些老旧了，但管理者的能力直接关系到企业的未来。那管理者究竟应具备哪些能力或素质才能真正地做到"德配其位"呢？

管理者面临的最首要的问题就是"目标明确"。计划是为目标的达成而服务的，明确工作目标的重要性不言而喻。曾经有人做过一个这样的实验：在企业的一个部门里，管理者没有给下属制定目标，让员工自觉地工作，一段时间过去，该部门的效率较之前降低了很多。所以整个企业也这样做的话，效率也一定会降低①。

明确目标后，管理者还要提升团队的能力。当团队整体成绩得到大幅提升后，这个团队里的每个员工的能力都会得到提升②。只有每个员工的能力得到提升，企业才可以创造更高的价值③。

常言道："国有国法，家有家规。"其实立规矩并不难，难的是领导者要带头遵守并严格执行，即按照规矩来规范自己的行为，更要按照规矩来对违反的人进行惩罚。一个管理者如果一直和员工讲人情，那么员工的执行力会越来越低④。

丰富知识体系是不可或缺的，如果管理者记下了以上的要求，那么企业的成功就指日可待了⑤。

| 精点解析 |

论证结构分析

序号	前提	论证结构词	结论
①	一个部门不制定目标，效率降低	所以	企业不制定目标效率也会降低
②	团队整体成绩得到大幅提升	都会	团队里每个员工的能力得到提升
③	企业可以创造更高的价值	只有……才……	每个员工的能力得到提升
④	管理者一直和员工讲人情	如果……那么……	员工执行力越来越低
⑤	管理者记住了以上的要求	如果……那么……	企业成功

论证关系分析

论证一：一个部门不制定目标，效率降低→企业不制定目标效率也会降低

前提推不出结论。一个部门的运营状况不足以推出整个企业的实际情况。该论证有"以偏概全"的嫌疑。部门通常是执行"角色"，没有明确目标会缺少行动方案，但企业在不确定环境下，模糊的行动可能更有效率。况且一个企业由诸多部门构成，如生产部门、销售部门、运营部门等，每个部门情况不一。

论证二：团队整体成绩得到大幅提升→团队里每个员工的能力得到提升

前提推不出结论。团队整体成绩得到大幅提升难以说明团队里每个员工的能力得到提升。因为在价值创造的过程中，存在着"80/20"的规律，即20%的骨干人员创造

80%的价值。因此，一个团队的成绩大幅提升可能是由团队里20%的骨干员工所创造的，并非每一个员工都做出了很大努力，能力得到提升。

论证三：企业可以创造更高的价值→每个员工的能力得到提升

前提→？。即使每个员工的能力没有得到提升，但若有一个好的领导者能够统筹规划相关的工作，有合适的机会让每个员工最大限度地发挥自己的价值，人职匹配，那企业就会创造更高的价值。

论证四：管理者一直和员工讲人情→员工执行力越来越低

①？→结论。员工执行力越来越低不能简单归因于管理者一直和员工讲人情，还有可能由其他因素共同导致，比如员工没有规则意识、自身缺乏自制力或自身能力不足等。

②前提→？。管理者一直和员工讲人情可能会使他们之间关系更融洽，员工能更有效地执行管理者制定的任务，反而能使执行力加强而非降低。

论证五：管理者记住了以上的要求→企业成功

①？→结论。记住和落实是两码事，管理者仅仅记下了要求并不代表着管理者可以将上述道理有效地落实到企业管理当中，要记住和落实双管齐下才能让企业成功。

②前提→？。即使管理者记住了以上的要求，也需要天时、地利、人和才可以达到目的，若企业的员工并不认可这个管理者，那么企业就可能无法成功。

参考范文

企业成功，指日可待吗

上述材料通过系列分析，认为企业成功有期。其论证看似严谨但经不起推敲，现分析如下：

"一个部门"的运营状况不足以证明"整个企业"的实际情况。该论证有"以偏概全"的嫌疑。部门通常是执行"角色"，没有明确目标会缺少行动方案，但企业在不确定环境下，模糊的行动可能更有效率。况且一个企业由诸多部门构成，如生产部门、销售部门、运营部门等，每个部门情况不一。

"团队整体成绩得到大幅提升"难以说明团队里"每个员工的能力得到提升"。因为在价值创造的过程中，存在着"80/20"的规律，即20%的骨干人员创造80%的价值。因此，一个团队的成绩大幅提升可能是由团队里20%的骨干员工所创造的，并非每一个员工都做出了很大努力，能力得到提升。

"管理者一直和员工讲人情"，"员工执行力就越来越低"？显然并非如此。论证者缺少对其他因素的考量，比如员工没有规则意识、自身缺乏自制力或自身能力不足等。

更何况，管理者一直和员工讲人情可能会使他们之间关系更融洽，员工能更有效地执行管理者制定的任务，反而能使执行力加强而非降低。

管理者"记住"以上要求企业就会"成功"吗？未必。记住和落实是两码事，管理者仅仅记下了要求并不代表着管理者可以将上述道理有效地落实到企业管理当中，要记住和落实双管齐下才能让企业成功。此外，即使管理者记住了以上的要求，也需要天时、地利、人和才可以达到目的，若企业的员工并不认可这个管理者，那么企业就可能无法成功。

总之，上述论证存在诸多不足，有待进一步完善。

论证有效性分析训练5

分析下述论证中存在的缺陷和漏洞，选择若干要点，写一篇600字左右的文章，对该论证的有效性进行分析和评论。（论证有效性分析的一般要点是：概念特别是核心概念的界定和使用是否准确并前后一致，有无各种明显的逻辑错误，论证的论据是否成立并支持结论，结论成立的条件是否充分等。）

有个心理学家做过这样一个实验：将几只跳蚤放在一个盖着玻璃板的器皿内。起先，这些跳蚤都拼命地想跳出器皿，奋力去跳，结果总是撞到玻璃板。久而久之，它们就保持了同样的跳跃高度，即使你拿走了玻璃板，它们也不会跳出器皿。跳蚤经历了挫折后，已形成了无法成功的条件反射。

同理可得，挫折不利于人的成长①。人经历挫折后，会变得抑郁、沮丧、无奈、绝望。进而使个体变得不思进取，放弃学习、放弃拼搏、放弃成功。

人的成长是指自然人转变为社会人，以及充分社会化的过程。以身心的健康发展和社会角色趋向成熟两个指标来显示。虽然挫折是人成长过程中必然会面对的人生境遇，但大量的事实证明挫折不利于人的成长。人的成长需要正面的激励和正面的经验，而一旦遭遇挫折，人必会在精神上陷入绝望②；严重的挫折，甚至可能毁灭人的精神和肉体。皮之不存，毛将焉附？

尤其是当前的中学生，他们情感脆弱，承受挫折的能力差，一旦遇到学习上的挫折，就会对自己的能力失去信心③。有的学生厌学情绪严重，怕上学、怕考试、甚至逃学等，完全就是因为他们成功的体验太少，经历的学习挫折太多，由此感到无助而无望④。

人们心目中对挫折产生崇拜的唯一原因，就是在克服挫折、跨越挫折和战胜挫折的过程中，产生和造就了一些伟大人物⑤。但是这种崇拜往往是盲目和消极的。挫折未必是造就人成长的充分条件，很多人在挫折中没有任何改变现状的动力。挫折中的压力可以成就少数的人，但更能摧毁多数人。所以说挫折不利于成长！只能说克服挫折、跨越挫折和战胜挫折可能有利于学生成长。更不能因为觉得挫折有利于学生成长，而去人为地制造挫折！在现实中，有许多孩子们的自尊、自信就不断受到挫折的侵犯，就像一块石头，被一把坚硬的凿子敲打着，一点一滴地被击得粉碎。

| 精点解析 |

✔ **论证结构分析**

序号	前 提	论证结构词	结 论
①	跳蚤实验	同理可得	挫折不利于人的成长
②	遭遇挫折	一旦……必会……	人会在精神上陷入绝望
③	中学生遇到学习上的挫折	一旦……就……	对自己的能力失去信心
④	成功的体验少，经历挫折太多	是因为	厌学情绪严重
⑤	在克服、跨越、战胜挫折的过程中造就了一些伟人	唯一原因	人们崇拜挫折

✔ **论证关系分析**

论证一：跳蚤实验→挫折不利于人的成长

前提推不出结论。跳蚤实验中玻璃板对跳蚤的具体影响并未指明，不能同理得出挫折与人成长的关系。跳蚤撞到玻璃板可能将身体撞坏跳不高了，但是挫折可能并不会损害人的身体能力，也许只会影响人发挥能力过程中的情绪和状态。因此，不能将二者简单类比。

论证二：遭遇挫折→人会在精神上陷入绝望

前提→？。挫折的严重程度有大有小，而"绝望"并非必然状态。若一个人意志坚定，心态积极健康，更可能越挫越勇，未必会陷入绝望。比如，俞敏洪历经三次高考才考上北大。正是由于他面对前两次失败没有绝望，进而继续努力，才最终实现了自己的理想。

论证三：中学生遇到学习上的挫折→对自己的能力失去信心

前提→？。中学生遭遇学习上的挫折后未必会怀疑自己的能力。有可能会越挫越勇，从中积极总结失败教训，获得宝贵经验，在接下来的学习中避免不足、拼搏进取，最终取得优异成绩，而非会对自己的能力失去信心。

论证四：成功的体验少，经历挫折太多→厌学情绪严重

？→结论。造成学生厌学的原因是多重的，既有内因又有外因，而少成功、多挫折属于部分外因，厌学的主要原因可能是内因，比如学生主观上厌学，认为上学无用，或者控制不了自己对游戏的痴迷等。

论证五：在克服、跨越、战胜挫折的过程中造就了一些伟人→人们崇拜挫折？→结论。 在战胜挫折的过程中产生伟人未必是人们崇拜挫折的唯一原因。人们崇拜挫折的原因众多，可能首先是因为挫折在学习、工作、生活中无处不在；其次是因为挫折避不开，必须面对，在面对的过程中考验人的心态和意志，锻炼人；再次是因为战胜了挫折会有好的结果，也就是材料所提到的造就了伟人。

参考范文

跳蚤实验结果应用的质疑

论证者由"跳蚤实验"的结果类推出"挫折不利于人的成长"。显然，该论证过程是值得商榷的，分析如下：

论证者由"跳蚤实验"无法类推出"挫折不利于人的成长"。跳蚤实验中玻璃板对跳蚤的具体影响并未指明，不能同理得出挫折与人成长的关系。跳蚤撞到玻璃板可能将身体撞坏跳不高了，但是挫折可能并不会损害人的身体能力，也许只会影响人发挥能力过程中的情绪和状态。因此，不能将二者简单类比。

即使"遭遇了挫折"，也未必会"陷入绝望"。挫折的严重程度有大有小，而"绝望"并非必然状态。若一个人意志坚定，心态积极健康，更可能越挫越勇，未必会陷入绝望。比如，俞敏洪历经三次高考才考上北大。正是由于他面对前两次失败没有绝望，进而继续努力，才最终实现了自己的理想。

"成功的体验少，经历挫折太多"不足以导致"厌学情绪严重"。造成学生厌学的原因是多重的，既有内因又有外因，而少成功、多挫折属于部分外因，厌学的主要原因可能是内因，比如学生主观上厌学，认为上学无用，或者控制不了自己对游戏的痴迷等。

在"战胜挫折的过程中产生伟人"未必是人们"崇拜挫折"的唯一原因。人们崇拜挫折的原因众多，可能首先是因为挫折在学习、工作、生活中无处不在；其次是因为挫折避不开，必须面对，在面对的过程中考验人的心态和意志，锻炼人；再次是因为战胜了挫折会有好的结果，也就是材料所提到的造就了伟人。

综上所述，上述论证存在诸多不足，有待进一步完善。

论证有效性分析训练6

分析下述论证中存在的缺陷和漏洞，选择若干要点，写一篇600字左右的文章，对该论证的有效性进行分析和评论。（论证有效性分析的一般要点是：概念特别是核心概念的界定和使用是否准确并前后一致，有无各种明显的逻辑错误，论证的论据是否成立并支持结论，结论成立的条件是否充分等。）

据悉，亚马孙雨林的大火正在以 2013 年以来最快的速度燃烧。烟雾甚至蔓延到了 3000 公里以外的城市。一片片火海在亚马孙雨林中肆虐，热带植被、树木和其中所栖息的动物都被化为灰烬。自 8 月 15 日以来，巴西各地又发生了 9500 多起森林火灾，主要集中在亚马孙盆地。亚马孙雨林区是世界最大的雨林区，林区藏有丰富的动植物资源，种类高达 300 万种，里面还有 100 万原住民。

雨林的烧毁对于水环境的污染也是影响巨大的。这场大火导致了原有的生态系统被破坏①。亚马孙地区的大火已经蔓延到巴西其他地区。大火产生的烟雾从亚马孙州蔓延到附近的帕拉州和马托格罗索州，甚至遮住了 3000 多公里外圣保罗市的阳光。"地球之肺"的燃烧应该让我们有危机意识，雨林面积的减少是我们生存环境恶化的根本原因②。

在过去 50 年间，亚马孙雨林失去了 17% 的植被覆盖。从 20 世纪 80 年代起，人们就在不断呼吁保护雨林。巴西的保护政策限制了雨林中的原住民部落对雨林的砍伐行为，达到了杜绝随意砍伐树木现象的目的③。亚马孙除了是 10% 全球物种的栖息地，同时也是平衡气候变化的重要力量。从趴在地面的蕨类植物到高耸入云的参天大树，亚马孙雨林的 16000 种不同树木所吸收的碳排放量，占全球森林吸收碳排放量的 25%，产生的氧气和水蒸气形成了天然的地球降温系统。当雨林树木不再减少后，那地球的碳排放量就会降低，全球气温也就不会上升得那么快，大气环境也会随之变好，生存环境也就不会岌岌可危④。

部分保护环境的学者认为：只有加大砍伐树木的罚款数额才可以让雨林逃脱末日⑤。INPE 的数据称，哪怕没有这场燃烧，亚马孙热带雨林仍以每分钟一个半足球场的面积消失。如果再不重视雨林的变化，我们的世界将彻底改变。

| 精点解析 |

✓ 论证结构分析

序号	前 提	论证结构词	结 论
①	亚马孙大火	导致	原有生态系统被破坏
②	雨林面积减少	根本原因	生存环境恶化
③	限制雨林原住民部落的砍伐行为	达到……目的	杜绝随意砍伐树木的现象
④	雨林树木不再减少→地球碳排放量降低→全球气温不会上升得那么快→大气环境变好→生存环境也就不会岌岌可危		
⑤	让雨林逃脱末日	只有……才……	加大砍伐树木的罚款数额

论证关系分析

论证一：亚马孙大火→原有生态系统被破坏

?→结论：亚马孙大火不一定导致原有的生态系统被破坏。任何事情都不是一蹴而就的，包括亚马孙的生态系统问题。大火可能只是一个辅助因素，其他如人们随便砍伐树木、低质量的发展模式等原因共同导致了亚马孙的原有生态系统被破坏。

论证二：雨林面积减少→生存环境恶化的根本原因

?→结论：生存环境的恶化是由多种因素共同导致，比如大气污染、水污染、土壤环境恶化、全球气候变暖、大气结构被破坏等，而雨林面积减少可能只是其中的一个原因，未必是根本原因。

论证三：限制雨林原住民部落的砍伐行为→杜绝随意砍伐树木的现象

①?→结论：要杜绝随意砍伐树木的现象，仅仅限制雨林原住民部落的砍伐不足够，社会也要充分发挥教育功能，要让人们在主观上意识到保护森林对于人类的重要性，对于屡教不改者可以追究刑事责任等。

②前提→?：即使限制了雨林原住民部落的砍伐，但是如果不限制外来人口的肆意砍伐，对他们破坏森林行为不加以制止，那么杜绝随意砍伐树木的现象从何谈起？

论证四：雨林树木不再减少→地球碳排放量降低→全球气温不会上升得那么快→大气环境变好→生存环境也就不会岌岌可危

论证者以"雨林树木不再减少"为前提，中间经过多个推理，无法得出"生存环境不会岌岌可危"的结论。其中每个推理过程都是或然而非必然。如雨林树木不再减少不一定会使地球碳排放量降低，反而可能会升高。因为二者之间没有必然关系。雨林虽然可以吸收二氧化碳，但是如果汽车尾气的排放量和工厂数目快速增加，相应的二氧化碳排放量就会增多，那么地球碳排放量不一定降低。同理，其他推理过程也难以成立，最终无法说明生存环境不会岌岌可危。

论证五：让雨林逃脱末日→加大砍伐树木的罚款数额

前提→?：即使没有加大砍伐树木的罚款数额，但是通过宣传、教育，让人们从内心意识到雨林对生存环境的影响有多大，每个人都行动起来，也可以让雨林逃脱末日。

参考范文

如此之法，雨林难以逃脱末日

材料围绕着如何让亚马孙雨林"逃脱末日"，提供了系列建议。然而其方法的有效性值得商榷。

首先，原有的"生态系统被破坏"，不一定是因为"这场大火导致"。任何事情都不是一蹴而就的，包括亚马孙的生态系统问题。大火可能只是一个辅助因素，其他如人们随便砍伐树木、低质量的发展模式等原因共同导致了亚马孙的原有生态系统被破坏。

其次，"雨林面积的减少"是我们"生存环境恶化"的根本原因吗？未必。生存环境的恶化是由多种因素共同导致，比如大气污染、水污染、土壤环境恶化、全球气候变暖、大气结构被破坏等，而雨林面积减少可能只是其中的一个原因，未必是根本原因。

然后，要杜绝随意砍伐树木的现象，仅仅限制雨林原住民部落的砍伐不足够，社会也要充分发挥教育功能，要让人们在主观上意识到保护森林对于人类的重要性，对于屡教不改者可以追究刑事责任等。

再次，论证者以"雨林树木不再减少"为前提，中间经过多个推理，无法得出"生存环境不会岌岌可危"的结论。其中每个推理都是或然而非必然。如雨林树木不再减少不一定会使地球碳排放量降低。雨林虽然可以吸收二氧化碳，但是如果汽车尾气的排放量和工厂数目快速增加，相应的二氧化碳排放量就会增多，那么地球碳排放量不一定降低。同理，其他推理过程也难以成立，最终无法说明生存环境不会岌岌可危。

最后，只有"加大砍伐树木的罚款数额"才可以"让雨林逃脱末日"吗？不一定。即使没有加大砍伐树木的罚款数额，但是通过宣传、教育，让人们从内心意识到雨林对生存环境的影响有多大，或者加大监管力度等，也可以让雨林逃脱末日。

综上，材料中的论证关系存在诸多不足，论证者需要提供更多的论据来完善。

论证有效性分析训练7

分析下述论证中存在的缺陷和漏洞，选择若干要点，写一篇600字左右的文章，对该论证的有效性进行分析和评论。(论证有效性分析的一般要点是：概念特别是核心概念的界定和使用是否准确并前后一致，有无各种明显的逻辑错误，论证的论据是否成立并支持结论，结论成立的条件是否充分等。)

"人造肉"已经不是一个新事物了。最常见的一种"人造肉"，就是用豆制品和蔬菜模拟肉的风味。

近年来，全球肉类替代品"人造肉"市场稳步增长，预计从 2018 年的约 46 亿美元增长到 2023 年的 64 亿美元，其依据如下①：

第一，全球消费者越来越关注健康问题。

2015 年 10 月 26 日，隶属于世界卫生组织（WHO）的国际癌症研究机构（IARC）将红肉纳入 2A 级致癌食物，这意味着吃肉容易得癌症②。而"人造肉"（特别是"素肉"）的出现，完全能替代红肉，可以让人们彻底避免红肉的威胁③。

第二，"人造肉"能够帮助解决人类温饱问题。

在食物网的能量流动上，由一个营养级位转移到下一个营养级位的能量转移的效率约为 10%。在植物蛋白转化为动物蛋白的营养级位之间的能量转移中，仅生态效率就损失了源自谷物的 90% 的能量。说直白点，就是生产 1 公斤牛肉需要消耗 10 公斤粮食和 100 吨水。而生产 1 公斤谷物仅需要 450 公斤水。

一个人吃 1 公斤牛肉，可能还吃不饱，但相当于消耗了 10 公斤的粮食；若这个人吃 10 公斤粮食，肯定饱。由此可见，吃肉对人类解决生存问题不利④。如果我们少吃肉，多吃水果、蔬菜、谷物，也许能增加可以利用的食物能量。

增加食物能量有什么用？目前，地球上仍有将近十亿人正在遭受饥饿和营养不良之苦。但世界上却有三分之一以上的谷物不是供给人吃，而是用来喂养牲畜。唯一的解决办法，就是把给牲畜的谷物节约下来给人，减少肉的供应和需求，用"人造肉"来代替⑤。

| 精点解析 |

✓ 论证结构分析

序号	前 提	论证结构词	结 论
①	消费者越来越关注健康问题；"人造肉"能帮助解决温饱问题	其依据	"人造肉"市场会稳步增长
②	红肉纳入 2A 级致癌物	意味着	吃肉易得癌症
③	"人造肉"的出现	让	完全能替代红肉，避免红肉的威胁
④	一公斤牛肉的产生消耗十公斤粮食，吃十公斤粮食能饱于吃一公斤牛肉	由此可见	吃肉对人类解决生存问题不利
⑤	减少肉的供应和需求，用"人造肉"来代替	唯一办法	解决人类温饱问题

✓ **论证关系分析**

论证一：消费者关注健康问题，"人造肉"能够帮助解决温饱问题→"人造肉"市场会稳步增长

？→结论："人造肉"市场的增长，除了"消费者关注健康问题"和"能够帮助解决温饱问题"以外，还需考虑其他因素作用，比如人们越来越强的环保意识、消费偏好的转变、消费者求新猎奇的心理等。仅凭"消费者关注健康问题"和"能够帮助解决温饱问题"不足以推出"人造肉"市场会增长。

论证二：红肉纳入2A级致癌物→吃肉易得癌症

前提推不出结论：肉的种类有很多，除了红肉外，还有虾、鱼、鸡等白肉，这些"白肉"并没有列入致癌物。另外，致癌物是致癌的外部因素，大量食用可能会提高致癌风险，不代表"吃了就一定会致癌"。

前提→？：即使"红肉"纳入2A级致癌物，但是食用量、食用频率可控，并不会易得癌。相反，适当食用"红肉"可以补充人体所需的动物蛋白等营养，对个体抗癌能起到帮助作用。

论证三："人造肉"的出现→完全能替代红肉，避免红肉的威胁

前提→？："人造肉"相较于红肉富含更多的矿物质，尤其是铁元素。人的日常饮食要做到营养均衡，需吸收各类营养物质，缺一不可，若"人造肉"达不到红肉营养构成，谈何替代？

论证四：一公斤牛肉的产生消耗十公斤粮食，吃十公斤粮食能饱于吃一公斤牛肉→吃肉对人类解决生存问题不利

前提→？：人类想要生存，需要营养均衡。一个人若只吃粮食，能好好生存下去吗？显然会出现营养不良的情况。营养级之间的损耗大，可以适当减少吃肉，让生态效率变高。但吃肉本身对于人类生存是有利的。

论证五：减少肉的供应和需求，用"人造肉"来代替→解决人类温饱问题

？→结论：粮食供应量的增多可能是解决温饱问题的一种方法，但并非是唯一方法。除此之外，还有其他的方法，比如节约粮食、合理地利用和分配现有粮食等。

参考范文

"人造肉"市场将稳步增长吗

论证者通过一系列论证，试图得出"'人造肉'市场将稳步增长"的结论。然而论证过程中存在诸多问题，现分析如下：

"人造肉"市场的增长，除了"消费者关注健康问题"和"能够帮助解决温饱问题"以外，还需考虑其他因素作用，比如人们越来越强的环保意识、消费偏好的转变、消费者求新猎奇的心理等，仅凭"消费者关注健康问题"和"能够帮助解决温饱问题"不足以推出"人造肉"市场会增长。

"红肉被纳入2A级致癌食物"并不意味着"吃肉容易得癌症"。肉的种类有很多，除了红肉外，还有虾、鱼、鸡等白肉，这些"白肉"并没有列入致癌物。另外，致癌物是致癌的外部因素，大量食用可能会提高致癌风险，不代表"吃了就一定会致癌"。

"人造肉"的出现不一定能完全"替代红肉"。"人造肉"相较于红肉富含更多的矿物质，尤其是铁元素。人的日常饮食要做到营养均衡，需吸收各类营养物质，缺一不可，若"人造肉"达不到红肉营养构成，谈何替代？

"一公斤牛肉的产生消耗十公斤粮食，吃十公斤粮食饱于吃一公斤牛肉"难以说明"吃肉对人类解决生存问题不利"。人类想要生存，需要营养均衡，不光是饱就行。一个人若只吃粮食，会出现营养不良的情况。营养级之间的损耗大，可以适当减少吃肉，但吃肉本身对于人类生存是有利的。

减少肉的供应和需求，用"人造肉"来代替未必是"解决人类温饱问题"的唯一办法。粮食供应量的增多可能是解决温饱问题的一种方法，但并非是唯一方法。除此之外，还有其他的方法，比如节约粮食、合理地利用和分配现有粮食等。

综上所述，上述论证关系存在不妥之处，需要进一步完善。

论证有效性分析训练8

分析下列论证中存在的缺陷和漏洞，选择若干要点，写一篇600字左右的文章，对该论证的有效性进行分析和评述。（论证有效性分析的一般要点是：概念特别是核心概念的界定和使用是否准确并前后一致，有无各种明显的逻辑错误，论证的论据是否成立并支持结论，结论成立的条件是否充分等。）

现代社会，就业单位繁多，信息流通快，资源共享程度高，找工作的成本越来越低，跳槽率越来越高。怎样培养员工的忠诚度，成为很多企业老板头疼的问题。我认为，只要给员工涨薪酬，就能降低跳槽率[1]。

企业存在的根本目标就是为了自身盈利；员工跳槽就是为了挣更多的钱[2]。现代人生活压力大，生活成本高，但另一方面选择的空间大。在一个公司干几年，觉得薪酬的涨幅跟不上物价的涨幅，现有的薪酬无法满足生活的需求，跳槽就会成为他们的首要选择③。提前在招聘网站上留意或者通过猎头找到下一个雇主，谈好相关条件，写好辞职信，交接好旧工作，迎接新工作，全程几乎费不了多少人力物力，但前途与"钱"途是光明的。再说了，不管是谁都不会嫌自己的钱多。

面对这些情况，企业到底是放手招新人合适呢，还是用加薪来挽留老员工合适呢？一般跳槽的员工在公司或多或少也工作了几年时间，是有工作经验的。新员工来上班，公司得花时间培训他，花精力了解他，花时间等他适应并熟练上手，还有可能费了半天工夫，最后却发现他并不是公司想要的人才。培训得花钱，时间也是金钱，新员工是否比跳槽员工的质量更优，还不一定。所以，与其花成本去找一个质量不确定的新人，还不如把成本用来给老员工加薪。还有一点，老员工跳槽，会带着公司的"机密"去新公司，这样就会对公司造成恶劣的影响④。要想避免"泄密"造成的损失，只能是别让他跳槽⑤。

| 精点解析 |

✓ **论证结构分析**

序号	前　　提	论证结构词	结　　论
①	给员工涨薪酬	只要……就……	降低跳槽率
②	员工跳槽	就是	为了挣更多的钱
③	薪酬无法满足生活的需求	就会	跳槽是首要选择
④	老员工带着公司"机密"跳槽	就会	对公司有恶劣影响
⑤	不让员工跳槽	要想……只能……	避免"泄密"造成的损失

✓ **论证关系分析**

论证一：给员工涨薪酬→降低跳槽率

①？→结论：要降低跳槽率，仅凭给员工涨薪酬不足够，还需其他方法共同作用。比如给员工职位晋升，给予他们更好的发展平台，能够让他们意识到自己在该公司发展前景光明等。

②前提→？：即使给员工涨薪酬了，但是如果员工更多地关注精神需求而非物质需求，如个人的职业发展空间，那么采取这种方法就无法达到此目的。

论证二：员工跳槽→为了挣更多的钱

前提→？：论证者把跳槽的目的单一归结于挣更多的钱，过于片面。选择跳槽的目的可能是为了更好的职位，能够更好地施展自己的才华，使自身能力得到更大提高，拥有更好的晋升机会等，并非仅仅是为了挣更多的钱。

论证三：薪酬无法满足生活的需求→跳槽是首要选择

前提→？：跳槽可能并不是解决薪酬不满意问题的首要选择。当现有的薪酬无法满足生活的需求时，可以在现公司内提出涨薪的申请，还可以在不影响现有工作的基础上发展兼职副业，甚至还可以适度考虑降低生活上的开支，不一定非得选择跳槽这个方式。

论证四：老员工带着公司"机密"跳槽→对公司有恶劣影响

前提→？：难道老员工带着公司的机密跳槽，就会对公司造成恶劣影响吗？未必。论证者未指出跳槽去的公司和现公司之间的业务关联。若跳槽去的公司和原公司属于完全不相干的两个行业，相关影响甚至可以忽略不计。更何况员工基于原有雇佣协议未必一定泄密。

论证五：让员工跳槽→避免"泄密"造成的损失

？→结论：要想避免"泄密"造成的损失，不一定只能是禁止跳槽，还有别的方法可行。比如在现代企业中，很多公司为了防止员工跳槽造成内部商业机密泄露，会采取签署保密协议或竞业限制协议的方法，用法律条款对员工跳槽去的"下家"进行限制，用违约金的方式予以约束等。

参考范文

涨薪，能降低跳槽率吗

涨薪，便能降低跳槽率？针对此展开的系列论证，存在以下问题。

"要降低跳槽率"，仅凭给"员工涨薪酬"不足够，还需其他方法共同作用。比如给员工职位晋升，给予他们更好的发展平台，能够让他们意识到自己在该公司发展前景光明等。此外，即使给员工涨薪酬了，但是如果员工更多地关注精神需求而非物质需求，如个人的职业发展空间，那么采取这种方法就无法达到此目的。

当现有"薪酬无法满足生活的需求"时，"跳槽"也未必成为首选。不满意薪酬时，可以在现公司内提出涨薪的申请，还可以在不影响现有工作的基础上发展兼职副业，甚至还可以适度考虑降低生活上的开支，不一定非得选择跳槽这个方式。

难道"老员工带着公司的机密跳槽"，就会"对公司造成恶劣影响"吗？未必。论证者未指出跳槽去的公司和现公司之间的业务关联。若跳槽去的公司和原公司属于完全不相干的两个行业，相关影响甚至可以忽略不计。更何况员工基于原有雇佣协议未必一定泄密。

要想"避免泄密"造成的损失，不一定只能是"禁止跳槽"，还有别的方法可行。比如在现代企业中，很多公司为了防止员工跳槽造成内部商业机密泄露，会采取签署保密协议或竞业限制协议的方法，用法律条款对员工跳槽去的"下家"进行限制，用违约金的方式予以约束等。

综上所述，上述论证是欠妥当的，无法得出"涨薪，能降低跳槽率"的结论，其还需进一步完善。

论证有效性分析训练9

分析下述论证中存在的缺陷和漏洞，选择若干要点，写一篇600字左右的文章，对论证的有效性进行分析和评论。（论证有效性分析的一般要点是：概念特别是核心概念的界定和使用是否准确并前后一致，有无各种明显的逻辑错误，论证的论据是否成立并支持结论，结论成立的条件是否充分等。）

对很多人来说，最能体现自我价值的当属创业。如何找到关键发力点、少走弯路，成为多数创业者在奋斗初期最亟待解决的问题。创业究竟是要用对人还是做对事？对此，阿里巴巴前董事局主席马云和知名天使投资人、金山元老之一的雷军给出了不同的回答。

在马云看来，在创业初期，企业要寻找与其有着共同目标、使命感、价值观的"最合适"的人，即"用对人"。

而雷军则在近日表示，"做对事"比"用对人"更重要。在雷军眼中，所谓"运气"，就是在对的时候做对的事，同时要有顺势而为的心态。

马云：创业要"用对人"

用对人远比做对事更重要，可以说企业用对人是成功的一半。九年创业的经验告诉我，在雇佣员工时，不是要找"最好"的人，而是要寻找"最合适"的人①。创业时期不要找明星团队，不要把一些成功者聚在一起。那种已经有钱、成功了的人，在一起创业很难。要寻找那些没有成功、渴望成功、与企业有共同梦想和愿景的人，并培养他们与我们的客户共同分享这一梦想和愿景。

从企业角度来看，不是谁都可以当企业家，也不是谁都可以发号施令的。找不对"这个人"，注定了一切努力都是瞎折腾②。

尤其是在选用各级管理人员方面，虎狼团队注定了不是一只羊跑在最前面，大刀阔斧改革的团队也注定了不是守旧传统的人在引领。刘邦之所以从区区一个亭长在乱世之中能够做到开国皇帝，是因为刘邦有一大优点：能够用对人。企业发展也是如此③。如果选对人就能做对事④，这是一个先天和后天的问题。

雷军：成功创业要"做对事"

创业光有勤学苦练是远远不够的，关键问题是多一点点运气。我觉得所谓的运气，其实就是在对的时候做对的事情,这比任何时候用对的人都更重要。

当时代性的产业机会来临的时候,浪潮会把你推到最前沿,这个浪潮所具备的力量比你自身的力量强很多倍。如果你能把握住大的时机,把握好每个看似运气的关键点,你的成功就会变得轻轻松松⑤。王永庆如果不是在几个关键节点上做出了正确决策,那么他可能永远只是一个小米店的老板,或者是经营木材的生意人⑥。

| 精点解析 |

✓ **论证结构分析**

序号	前 提	论证结构词	结 论
①	在雇佣员工时,不是要找"最好"的人	不是……而是……	而是要寻找"最合适"的人
②	找不对人	注定	一切努力都是瞎折腾
③	刘邦用对人成为开国皇帝	也是如此	企业发展也是如此
④	选对人	就能	做对事
⑤	把握准大的时机,把握好每个看似运气的关键点	如果……就……	成功就会变得轻轻松松
⑥	王永庆在关键节点上做出正确决策并由此成功	利用"论据"与结论关系判断	成功创业要"做对事"

✓ **论证关系分析**

论证一:在雇佣员工时不是要找"最好"的人→而是要寻找"最合适"的人

前提推不出结论:"最好"的人与"最合适"的人之间并非是非此即彼的关系,二者可以共存,甚至也有可能最好的人也是最合适的人。这些已经有钱了的、成功了的人如果与企业有共同的愿景,在资金和知识与经验的共同支持下,那岂不更有利于创业成功?

论证二:找不对人→注定了一切努力都是瞎折腾

前提→?:没找到"对的人"只能说明有可能失败但并非一定失败。即使没找对人,如果赶上了好时机也可能会创业成功。更何况,"不对的人"经过培养和锻炼未必就不会成为"对的人",也会做对事,创业也会成功。

论证三:刘邦用对人成为开国皇帝→企业发展也是如此

前提推不出结论:刘邦用对人成为开国皇帝无法类推企业发展也是如此。双方所处的时空、环境各异,不可同日而语。刘邦是建立国家,他的成功有历史因素,比如刘邦反秦朝暴政顺应民意、项羽骄傲自满等。而企业发展中经营者面临的是市场环境的变化、企业经营战略的调整等。一方是政治环境，一方是经济环境，二者显然不能直接类比。

论证四：选对人→就能做对事

①？→结论：想要做对事，除了"人对"以外，还需要有合适的目标、适用的方法、恰好的时机、切实可行的商业模式等。

②前提→？："选对人"也未必能"做对事"。毕竟环境在变、条件在变，"对的人"未必能适应好、胜任好新工作。可能因为"对的人"骄傲自满、自以为是，更会坏事。

论证五：把握准大的时机，把握好每个看似运气的关键点→
　　　　成功就会变得轻轻松松

①？→结论：把握准时机和每个看似运气的关键点，也未必能轻松成功。"时机"和"运气"仅是取得成功的必要条件而非充分条件。若想成功，还需提高管理者的能力、加强企业内部管理、制定正确的战略规划、提高产品质量和服务等。

②前提→？：即使把握准大的时机，把握好每个看似运气的关键点，但如果自身实力不够，行动的效率不高，那么成功也未必轻松。

论证六：王永庆在关键节点上做出正确决策并由此成功→成功创业要"做对事"

前提推不出结论：王永庆的成功仅是他个人的成功，每个创业者面临的机遇和问题都是不相同的，自身能力也是不一样的。王永庆的成功未必会复制到每个创业者身上，该论证显然有"以偏概全"之嫌。

参考范文

有待商榷的用人做事之辩

"创业究竟是要用对人还是做对事？"马云与雷军针对此论题展开了系列论证。然而双方的论证过程均存在不妥之处，分析如下。

在雇佣员工时，不是要找"最好"的人，而是要寻找"最合适"的人吗？未必。"最好"的人与"最合适"的人之间并非是非此即彼的关系，二者可以共存，甚至也有可能最好的人也是最合适的人。这些已经有钱了的、成功了的人如果与企业有共同的愿景，在资金和知识与经验的共同支持下，那岂不更有利于创业成功？

没找到"对的人"只能说明有可能失败但并非一定失败。即使没找对人，如果赶上了好时机也可能会创业成功。更何况，"不对的人"经过培养和锻炼未必就不会成为

"对的人",也会做对事,创业也会成功。

"刘邦用对人成为开国皇帝"无法类推"企业发展"也是如此。双方所处的时空、环境各异,不可同日而语。刘邦是建立国家,他的成功有历史因素,比如刘邦反秦朝暴政顺应民意、项羽骄傲自满等。而企业发展中经营者面临的是市场环境的变化、企业经营战略的调整等。一方是政治环境,一方是经济环境,二者显然不能直接类比。

"把握准时机和每个看似运气的关键点",也未必能"轻松成功"。"时机"和"运气"仅是取得成功的必要条件而非充分条件。若想成功,还需提高管理者的能力、加强企业内部管理、制定正确的战略规划、提高产品质量和服务等。

总之,马云和雷军的论证是欠妥当的,无法证明各自的观点,其论证有效性还需进一步完善。

论证有效性分析训练10

分析下述论证中存在的缺陷和漏洞,选择若干要点,写一篇600字左右的文章,对论证的有效性进行分析和评论。(论证有效性分析的一般要点是:概念特别是核心概念的界定和使用是否准确并前后一致,有无各种明显的逻辑错误,论证的论据是否成立并支持结论,结论成立的条件是否充分等。)

企业是否应该用夸张或虚假的方式来打广告?

公众对此观点看法不尽相同,支持和反对的观点都有。

反对方:

我认为企业不应该用夸张或虚假的方式来打广告。现在国内外通过颁布或修改相关法律法规,对广告的审查越来越严格,对于夸张或虚假的广告都有相应的严厉处罚,一旦被发现惹上官司,对于企业来说将是很大的损失[1]。比如最近,因为一句"红牛给你翅膀"(Red Bull Gives You Wings)的广告语,红牛在美国了结了两桩集体诉讼官司,同意向消费者支付1300万美元(折合人民币近8000万元)赔偿金,用以补偿不实广告语给消费者带来的伤害。

再者,企业想要长期经营,信誉、口碑,都是很重要的。消费者倘若知道某个企业因为虚假夸张的广告而被告上法庭,则会对该企业的品牌、产品产生抵触情绪[2]。这样对企业百害而无一利。

支持方:

我认为企业可以运用一些方式,打稍微夸张的"擦边球"广告,这对于企业来讲无害,甚至有益。企业最根本的目的就是自身盈利。毫无疑问,品牌曝光率越大,盈利会越多③。而夸张的广告更吸引人的眼球，必定提高曝光率④。拿红牛一案来讲，虽然公司确实支付了千万美金的巨额罚款，但就因为这一案件，品牌一直曝光在各大媒体平台，一天之内其网站就有近500万人次的访问量，远超于往常。大量的免费曝光，让更多人关注到红牛这一"当事人"，其中可能就包含了从未听说过红牛的潜在客户。增加了可能会购买产品的潜在客户，企业的盈利肯定会有所增长⑤，甚至可能涨幅足以抵消千万美金的罚款。

另外，广告是高度创意的行业，这也是其魅力所在。广告适度的艺术夸张和虚假广告之间的界限，有时确实很难确定，这是广告界争议了多年的问题。有一些虽然可能在法律层面被判定为虚假的广告，但是可能在消费者看来并无大碍，甚至还挺诙谐幽默，留有好印象。听了"红牛给你翅膀"（Red Bull Gives You Wings）的广告语，难道真会有精神状态正常的消费者认为喝瓶饮料会长出翅膀？

| 精点解析 |

✓ **论证结构分析**

序号	前 提	论证结构词	结 论
①	企业被发现惹上官司	一旦……将……	将有很大损失
②	消费者知道企业因虚假广告被告	倘若……则……	抵触该企业的品牌、产品
③	品牌曝光率越大	越……越……	盈利越多
④	夸张的广告吸引眼球	必定	提高曝光率
⑤	增加了潜在客户	肯定	企业盈利增长

✓ **论证关系分析**

论证一：企业被发现惹上官司→将有很大损失

①前提推不出结论：惹上官司并不意味着会给企业造成损失。"惹上官司"不等于"输了官司"，比如竞争对手恶意滥用诉讼等，企业如果没有败诉，何来损失？

②前提→？：比如，旺旺集团也曾因为广告词被人投诉惹上官司，但是经查证不存在虚假、迷信、没有科学依据的宣传行为，因此举报的违法事实并不成立，根据规定不对旺旺进行行政处罚。同时由于这件事还扩大了它的知名度，几乎家喻户晓，销量稳步攀升。

论证二：消费者知道企业因虚假广告被告→抵触该企业的品牌、产品

前提→？：材料中只是提到了"被告上法庭"，而未提及法院判罚的结果如何。如果该企业因虚假广告被告，但最终法院判定广告并不违规、违法，判企业胜诉，那么消费者可能不仅不会抵触该企业的品牌、产品，甚至会更信任。

论证三：品牌曝光率越大→盈利越多

①？→结论：一个品牌想要盈利多，除了需要品牌的曝光率大以外，还需要过硬的产品、周到的售前售后服务、良好的口碑积累、合理的成本控制等。

②前提→？：盈利是一个积极的结果，但曝光是一个中性词，可能因为正面的广告、事件曝光，也可能因为负面的新闻曝光。如果一个品牌因为涉及虚假广告、质量差等负面消息而遭到媒体大量曝光，不仅不会增加盈利，反而可能会导致盈利变少。

论证四：夸张的广告吸引眼球→提高曝光率

前提→？：夸张的吸引眼球的广告不一定能提高品牌曝光率。宣传广告受国家相关法律约束。当一个合法的、夸张的、吸引眼球的广告公开在公众面前，确实能提高曝光率。但是当一个夸张的、吸引眼球的广告触犯法律的底线，被法律所禁止，不仅不会提高曝光率，还可能会对企业造成不好的影响。

论证五：增加了潜在客户→企业盈利增长

①？→结论：企业盈利增长不仅取决于潜在客户的购买行为，还取决于老客户购买行为的维持等。

②前提→？：即使新增了潜在的客户也不一定会让企业盈利增长。如果老客户大量流失，即使新增的潜在客户产生购买行为，盈利也未必增加。更何况，潜在客户是否一定能产生购买行为，有多少比例能实际购买是未知的，何谈企业会盈利？

参考范文

无效的虚假广告之辩

"企业是否应该用夸张或虚假的方式来打广告？"支持者和反对者展开了系列论证。然而双方的论证过程均存在不妥之处。

"消费者仅仅知道企业因虚假广告被告"，未必就会"抵触该企业的品牌、产品"。材料中只是提到了"被告上法庭"，而未提及法院判罚的结果如何。如果该企业因虚假广告被告，但最终法院判定广告并不违规、违法，判企业胜诉，那么消费者可能不仅不会抵触该企业的品牌、产品，甚至会更信任。

"品牌曝光率越大"，"盈利会越多"吗？不一定。盈利是一个积极的结果，但曝光是一个中性词，可能因为正面的广告、事件曝光，也可能因为负面的新闻曝光。如果一个品牌因为涉及虚假广告、质量差等负面消息而遭到媒体大量曝光，不仅不会增加盈利，反而可能会导致盈利变少。

"夸张的吸引眼球的广告"不一定能"提高品牌曝光率"。宣传广告受国家相关法律约束。当一个合法的、夸张的、吸引眼球的广告公开在公众面前，确实能提高曝光率。但是当一个夸张的、吸引眼球的广告触犯法律的底线，被法律所禁止，不仅不会提高曝光率，还可能会对企业造成不好的影响。

即使"新增了潜在的客户"也不一定会"让企业盈利增长"。如果老客户大量流失，即使新增的潜在客户产生购买行为，盈利也未必增加。更何况，潜在客户是否一定能产生购买行为，有多少比例能实际购买是未知的，何谈企业会盈利？

综上，支持者和反对者的论证均欠妥，还需进一步完善。

第三部分

论说文写作

论说文复习备考流程

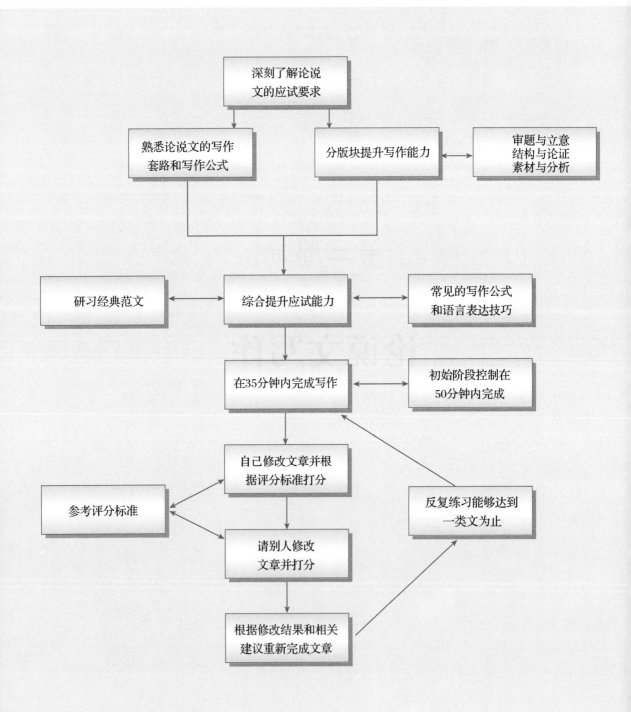

第一章
论说文命题详解

第 1 节 论说文认知

论说文是直接说明事理、阐发见解、宣示主张的文章。它的中心在于"事理""见解"和"主张",它的表达方式主要是议论。"说明事理""阐发见解"和"宣示主张",都是为了"答疑解难",也就是为了回答问题、解决问题。

论说文答疑解难,要使人懂,使人信,甚至要使人行——照着去做,所以必须讲究科学性,阐述的必须是真理。不可主观臆断,强词夺理。但是手里有了真理,也不见得就能"使人懂,使人信,使人行",这里还需要学会论说的方法和技巧。论说的基本方法是"摆事实,讲道理",这一点差不多人人皆知。但事实要"摆"得有力量,道理要"讲"得透彻,并不容易。

"摆事实","摆"什么样的事实?这是"质"的问题,这得看你手里有多少事实供自己挑选,还得看你是不是能够选出最能说明问题的事实。"摆"多少事实?这是"量"的问题,当然并不是越多越好,但也不是越少越好。最恰当的"量"是要能"覆盖"住自己论题所涉及的范围。还有,事实怎么摆?这是"法"的问题,这里主要是要能使事实和自己的观点相吻合。同样一个事实,说什么,说的次序是什么,都要看观点的需要。否则,即使事实是真实的,也不会有说服力。

"讲道理",是许多考生最薄弱的环节。所谓"讲道理",说到底就是分析事物之间(或一个事物内部各因素之间)的关系,诸如"物质和精神""现象和本质""局部和整体""偶然和必然""原因(条件)和结果"等。要从文章的需要出发,该分析哪一种关系就分析哪一种关系,只要这种分析是科学的,就会被多数人所接受。

第 2 节　论说文大纲解析

> **论说文大纲**
>
> 论说文的考试形式有两种：命题作文和基于文字材料的自由命题作文。每次考试为其中一种形式。要求考生在准确、全面地理解题意的基础上，对命题或材料所给观点进行分析，表明自己的观点并加以论证。文章要求思想健康、观点明确、论据充足、论证严密、结构合理、语言流畅。

【提示】管理类联考 199 科目与经济类联考 396 科目论说文大纲要求基本一致。

1. 审题准确

考试最基本的要求就是"准确理解题意"。"准确理解题意"就是准确理解题目的"规定性"。所谓"规定性"，无非就是要求你必须写什么，必须怎么写，这会涉及文章的体式、主旨、材料，以至标题、字数等。

1）命题作文审题指要。命题作文相对材料作文而言，题面的要求说得比较明白，所以审题难度有所下降。但是，如果考生审题意识淡薄，既不重视把握题目内涵，也不注意审清要求，还是会造成"一着不慎，满盘皆输"的严重后果。凡是命题者给出的材料、提示语、要求或注意事项，都要一一看明白，不能遗漏。

与材料相比，命题人给出的提示语更应认真阅读。要围绕话题选材。根据话题范围确立主题后，还要精选材料，充分表现主题，这样才算真正符合题意。有些考生没有注意这一点，作文开头能抓住话题，但主体部分却不能围绕中心行文，这也是不符合题意的表现。

2）基于文字材料的自由命题作文审题指要。考生要努力抓住"关键词"。材料作文一般有多项"指令"，这些"指令"往往以"关键词"的面目出现，考生应当努力抓住这些"关键词"，尽可能多地找出材料的含义，准确确定论点。

近年来，管理类联考及经济类联考都以基于文字材料的自由命题作文为主，其难点在于审题立意，经常有考生审错题，造成偏题、跑题等后果，审题训练是应试的重中之重，本书后续有专门章节对其讲解。

1. 阅读下面的材料，自拟题目，写一篇700字左右的论说文。

> 古时候，有一位伟大的品酒师。一天，一个朋友邀请品酒师去家里，因为他有一些好酒，想让品酒师看看他的收藏。为了得到品酒师的赞赏，他首先拿出一种最名贵的酒。品酒师品尝了一下，结果却没有发表任何赞誉之词。
>
> 主人又拿出了一种非常普通的酒。品酒师品尝了一下，说："好酒！好酒！"
>
> 主人这下子糊涂了，他说："我真不知道，为什么你对真正的好酒保持沉默，但对这种普通的酒却大加赞扬呢？"
>
> 品酒师思索了一会儿，然后说："我之所以不赞扬真正的好酒，而要赞扬普通的酒，是因为……"

解析

考生注意："为了得到品酒师的赞赏"，这是一个核心句。主人的目的是希望获得"赞赏"，材料的审题和立意都与此有关。主人疑惑的是"为什么你对真正的好酒保持沉默，但对这种普通的酒却大加赞扬呢？"该给的"赞赏"没给，不该给的给了，为什么？

品酒师思索了一会儿，然后说："……"，"……"里的话就是材料的提示语，但现在没有任何信息。这时需要我们进行逻辑推理。品酒师的答一定对应主人的问，所以品酒师的回答一定是：我对普通的酒大加赞扬的原因是……（注意：主人的提问中的"但"，显然强调的是后者，希望品酒师回答的也是后者。"但"前后内容对调，审题立意不同，考生可以认真思考一下。）在这里，"普通的酒"是比喻义，可以引申为普通的人或事，普通＝平凡，赞扬没有更多的引申义。连接这些信息，我们可立意为：赞美平凡，给平凡的人更多的掌声。

【学习提示】 在这里要注意一些错误的审题。材料中"他首先拿出一种最名贵的酒。品酒师品尝了一下，结果却没有发表任何赞誉之词。主人又拿出了一种非常普通的酒。品酒师品尝了一下，说：'好酒！好酒！'"，有的考生看到"名贵""没有赞赏"，"普通的酒""好酒！"，便马上认为名贵的酒有问题，从而得出"名不副实"之类的立意，更有对品酒师本人质疑，诸如"不要迷信权威"等，这些显然都跑题了。"没有发表任何赞誉之词"就说明该酒不好？那是考生自己的想象，显然是推之过甚。

考生注意：除非材料有明确表示，一般不随意增减信息。请认真思考！

2. 阅读下面的材料，自拟题目，写一篇700字左右的论说文。

> 一位阿拉伯王子出门去寻宝，临行前许多人送了贵重的东西，而一位长老却送了一柄小木勺，他很不以为然。沙漠的路途十分辛苦，他就扔掉了随身携带的那柄木勺。经过两年的长途跋涉，王子找到了埋着宝藏的山谷，可他用了三年的时间都没有打开藏宝的山门。一天夜里，真主显灵，告诉他打开山门的钥匙就是那柄不起眼的小木勺。

解析

这是一则寓言，要求找出所要表达的道理（即论点）。首先要概括事件，并从中筛选出重要信息：王子扔掉了他不以为然的小木勺，找到有宝藏的山谷后三年未打开大门，原来不起眼的小木勺正是打开大门的钥匙。然后，联系生活中与其类似的现象进行联想和推理："小木勺"与生活中一些"不起眼的东西""细小的事情"类似，有时这些东西或事情往往在关键时刻起重要作用。然后归纳答案：有时不起眼的东西往往是解决问题的关键（或者：要珍惜身边细小的事情）。

【学习提示】考生在审题时要集中精力抓住"关键词"。有些考生只抓住"小木勺"，但是没有明确材料中对于小木勺的阐释，将"不起眼的小木勺"与"许多人送了贵重的东西"对比，认为"不起眼"等价于"不重要"。由此审题为"对所有的事物都要一视同仁"，显然跑题。

考生注意：在词项替换时务必要准确等价替换，请认真思考！

2. 观点明确

"观点明确"是指文章的主旨鲜明而准确。"观点"的表现形式可以是明示的，也可以是含蓄的；可以是理性的概括，也可以具有浓厚的感情色彩，但它必须是鲜明的。"明确"始发于作文题目，只有先明确题目所蕴含的"中心"，然后在此基础上为所写文章立意，才能做到"观点明确"；"明确"实施于写作过程，只有紧扣"中心"，选择材料，组织材料，谋篇行文，才能真正实现"观点明确"。紧扣命题，观点明确，这是考场作文保证公平性的重要手段，否则，联考将无法有效地控制作文的抄袭、套作。

观点是文章的灵魂，是文章的纲，它是一根红线，贯穿全篇。文章的选材、结构、语言等等，都要以观点为依据。那么，考生怎样做到"观点明确"呢？

1）主题要集中。文章一旦落实到某个具体的题目上，就必须形成自己的写作中心。在一篇700字的文章中，如果东拉西扯、东一榔头西一棒子，就会使人不得要领，不知所云。一篇文章，内容应该丰富，但观点必须明确。文中的每一个段落，每一句话，都必须受中心的管束和统率，都必须为表现和深化中心服务。

2）要善于点明中心。在考场作文中，这一点非常重要。就点题的位置而言，又可分为标题点题、开头点题、结尾点题、段中点题。点题的方法多种多样，点题的位置自由灵活。

2012年管理类联考199科目论说文真题

根据下述材料，写一篇700字左右的论说文，题目自拟。

中国现代著名哲学家熊十力先生在《十力语要》（卷一）中说："吾国学人，总好追逐风气，一时之所尚，则群起而趋其途，如海上逐臭之夫，莫名所以。曾无一刹那，风气或变，而逐臭者复如故，此等逐臭之习，有两大病。一、个人无牢固与永久不改职业，遇事无从深入，徒养成浮动性。二、大家共趋于世所矜尚之一途，到其余千途万途，一切废弃，无人过问。此二大病，都是中国学人死症。"

学员习作

淡泊名利，追求真理

人生有很多选择，有人选择追名逐利，功利化心理很严重；有人淡泊名利，一生追求探索真理。对于一个有正确人生价值观的人来说，应当淡泊名利，追求真理。

追求真理的真谛就是全身心地倾注于事业中，不被外界名利所诱惑，心无旁骛地追求真理。钱钟书先生就很好地做到了这一点。在他成名之后，《东方之子》栏目记者多次要上门拜访他，他都婉言拒绝了，一心研究文学作品，成为文坛上一颗璀璨耀眼的明珠。

为什么如此强调淡泊名利呢？只有淡泊名利，追求真理的学者才能更好地为他人服务，为社会创造更大的财富。艺术巨匠吴冠中毫无保留地将自己的作品捐献给国家博物馆，并没有贪图物质享受，一味地以自己的作品来获利。正是由于他以一颗赤子之心看待艺术，以淡泊名利的心境对待一切，才使得他说出这样的一句话："我的艺术属于人民，我要让更多的人看到我的创作。"只有淡泊名利才能博览群书，以平淡的心境专心研究学问。

然而，社会上总有一些人浮躁不堪，沉迷于追名逐利，根本无心研究学问。抄袭剽窃，学术造假，自我炒作，沽名钓誉……这些现象时有所闻，追根掘底，还是因为他们不能摆正自己的心态，不能放正自己的位置，一味地追求名利，反而蒙蔽了自己的双眼，更别说探寻真理了。

对于我们而言，应该学习大学者们献身真理的高贵品质，将个人的名利和生命置之度外，潜心提高自身能力，树立高尚的人生价值观，脚踏实地地学习，做事自然会受到别人的尊重。

非淡泊无以明志，非宁静无以致远，摒弃浮华与名利，踏实地追求真理。

【失误与反思】

本文主题是："淡泊名利，追求真理"（注：二者是双主题，并列关系）。其论证思路应该是：1.什么是淡泊名利？什么是追求真理？2.为什么要淡泊名利？为什么要追求真理？3."淡泊名利"与"追求真理"二者有什么关系？4.怎样淡泊名利？怎样追求真理？

论证过程无论如何都要将"淡泊名利"和"追求真理"二者有所涉及。本文的立论缺陷恰恰在此。第2段，解释什么是追求真理；第3段，分析为什么要淡泊名利；第4段，反面论证，加强分析为什么要淡泊名利；第5段，联系现实，提出追求真理的方法（考生注意："将个人的名利和生命置之度外"，也属于"追求真理"的措施）。通过分析，不难发现，考生进退失守，论题混乱，中心不明。

【学习与借鉴】

1."淡泊名利"与"追求真理"二者关系较难论证。考生试想："淡泊名利"就能"追求真理"？不"淡泊名利"就不能"追求真理"？2.大家需要掌握一个原则：非必要，一般题目不涉及两个要素，或者两个主题，尽量集中于一个论题。

【总评】

本文可评为15分。（提示：本书评分均以199命题要求进行，以满分35分为基准。若以396命题要求，满分20分为基准，则大约可算为15×60%＝9分。其余文章类同。）

3. 材料充实

"材料"指写进文章里的人物、事物、资料、数据等。所谓"材料充实"，就是言之有物，持之有据，用足够的高质量的材料显示文章的主题。与"充实"对立的是假、大、空，具体表现为捏造事实，无病呻吟，夸大其词，无的放矢。考生需要注意以下几个方面：

1）广泛积累生活素材。只有尽可能多地掌握材料，下笔时才能左右逢源。深入生活，在生活中观察、积累、思索，是有话可说的关键。为此，考生平时要关注国际风云、社会生活、身边琐事，从中捕捉写作的素材。考生可以多写自己所历、所见、所闻的材料，把有意义的东西记下来，有意识地抓住大千世界与自我内心世界融会贯通的地带，发现生活的丰富内涵，感受平凡生命的价值。这些材料最具个性色彩，也最易触动情感，而且在考场使用时不易撞车。

2）在构思作文时，通过联想、想象，可以充实片断的事物，使其成为完全的整体；通过联想、想象，可以使分散的零乱的生活印象，形成有利于表现主题的典型情节和艺术形象；通过联想、想象，还可以把原本抽象的道理扩充为具体的事物，从而显示出文章的魅力。

3）变换角度看问题。在确定主旨后，要联系事物的背景和时代特点，多方面地选择观察、议论的角度，既写事物之间的联系，又写事物之间的区别；既把握事物的表象，又阐发事物的内蕴与本质。

4. 结构清晰

"结构"指文章的组织方式和内部构造，它是文章思路的外化。所谓"结构严谨"，就是要求用清晰的思路，组织安排写作的内容，主要表现为开头结尾的起合，过渡照应的转承，段落的合理划分与安排，总之要做到思想有序，布局有方，层次分明，条理清楚。轻视结构的作用，忽视结构训练，是错误的认识和做法，势必影响文章质量，影响考场作文的成绩。考生应该注意以下几个方面：

1）要着力写好开头与结尾。常见的、容易做到的开头方法有：开门见山——不做任何修饰，实话实说，直接进入正题；引用开头——或引一句名言，或引一个成语，或引一首诗，或引一则故事，但篇幅不能长，而且要很快转入正题；比喻开头——文章一开始先打一个比方，展现一个生动的形象，然后说到中心上去；设疑开头——文章一上来先提一个问题，然后用问答式提出自己的观点或看法。如果开头不理想，那就用结尾来弥补。易于操作的结尾方法有：或重申中心论点，照应开头；或引用名言警句，强化论点；或提出一个疑问，启人深思。

2）要安排好层次。一篇文章是由若干部分组成的，各个部分之间的组合关系就是层次关系。层次是否合理、清晰，直接反映着思路是否合理、清晰。考生作文层次欠合理、清晰，主要表现在两个方面：一是段落划分不合理，不是一段到底，就是分段太多，以致文脉含混；二是这个段落的内容和那个段落的内容你中有我，我中有你，纠缠不清。这都反映出作者写作前缺少整体构思，想到哪儿写到哪儿，心中没谱，自然也就模糊不清、杂乱无章了。

3）要留意过渡与照应。"过渡"，就是段与段间的衔接。如果一篇文章段与段之间的内容跳跃性较强，就需要用一两句话过渡一下，这样文思会变得顺畅，没有断裂、不衔接的缺陷。同时也要注意过渡的内容不能太多,多了反而会显得烦琐累赘。"照应",包括开头与结尾的照应,前后文内部的照应,各部分与题目之间的照应等。如果照应不周,会给阅卷者一种不完整或是偏题的感觉。写作时须注意照应,这样写出来的作文才是结构完整的。

范文赏析

自知者明

《老子》中说:"知人者智,自知者明。"

人对于客观世界的观察和认识,往往出现这样一种奇怪的现象:对自身以外的事物,你可以"明足以察秋毫之末",也可以"明见万里";然而,对于你自己本身,却可能"不识庐山真面目"。故自知者堪称明哲也。

为什么"自知"比"知人""知世"更难呢?看来不外乎三方面的原因:

一是认识论方面的原因。人对于外界事物的认识,可以通过直接的观察、调查、实验等手段获得;而对于自身的认识,须待自己的思想、言论和行为作用于外部世界以后,才有信息反馈回来,多此一道曲折,就难免"旁观者清,当事者迷"了。

二是社会方面的原因。人在一定的社会关系中生活,在社会上的地位、身份、名望各有不同,也容易对自身真实价值的认识造成偏见和错觉。《资治通鉴》载:隋炀帝杨广自负才高,曾对侍臣吹牛说:"设令朕与士大夫高选,亦当为天子矣。"其妄自尊大是不待言的。还有一种是真有才学的人,一旦有所成就,成为社会名人,就有人捧场而忘乎所以。鲁迅先生曾经指出:"往往社会上崇敬名人,也就常有名人被崇敬所诱惑。如果自己不保持警惕,是会捧晕的。"

三是感情方面的原因。对于自己,对于自己的劳动成果,无论物质产品还是精神产品,有点"孤芳自赏",大概也是人之常情。

有此三端,便可知自知之不易。然人不能自知,其害大矣。《吕氏春秋·自知》中有一段写道:"存亡安危,勿求于外,务在自知……荆成、齐庄不自知而杀,吴王、智伯不自知而亡,宋、中山不自知而灭,晋惠公、赵括不自知而虏,钻荼、庞涓、太子申不自知而死,败莫大于不自知。"自知与否,简直关系到邦国存亡,身家安危,岂能不察!

人若自知,则需"常思己过"并"闻过则喜"。唐太宗"三镜自照"的美谈和虚心纳谏的精神,应该对我们有所启发。

愿人人都有自知之明。

【论点与结构】

段　落	目　的	分析思路
2	立	自知者"难",故自知者明。
4	难:承接"立",分析为何自知者难。	认识论原因。
5		社会原因。
6		感情原因。
7	反	反证自知者明的原因。
8	怎么办	如何做到自知者明。

5» 语言规范

在写作中,语言规范主要包括三方面内容:一是用词要体会词义的轻重、适用范围和词语的感情色彩,不能随意生造词语;二是造句不能有成分残缺、搭配不当和误用关联词语等毛病;三是一般不用方言、俚语。

有些看法,要表达得十分准确才行。像"我认为""大家都这样看""从全局看是好的""这只是一个人或少部分人的看法""不是有不少人这样去干吗"等表达,是全称还是特称,一定要搞清楚,千万不能以偏概全,把个别人的不良行为强加到全体人员身上。

有些说法还应婉转。比如下面一段文字:"发牢骚,是人们将内心积压的意见、见解、看法说出来,虽然有时态度或形式有些不太合适,但终究是些真实的意见——当然里面不免有些偏激的成分,我们一定要认真对待啊!"这段文字中,考生把握分寸就比较好,"有些不太合适""里面不免有些偏激的成分",两个"有些"准确地界定了"牢骚"的特点,使人们更清楚地认识到"牢骚"的弊端。这就是语言准确的体现。

语言要连贯。应注意以下四点:一是文章中的每段文字,都要统一于一个主题,围绕着一个中心;二是一段话要按照各句与中心的关系以及各句之间的关系合理地组织起来,可以根据人们认识事物的客观规律,根据句子的意思和思路的展开依次排列;三是句子之间要有语言和语气上的联系,如用主语承前省略、代词呼应、选用关联词语、适当重复上下文的内容等方法,确保语言呼应;四是增添必要的过渡性语句,避免由于思维速度快于表达速度而带来的中间环节被省略的"跳跃"现象。

考生在考场上应该多写短句。考生由于表达能力有限，用长句一般不容易表达清楚，而短句把握起来则容易得多。考生写完后要多读几遍。许多考生对语言的理性分析能力有限，但语感相对好一点，事实上，只有自己读来朗朗上口，语言才可能是通顺明白的。

6. 卷面整洁

卷面不整洁，虽然不曾明确规定如何扣分，但是肯定会导致隐性失分（因给评卷老师留下不好的印象而被降低等次）。卷面整洁属于文面问题，是文章内容的视觉化。在考场作文中，文面的好坏会给阅卷教师留下非常重要的第一印象，考生对此一定要充分重视。

（1）达到基本的书写要求。有些考生认为反正自己的字不美，因而放弃了书写要求。其实只要稍加注意，就能使文面提高一个档次。不求书法之美，但求字字端正；不求遒劲有力，只求笔笔清楚。忌写连笔字，忌写细长不稳定的字，忌忽大忽小，忌挤扭成团。字形大致统一，笔画少的字也不要挤在一起。

（2）不用修正液。使用修正液，虽然改掉了一个字，却在文面上留下了污迹，再补上的字往往字道加粗，字迹不清，弄得脏兮兮的一片，影响文面整洁。

【提示】通常考试中禁止使用修正液。

（3）不用浅色笔书写。纸白色浅，对比度不强，即使是好字，也显不出良好的文面效果。特别是浅圆珠笔写出来的字，细软无力，难以辨认。

（4）正确使用修改符号。文章尽量少修改，非改不可，要使用规范的修改符号，并讲究修改的位置。即使是加在上下左右边框处的修改文字，也应整整齐齐，给人眉目清楚之感。修改时画出的线条能直勿斜，能少勿多，切忌横竖交叉呈蛛网状，更忌随意涂画。

常用的修改符号与使用方法

序号	名称	示例	用法
1	删除号		前两个用于删去数字、词或标点符号，第三个用于删去句、段

（续）

序号	名称	示例	用法
2	恢复号		表示恢复已删文字的符号。前两个符号标在需要复原的文字下方；第三个符号用于复原大段文字，标在已删部位的四角
3	对调号		用于相邻的字、词或短句调换位置
4	改正号		把错误的文字或符号更正为正确的
5	增添号		在文字或句、段间增添新的文字或符号
6	调遣号		用于远距离调移字、标点符号、词、句、段
7	起段号		把一段文字分成两段，表示另起一段
8	缩位号		把一行的顶格文字缩两格，表示另起段，文字顺延后移
9	并段号		把下段文字接在上文后，表示不应该分段
10	前移号		文字前移或顶格

（5）熟练使用标点符号。具体应注意：

第一，通常标点要单独占格，冒号前引号可占一格，后引号句号可占一格。

第二，熟悉各种标点的用法，注意标点的位置，比如不在一行之首出现句号、逗号、问号、顿号、分号，可以将这些标点放在上一行的末尾。

第三，省略号、破折号占两格，不要简化占一格，也不能断开。

第四，不能随意加标点，比如一个逗号到底，或者句号只是一个黑点。

第五，注意停顿的层级，比如由短到长的停顿，依次用顿号、逗号、分号和句号。

常用标点符号用法简表

名　称	符　号	用法说明
句号	。	1. 用于陈述句的末尾
		2. 用于语气舒缓的祈使句末尾
问号	？	1. 用于疑问句的末尾
		2. 用于反问句的末尾
叹号	！	1. 用于感叹句的末尾
		2. 用于语气强烈的祈使句末尾
		3. 用于语气强烈的反问句末尾
逗号	，	1. 句子内部主语与谓语之间如需停顿，用逗号
		2. 句子内部动词与宾语之间如需停顿，用逗号
		3. 句子内部状语后边如需停顿，用逗号
		4. 复句内各分句之间的停顿，除了有时要用分号外，都要用逗号
分号	；	1. 用于复句内部并列分句之间的停顿
		2. 用于分行列举的各项之间
冒号	：	1. 用于称呼语后边，表示提起下文
		2. 用于"说、想、是、证明、宣布、指出、透露、例如、如下"等词语后边，提起下文
		3. 用于总说性话语的后边，表示引起下文的分说
		4. 用于需要解释的词语后边，表示引出解释或说明
		5. 用于总括性话语的前边，以总结上文
引号	" "　' '	1. 用于行文中直接引用的部分
		2. 用于需要着重论述的对象
		3. 用于具有特殊含义的词语
		4. 引号里面还要用引号时，外面一层用双引号，里面一层用单引号
顿号	、	用于句子内部并列词语之间的停顿
括号	（　）	用于行文中注释的部分。注释句子中某些词语的，括注紧贴在被注释词语之后；注释整个句子的，括注放在句末标点之后
破折号	——	1. 用于行文中解释说明的部分 2. 用于话题突然转变 3. 用于声音延长的拟声词后面 4. 用于事项列举分承的各项之前
省略号	……	1. 用于引文的省略
		2. 用于列举的省略
		3. 用于话语中间，表示说明断断续续

(续)

名　称	符　号	用法说明
连接号	—	1. 两个相关的名词构造成一个意义单位，中间用连接号
		2. 相关的时间、地点或数目之间，用连接号，表示起止
		3. 相关的字母、阿拉伯数字等之间，用连接号，表示产品型号
		4. 几个相关的项目表示递进式发展，中间用连接号
间隔号	·	1. 用于外国人和某些少数民族人名内各部分的分界
		2. 用于书名与篇（章、卷）名之间的分隔
书名号	《》 <>	用于书名、篇名、报纸名、刊物名等

（6）准确控制字数。评卷中，阅卷者经常见到两种情况：一是字数不够 700 字，文章往往会被认为内容单薄，分数很难上档次。二是字数太多，洋洋洒洒千字以上，给人以臃肿的感觉，对此阅卷者也会反感，建议考生控制在 760 字左右。

阅卷组论说文的评分标准

（1）按照内容、结构、语言三项综合评分

　　一类卷（30~35 分）：立意深刻，中心突出，结构完整，行文流畅。

　　二类卷（24~29 分）：中心明确，结构较完整，层次较清楚，语句通顺。

　　三类卷（18~23 分）：中心基本明确，结构尚完整，语句较通顺，有少量语病。

　　四类卷（11~17 分）：中心不太明确，结构不够完整，语句不通顺，语病较多。

　　五类卷（10 分以下）：偏离题意，结构残缺，层次混乱，语句不通。

（2）漏拟题目扣 2 分

（3）每 3 个错别字扣 1 分，重复的不计，至多扣 2 分

（4）卷面不整洁、标点不正确的酌情扣 1~2 分

第二章
论说文写作高分速成

第 1 节　论说文写作八大步骤

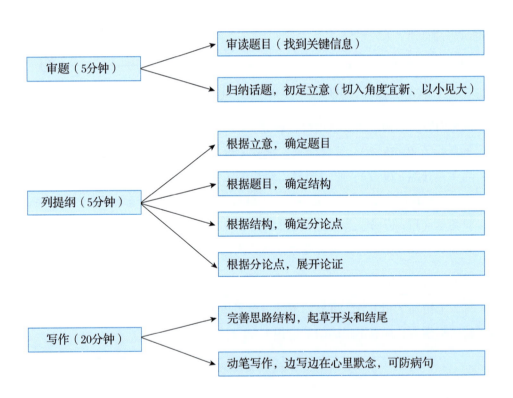

【示例】根据以下材料，写一篇 700 字左右的论说文，题目自拟。

枭逢鸠，鸠曰："子将安之？"枭曰："我将东徙。"鸠曰："何故？"枭曰："乡人皆恶我鸣，以故东徙。"鸠曰："子能更鸣，可矣；不能更鸣，东徙，犹恶子之声。"

一、审题立意

本材料可立意如下：与其改变环境，不如改变自己；治标不如治本；认识到自己的不足，还要找到完善自我的恰当的方法；赢得社会认同，在于完善自己……

若从"治标"与"治本"的问题出发，分析时，既可以顺向思考，指出"治标不如治本"；也可以逆向思考，指出"治标未必不如治本"。当然，也可把二者结合起来思考，指出要"标本兼治"。通过这样的分析，对这则素材的把握就比较全面了。

二、列提纲

本题若立意为"治标不如治本"，则可选用"双要素结构"（相关内容见论说文结构部分）。根据"双要素"结构特点，我们针对"标"和"本"的关系展开论证。

逻辑思路如下：1. 例证何为"治标不治本"；→2. 要素 A 分析：只治标的弊；→3. 要素 B 分析：治本的利；→4. 难：治标不治本的缘由；→5. 怎么办：如何治本？

段落	论证目的	分析思路
1	破	根据材料构建论证关系。
2	立-例证	"治标不治本"的表现。
3	要素 A：只治标的弊	只治标，同于扬汤止沸。
4	要素 B：治本的利	治本，才能使问题迎刃而解。
5	难：治标不治本的缘由	社会的浮躁。
6	怎么办	治本的具体措施。
7	结	概括与总结总论点。

三、写作

治标不如治本

枭因"乡人皆恶我鸣"而东徙，却被鸠一语道破：不改变自己的鸣叫声，即使东迁也会遭人讨厌。可见，治标不如治本，解决问题要从根本出发。

也有这样一则故事：动物园管理员为防止袋鼠一而再、再而三地跑出笼子，屡次加高笼子的高度，直至 100 米，殊不知袋鼠能跑出笼子根本上是因为门没关。我们不能盲目地应对问题，而要究其根本。"根本"是问题发生的本质原因，是关键的一环。解决问题，须得从这一环上下手，否则"笼子"再高，"门"没关好的话，"袋鼠"照样会跑出来。

治标，如同"扬汤止沸"。要让水停止沸腾，与其把开水从锅里舀出来再倒回去，不如彻底抽走锅底下燃烧的柴火。也就是说，很多治标不治本的办法其实只能暂时缓解危急的困境，要想真正解决问题就要从最根本的地方下手。

治本，能够把握问题的主要矛盾，便于从根本解决问题。在复杂事物的发展过程中，内部矛盾处于支配地位，对事物发展起决定作用，是亟待解决的主要矛盾。其他矛盾处于从属地位，对事物发展不起决定作用，是次要矛盾。解决问题要从主要矛盾入手，万不可本末倒置。

治标而不治本，源自社会的浮躁。地方政府只追求经济指标，而忽略基本民生；企业只追求投资和上市，忽略长久发展；学术界只追求科研数量，忽略理性与思考。一时之间，社会浮躁作为一种急功近利、好大喜功的病态心理，对人们的经济生产与社会生活产生着广泛的影响。

想要"治本"并非说说而已。要想"治本"，首先要有足够的智慧，要能够抽丝剥茧，找到问题的根源；要着重把握主要矛盾，抓重点、抓中心、抓关键，同时又不忽视次要矛盾的解决，统筹兼顾。此外，除了智慧，还要有决心和勇气。比起治标，治本总是艰难的，更需要我们有不怕麻烦、肯吃苦、去浮躁的精神。

治标不治本，后患无穷。唯有从根源出发，方可消除隐患，长治久安。

第2节　论说文审题立意的技巧

所谓审题：就是深入思考和反复推敲作文题目（包括材料），以求理解其含义，弄清写作的具体要求，确立写作中心，确定写作范围和重点，确定下笔的角度及感情抒发的基调，明确写作方式的过程。

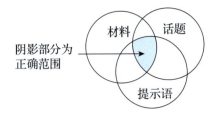

提示：

◇ 看到作文材料后，立即涌上来的构思往往似是而非，需经过严格修整。

◇ 三者中，以"话题"为主体，"材料"和"提示语"为修饰限定成分。
◇ 构思一般宜"以小见大"。
◇ 要从全局和整体着眼，切忌断章取义，可用分析因果的方式找到材料的主旨。
◇ "提示语"中的核心词有时说出了文章的最佳立意，不妨照用。
◇ 作文立意宜求稳，不宜冒险求新。

一、审题立意的基本技巧

技巧一：辨是非，明角度

"辨是非"就是找到材料的态度，一般情况下，我们的态度和材料的态度应该一致。不顾材料中的倾向性而提炼出的观点通常都会有很大风险。

审题练习 2004年管理类联考（MBA）论说文真题

根据下述材料，写一篇700字左右的论说文，题目自拟。

一位旅行者在途中看到一群人在干活，他问其中一位在做什么，这个人不高兴地回答："你没有看到我在敲打石头吗？若不是为了养家糊口，我才不会在这里做这些无聊的事。"旅行者又问另外一位，他严肃地回答："我正在做工头分配给我的工作，在今天收工前我可以砌完这面墙。"旅行者问第三位，他喜悦地回答："我正在盖一座大厦。"他为旅行者描绘大厦的形状、位置和结构，最后说："再过不久，这里就会出现一座宏伟的大厦，我们这个城市的居民就可以在这里聚会、购物和娱乐了。"

【审题立意解析】

材料提取信息				立 意
角度（对象）	原因	材料态度	态度标志词	正向
对象1：第一位工人	为了养家糊口	不支持	不高兴地回答；无聊的事	由材料的倾向，选择支持第三个工人。"喜悦"＝积极的心态；"宏伟的大厦"＝高远的志向。故可立意为："立志当高远"或"积极心态，快乐人生"
对象2：第二位工人	完成工作	不支持	严肃地回答；分配的工作	
对象3：第三位工人	我正在盖一座大厦	支持	喜悦地回答；宏伟的大厦	

技巧二：抓"题眼"，盯关键

"题眼"，是指命题材料中揭示意义、体现中心、点明重点的关键词或关键句。只有抓住了题眼，才能抓住写作重点，正确地审题立意。

◯━ 审题练习　2013 年经济类联考 396 科目论说文真题

根据下述材料，写一篇 600 字左右的论说文，题目自拟。

被誉为清代"中兴名臣"的曾国藩，其人生哲学很独特，就是"尚拙"。他曾说"天下之至拙，能胜任天下之至巧，拙者自知不如他人，自便会更虚心。"

【审题立意解析】

角度（对象）	材料提取信息		立　意
	总结句	关键词	正向
曾国藩	"天下之至拙，能胜任天下之至巧，拙者自知不如他人，自便会更虚心。"	"拙""虚心"	虚心以尚拙，尚拙以胜巧

技巧三：抓本义，深挖引申、比喻义

汉语中有不少词有多层含义，有本意、引申义和比喻义之分，而引申义又有几个层次。好的作文题其关键词是有丰富内涵的，那我们在审题时，就必须抓住这些有丰富内涵的词语展开，分析他们的不同含义，然后择其一点深挖。

◯━ 审题练习

根据下述材料，写一篇 700 字左右的论说文，题目自拟。

法国 19 世纪浪漫派抒情诗人阿尔封斯·德·拉马丁说过，生命之书至高无上，不能随意翻阅，也不能合上。精彩的段落只能读一次，患难之页自动翻过。当你想重温过去的绵绵情肠，读到的却是生命临终那一章。

【审题立意解析】

材料提取信息				立 意
角度（对象）	总结句	关键词（喻义）	引申义	正向
角度1：生命之书不能随意翻阅	当你想重温过去的绵绵情肠，读到的却是生命临终那一章	"翻阅"意味着由此时走向下一刻	我们不能随意走向未来	把握当下
角度2：天才的作品不能合上		"合上"意味着终止过去	我们不能随意终止过去	

技巧四：转折词与限定词的角色扮演

抓住了关键词，就基本能抓住命题材料的核心，但是重要的限定词和转折词绝不能忽略。

▶ 审题练习　1998年管理类联考（MBA）论说文真题

"投下一着好棋，有时可以取得全盘主动。但是，光凭一着好棋，并不能说有把握最后胜利，还必须看以后的每着棋下得好不好。"

【审题立意解析】

材料提取信息				立 意
角度（对象）	结果	转折词	关键词（喻义）	正向
角度1：投下一着好棋	角度1：全盘主动	"但是"说明重点是角度2	"每着棋"=细节/步骤	把握细节，步步为营
角度2：每着棋	角度2：最后胜利			

技巧五：关注总结性、感情倾向性以及提示性句子

▶ 审题练习

阅读下面的文字，写一篇700字左右的论说文。

有盲子道涸溪，桥上失坠，两手攀楯，兢兢握固，自分失手，必坠深渊。过者告曰："毋怖，第放下即实地也。"盲子不信，握楯长号。久之，力愈，失手坠地。乃自哂曰："嘻，蚤知即实地，何久自苦耶。"

139

【审题立意解析】

材料提取信息				立意
角度（对象）	总结句	提示词	关键词（喻义）	正向
对象1：盲子	盲子不信，握楯长号。久之，力惫，失手坠地	"自苦"说明主因素在于自己的内心	"不信"别人的劝告	兼听则明
对象2：过者	毋怖，第放下即实地也		放下	学会放下

技巧六："追问法"

材料作文提炼观点时有一个比较简单的方法是：以果溯因，追问问题。即从原因切入立意，遇见问题多追问几个问题：是什么？为什么？好不好？怎么办？然后对这些问题进行整合，提炼观点。

审题练习　2009年管理类联考（MBA在职）论说文真题

根据下述材料，写一篇700字左右的论说文，题目自拟。

《动物世界》里的镜头：一群体型庞大的牦牛正在草原上吃草。突然，不远处来了几只觅食的狼。牦牛群奔跑起来，狼群急追……终于，有一头体弱的牦牛掉队，寡不敌众，被狼分食了。

《动物趣闻》里的镜头：一群牦牛正在草原上吃草。突然，来了几只觅食的狼。一头牦牛发现了狼，它的叫声提醒了同伴。领头的牦牛站定与狼对视，其余的牦牛也围在一起，站立原地。狼在不远处虎视眈眈地转悠了好一阵，见没有进攻的机会，就没趣地走开了。

【审题立意解析】

材料提取信息			立意
现象	原因		怎么办
现象1：牦牛四散奔逃，群体中弱的牦牛掉队，被狼分食	"寡不敌众"。"寡"字亮出了关键信息		合作——生存的艺术
现象2：领头的牦牛站定与狼对视，其余的牦牛也围在一起，狼走开了	"领头"起到了重要的作用，"其余围在一起"更是胜利的根本		领导者的核心力量

140

二、真题演练

2018年管理类联考论说文真题

根据下述材料，写一篇700字左右的论说文，题目自拟。

有人说，机器人应该帮助人类完成一些烦琐的工作，而不是取代人类。技术的发展会夺取一些人低端的工作岗位，同时也会创造出更高端更舒适的工作岗位，例如历史上铁路的出现让挑夫消失，但同时创造了千百万铁路工人的岗位。人工智能技术的变革，同样会推动人类社会的发展与进步。有人却不以为然。

【审题立意解析】

1. 关注总结及提示性句子

本题总结性句子为："人工智能技术的变革，同样会推动人类社会的发展与进步。"就此我们可将立论聚焦于"人工智能技术的变革"与"人类社会的发展与进步"的关系。

2. 辨是非，明角度

本题在总结处还有一句提示性语句："有人却不以为然。"与2006年管理类联考论说文真题"东山与西山的和尚"中的提示性语句完全相同。如若考生立意反驳"人工智能技术的变革"促进"人类社会的发展与进步"，言之有理，立论有据亦可。但不建议考生采取"骑墙头"写法（即：支持与反对同时进行。原因在于：①两边同时进行，观点很难明确；②700字有限，同时展开论证，很难深入）。材料本身对于技术变革的态度是支持的："技术变革的发展虽然会夺取一些人低端的工作岗位，同时也会创造出更高端更舒适的工作岗位，例如历史上铁路的出现让挑夫消失，但同时创造了千百万铁路工人的岗位。人工智能技术的变革，同样会推动人类社会的发展与进步。"因此本材料从正面立论较好。

3. 抓题眼，盯关键

本题的关键词①是"人工智能技术的变革"。若立论为"技术变革"，有扩大论证之嫌；若立论为"变革"则是跑题。关键词②是"人类社会的发展与进步"。如果将论证的主体变为"企业"或"个人"，如"人工智能技术的变革对企业的影响"，显然不符合命题要求。

4. 结合材料不跑偏

有同学一看到"有人说""有人却不以为然"，便立意"要正确认识事物的两面性"，把人工智能抛到了脑后。也有同学认识到了人工智能是一种趋势，但受当前人工智能相关观点的争论，却从要居安思危入手，开始宽泛地去谈居安思危和将眼光放长远。这些都脱离了本次考试材料及命题人意图。

5. 注意结合热点

考试的材料非常贴近当前热点。从日常生活中智能手机的更新换代，到各大知名互联网企业对于人工智能的投入，都能看出人工智能技术的火热及其对人们生活的改变。尤其在世界互联网大会上，马云等商界大佬对于人工智能的发言跟材料的内容基本一致。在此提醒广大考生，备考期间不能两耳不闻窗外事，学习间隙要关注一下新闻热点，开拓自己的认知以及思维。

6. 结合材料信息，现作以下示例，考生注意认真体会

立论	①"人工智能技术"的必然性：人类社会发展的必然趋势。→②"人工智能"对人类社会的正面影响：赋予人类社会拥有向各个方向变革发展的能力。→③反对者对于人工智能的担忧：导致很多人失业。可结合材料"铁路工人"打消这种顾虑，并提出建议。→④"人工智能技术"良性发展的建议。
人工智能技术变革之我见	

7. 紧扣材料

最佳的审题立意应当紧扣材料，并以材料提供的信息作为发散思维、论证拓展的依据。如上将材料中的核心要素（技术变革及具体的事例，人工智能……）合理嵌入文章，考生可以借鉴。

2017年管理类联考论说文真题

根据下述材料，写一篇700字左右的论说文，题目自拟。

一家企业遇到了这样一个问题：究竟是把有限的资金用于扩大生产呢，还是用于研发新产品？有人主张投资扩大生产，因为根据市场调查，原产品还可以畅销三到五年，由此可以获得可靠而丰厚的利润。有人主张投资研发新产品，因为这样做虽然有很大的风险，但风险背后可能有数倍于甚至数十倍于前者的利润。

【审题立意解析】

1. 关注总结及提示性句子

"究竟是把有限的资金用于扩大生产还是研发新产品？"对该问题的回答便是审题立意的关键。就材料而言，没有明显倾向性，故立论"扩大生产"还是"研发新产

品"皆可。如若企业自身具有一定的竞争优势，外部又有一定的市场机会，"扩大生产"是较好的选择，就短期而言，"机不可失，失不再来"。但长期而言，"研发新产品"则是企业的战略选择。立论于哪一方，关键在于言之有理。

2. 抓题眼，盯关键

本材料的关键词有：①"扩大生产"；②"研发新产品"；③"一家企业"。有考生将"研发新产品"替换为"创新"，大多省份阅卷时视之偏题，因为"研发新产品"与"创新"二者内涵与外延明显不同。对于"一家企业"，考生不要任意扩大立论分析的主体。当年有考生以"创新"为主题，立论拓展到"创新对个人的意义，对社会、国家的意义"，较少论及"企业"，明显不符材料要求。

3. 结合材料信息，现作以下示例，考生注意认真体会

立论	
研发新产品，企业目光当长远	①分析为什么放弃"扩大生产"。从材料中"畅销三到五年"入手，可结合"产品生命周期理论"，说明放弃理由→②分析为什么选择"研发新产品"。可以从对企业的重要性，如：核心竞争力、竞争优势等角度来论证→③递进分析：为什么有的企业不选择"研发新产品"，紧扣材料，从"风险"入手，分析"风险"来源→④针对"风险来源"提出应对策略，亦即提升企业"研发新产品"的途径。

至此，整个论证完成，将材料中的核心要素（扩大生产、畅销三五年、研发新产品、风险……）合理嵌入文章，考生可以借鉴。

2016年管理类联考论说文真题

根据下述材料，写一篇700字左右的论说文，题目自拟。

亚里士多德说："城邦的本质在于多样性，而不在于一致性。……无论是家庭还是城邦，它们的内部都有着一定的一致性。不然的话，它们是不可能组建起来的。但这种一致性是有一定限度的。……同一种声音无法实现和谐，同一个音阶也无法组成旋律。城邦也是如此，它是一个多面体。人们只能通过教育使存在着各种差异的公民统一起来组成一个共同体。"

【审题立意解析】

1. 关注总结及提示性句子

从"城邦的本质在于多样性，而不在于一致性"可以看出，显然材料强调的是多样性，这是考生立论的重点。但是，材料并没有完全否定"一致性"，"无论是家庭还是城邦，它们的内部都有着一定的一致性。不然的话，它们是不可能组建起来的。"综

上，考生应将"多样性"和"一致性"兼论，但重点倾向于"多样性"。

2. 紧扣材料

材料最后一句话："人们只能通过教育使存在着各种差异的公民统一起来组成一个共同体。"显然，该句并非材料的核心句，所以不能作为主题去写，如有的考生立论"教育的重要性"，明显跑题。另外考生还应注意：教育更多培养的是一致性，只有教育才能把差异统一。展开论证的时候要注意材料观点。

3. 结合材料信息，现作以下示例，考生注意认真体会

立论	
求同存异，构建和谐社会	①分析要素A：多样性的重要性，是社会发展的动力→②分析要素B：一致性的重要性，是社会和谐的基础→③递进分析：一致性和多样性的关系→④提出正确处理二者关系的方法。

至此，整个论证完成，将材料中的核心要素（一致性、多样性、教育……）合理嵌入文章，考生可以借鉴。

2015年管理类联考论说文真题

根据下述材料，写一篇700字左右的论说文，题目自拟。

孟子曾引用阳虎的话："为富，不仁矣；为仁，不富矣。"（《孟子·滕文公上》）这段话表明了古人对当时社会上为富为仁现象的一种态度，以及对两者之间关系的一种思考。

【审题立意解析】

1. 关注总结及提示性句子

材料末尾提到："这段话表明了古人对当时社会上为富为仁现象的一种态度，以及对两者之间关系的一种思考。"这句话对于"富"与"仁"两者都有提及，所以立意时一定注意，不能单写一方，否则容易偏题。

2. 辨是非，明角度

材料表明的是古人对于当时社会上为富为仁现象的一种态度，以及对两者之间关系的一种思考。意图是考查考生对于这种现象或者关系（放在现代社会）的观点和态度。故考生有一定发挥空间，可论"为富者仁"，亦可论"为富者未必仁"。

3. 紧扣材料

最佳的审题立意应当紧扣材料，并以材料提供的信息作为发散思维，论证拓展的依据。

4. 结合材料信息，现作以下示例，考生注意认真体会

立论	①分析要素 A："为富"的意义，人们应合理追求财富→②分析要素 B："为仁"的意义，人离不开社会，人应奉献社会→③递进分析，"为富不仁"现象产生的原因：人性的自私，社会的浮躁→④针对原因，提出富仁兼得的措施。
富仁兼得	

第3节 拟题、开头与结尾

一、论说文拟题技巧详解

作文拟题应遵循以下三点要求：

①标题范围尽量要小。要从自己确立的角度出发，不要太大太泛；要合理出新，不要落俗套。如果标题太大，可以采用副标题的方式加以限制，这是一种补救方式，最好不要出现。

②标题不能过长，标题过长则显得松散。在遵循拟题要求的前提下，拟一个好的标题应讲究一点艺术。议论文不像记叙文那样具有浓厚的文学意趣，因而更应强调拟题的艺术。

③标题可以材料中的关键信息作为题目；也可以根据材料所蕴含的中心思想立意。下面给大家讲解一下拟题的方法：

1. 在中心词前加动词，以动宾式表达观点

《正视事物的两面性》《敢争天下先》

2. 以中心词为核心，构造主谓式表达观点

《求同存异，构建和谐社会》《竞争与合作，铸就双赢》《正确决策，企业成功的刚需》
《论辩，获得真理的内在逻辑》《信念，成功者的本质特征》

3. 直接表态法

《大数据"杀熟"，不可取》《诚信，不可丢》《团队精神，不可无》

4. 并列组合法

《规则与创新》《多样性与一致性》《为富，亦为仁》《研发与风险》
《祸福相依》

二、论说文开篇攻略

写作中有"凤头""猪肚""豹尾"之说，所谓的"凤头"，不仅是指文章的开头要美，要有文采，还指文章开头要简洁。论说文尤甚，特别是考场作文，因其阅读对象的特殊性、阅读时间的限定性等，不能无限展开，因此要中规中矩地围绕一定的中心来写作，用比较简洁的语言开篇点题。

文章的开头（第一段或第二段）就要点题，然后围绕这个主题展开论证。叶圣陶先生认为：如果所论的题目是大家周知的，开头就要把自己的主张提出来；如果所论题目在一般人意想中还不熟悉，那就先把它述说明白，然后把自己的主张提出来，使大家心悦诚服地接受。而述说的文字，必须与观点一致。

大多数考生的开篇都能与文章的中心论点契合，但还是有不少文章出现开篇文字与中心论点貌合神离，特别是在使用排比等修辞或引用名言时。面对这种情况，同学们一定要注意开篇就要紧扣文章的主旨、观点来行文，与之没有任何联系或关系不密切的文字就应大胆砍掉。

（一）论说文开头部分构成

作为初学入门的考生，想要写好论说文开头部分，首先要做到的就是能够准确地抓住材料论点，并干净利落地切入主题。下面给大家介绍一个简单的论说文的开头，由三个部分组成。

第一部分：引述命题材料（通常是必需环节）

引述材料要注意从提出论点的需要出发，抓住材料的中心，用简明的语言准确表述。

对于材料，不必过于注重其情节过程的完整性，应着眼于挖掘材料与论点相通的语意信息，以揭示材料中足以显现的论点。具体做法为不照抄材料，只重点引用立意之所需，表述语言要充满理性色彩，使说理向深层迈进。

第二部分：过渡句

过渡句就是从材料到文章立意的过渡，它的任务就是阐发题干材料与文章立意之间的关系，目的是告诉阅卷者，你的观点是从原材料自然地引发出来的。过渡句可以通过分析材料现象产生的原因、表达赞扬、惋惜等态度进行评价、联系社会和生活实际进行表述。

第三部分：破题

破题，就是明确地告诉阅卷者文章的立意。

引述材料时要尽量把立意的核心意思和关键概念预埋进来，为接下来的文章立意做引子，过渡要自然且简短明快，把预埋下的伏笔和引子进一步揭发出来，由材料的观点顺利过渡到自己的观点，达到破题的目的。

（二）论说文开篇常见结构

1. 观点型材料开篇

观点型材料，开篇在引述材料观点的基础上，用简明、准确的语言归纳出自己的立论，即文章的中心论点。

例： 据说歌唱家郭兰英曾请教李苦禅："什么字最难写？"想不到李老师回答："'一'字最难写。"为什么"一"字最难写呢？你有过这样的思考或认识吗？

请自拟话题，联系社会实际或自己，写一篇不少于700字的论说文。

【示例】"什么字最难写？""'一'字最难写。"(摘录命题材料中的观点) 面对歌唱家郭兰英的问题国画大师李苦禅毫不犹豫地答道(对材料其他部分的引用，要化成自己的话)。初听，不解其意；细想，意在言外(过渡句)。其实，世上最简单的事往往最难做到。(点题)

观点型材料，在引述材料观点的基础上，用简明、准确的语言归纳出自己的立论，即文章的中心论点。

2. 叙事型材料开篇

叙事型材料的开篇写法，通常要完成以下几部分内容：①在什么情况下+②谁+③做了什么+④有什么结果→点题。

例： 20世纪中叶，美国的波音和麦道两家公司几乎垄断了世界民用飞机的市场，欧洲的制造商深感忧虑。虽然欧洲各国之间的竞争也相当激烈，但还是采取了合作的途径，法国、德国、英国和西班牙等决定共同研制大型宽体飞机，于是"空中客车"便应运而生，面对新的市场竞争态势，波音公司和麦道公司于1997年一致决定组成新的波音公司，以此抗衡来自欧洲的挑战。

(2013年1月管理类联考论说文真题)

【示例】欧洲各国(谁)通过合作组建了"空中客车"(做了什么)，从而打破了由波音和麦道公司所垄断的世界民用飞机市场（结果）。同样面对来自欧洲的竞争（在什么情况下），波音和麦道公司（谁）组成新波音公司（结果）来抗衡。由此可见，企业唯有在竞争中合作才是企业生存之道，才能获得双赢。(点题)

3. "二选一"材料开篇

"二选一"命题材料通常提供两个不同的观点供考生选择。考生只需要把两个话题关键内容直接摘录下来，而后提出立论理由，完成"'二'是什么？为何选'一'？"的立论逻辑。

例： 一家企业遇到了这样一个问题：究竟是把有限的资金用于扩大生产呢，还是用于研发新产品？有人主张投资扩大生产，因为根据市场调查，原产品还可以畅销三到五年，由此可以获得可靠而丰厚的利润。有人主张投资研发新产品，因为这样做虽然有很大的风险，但风险背后可能有数倍于甚至数十倍于前者的利润。

(2017年1月管理类联考论说文真题)

【示例】面对企业的发展走向，有限的资金究竟是用于扩大再生产还是用于研发新产品？("二"是什么) 从企业长远发展来看，应选择研发新产品。(为什么选"一")

（三）论说文开篇练习

例1： 从前，有两个饥饿的人得到了一位长者的恩赐：一根鱼竿和一篓鲜活硕大的鱼。其中，一个人要了一篓鱼，另一个要了一根鱼竿，于是他们分道扬镳了。得到鱼的人点起篝火煮起了鱼，他狼吞虎咽，还没来得及品出鲜鱼的肉香，就连鱼带汤吃了个精光。不久，他便饿死在空空的鱼篓旁。另一个人则提着鱼竿忍饥挨饿，步步艰难地向海边走去。可当他已经看到远处那片蔚蓝色的大海时，他浑身的最后的一点力气也使完了，只能带着无尽的遗憾撒手人世。

生活中有类似故事的现象吗？请以此为话题，写一篇不少于700字的论说文。题目自拟。

【示例】两个饥饿的人，一个选择了鱼，一个选择了鱼竿；一个饱餐一顿后再无食物，一个在去往海边钓鱼的途中饥饿而死，不同的选择，相同的结果——两人一样"命归西天"。(用自己的话简短归纳，舍弃细节。考生只需要完成"谁+做了什么+有什么结果"便可。)

这个故事让人不禁扼腕叹息，怎样改变，才能有一个不那么悲惨的结局呢？如果他们结伴而行，共同吃鱼，再一起捕鱼，也许就能一起活下去。(另起一段，对材料进

行延伸，提出立意）

生活中这样的现象其实很多，你有你的特长，我有我的优点；你干这件事能力强，我做那件事本领大。而各敲各的锣，最终精力分散，一事无成。因此，我们可以毫不犹豫地说：生存需要结伴，成功更需要合作！（联系社会现象过渡，明确提出论点——成功需要合作）

总结：如果材料篇幅较长，内容较多，要用简明的语言加以概述；对于寓意含蓄的文字则应当简要阐述。然后，在引述材料的基础上，用简明、准确的语言归纳出自己的观点，即文章的中心论点。较长的材料可以用两至三段完成开头部分。

例2： 孟子曾引用阳虎的话："为富，不仁矣；为仁，不富矣"（《孟子·滕文公上》）。这段话表明了古人对当时社会上为富为仁现象的一种态度，以及对两者之间关系的一种思考。

（2015年1月管理类联考论说文真题）

【示例】古人云："为富，不仁矣；为仁，不富矣"。而当今社会，富和仁真的不可兼得吗？非也。为富未必不仁。

例3： 生物学家发现雌孔雀往往选择尾巴大而艳丽的雄孔雀作为配偶，因为雄孔雀的尾巴越艳丽表明它越有生命活力，后代的健康越能得到保证。但是这种选择也产生了问题，孔雀尾巴越艳丽越容易被天敌发现和捕获，生存反而受到威胁。

（2014年1月管理类联考论说文真题）

【示例】老子云："祸兮，福之所倚；福兮，祸之所伏。"

正如雌孔雀选择尾巴大而艳丽的雄孔雀作为配偶，可以使后代的健康得以保证，其是"福"，但是也容易被天敌发现，其是"祸"，由此可见，任何事物都是祸福相依的。

三、论说文结尾攻略

论说文的结尾部分是对全文论证的总结。在这一部分，考生要归纳出自己的基本看法，总结全文，回应开头，力求首尾照应，深化中心主旨。要像豹尾一样有平衡感，既简洁又点题，铿锵有力。

一些考生在考场上因为前面做题花太长时间，或者是作文构思时间过长，导致没有时间写完作文，就仓促地结尾。其实结尾是非常重要的，正如叶圣陶先生所说：找到适当的结尾好像行路的人遇到了一处适合的休息场所，在这里他可以安心歇脚，舒舒服服地停止他的进程。若是找不到适当的结尾而勉强作结，就像行路的人歇脚在日晒风吹的路旁，总觉得不是个妥当的地方。

结尾可以采用以下形式：

1. 呼应总论点结尾

大部分论说文都是通过总结论点来自然结束的。因而论说文的结尾，一般都会重申文章开头提出的观点。

【示例】我们都争做"拙诚"之人，以"拙诚"赢"百巧"。

这个结尾对其开篇做了回应，其开篇如下：

"宁为世人笑其拙，勿为君子病其巧。"现实生活中，一个质朴拙诚的人，因待人接物老实可靠，往往容易获取信任；经常自作聪明的人，机关算尽、处处讨巧，却令人感觉圆俗奸猾，不能不防。由此可见，"拙诚"能赢"百巧"。

2. 呼吁号召结尾

呼吁号召结尾一般是针对生活中某种突出的问题，在提出相应的对策之后，呼吁人们应该怎么做，特别适合"社会热点现象"类的命题。

【示例】总之，人们应发扬探索精神，知难而上，不保守、不停滞，勇于进取，不断获得新成果、开拓新领域，使国家日益发展，人民生活水平日益提高。

3. 反问结尾

反问往往有加强效果的作用，运用反问的方式，能强调自己的观点，引起读者的思考。

【示例】梅花开得艳丽夺目，不也是从风雪中走过的吗？

4. 名言警句式结尾

用名言警句结尾一方面能佐证你的观点，使文章更有说服力；另一方面，能让读者，特别是阅卷教师看到你的知识积淀和文学素养。

【示例】"单丝不成线，独木不成林。"现如今的社会，一个人的能力是有限的，单枪匹马不可能闯出一片天地，只有与人合作才能实现双赢。

第 4 节 论说文结构公式

论说文的结构公式就是常说的"写作模板"，考生学习下面内容，需注意：

1. 模板的目的是规范思路，它能帮我们构建结构、快速行文。
2. 模板告诉我们全文的逻辑布局是什么，每一段思维集中点在何处，分论点的展开路径是什么。
3. 分析联考命题材料，我们发现应对结构主要有：单要素结构、双要素结构、二选一结构。针对这三大结构，考生学习思路如下：根据命题材料特点选择恰当的结构 → 反复练习，熟练掌握结构 → **通过"论说文强化训练"内容学习灵活运用结构的能力**。

结构一　单要素结构

当我们审题立意为一个"单要素"并展开论证时，常常选用该结构。如：《勇于研发》《敢争天下先》。

●●●●●●　公式一　●●●●●●

第一段	第二段	第三段	第四段	第五段	第六段
破题	重要性 或必要性	必要性 或重要性	实施 难点	怎么办	结尾
	为什么			怎么办	

范例：慎

1. 论点与结构

段　落	目　的	方法与角度	分析思路
1	破题	立观点	"慎"，是人生之准则。
2	为什么	必要性	战胜自己要靠"慎"。
3		重要性	慎言以养其德，慎行以坚其志。
4		实施难点	能否自我约束和遵守社会规范。
5	怎么办	主体调适	"慎"需要"吾日三省吾身"。
6	结尾	总结论点	只有将"慎"铭刻于心，才能一步步走向成功。

2. 范文

慎

"博学之，审问之，慎思之，明辨之，笃行之"，这句箴言中的"慎"，是人生之准则，慎而重，重而稳。

世界上任何事物的发展变化，都有一个由小到大、从量变到质变的演变过程。许多走入歧途的人，都是从"一点点"开始蜕变的。小节不检点、小毛病不改正就会演化成大问题。人生最大的"敌人"就是自己，最难战胜的也是自己，而战胜自己要靠"慎"，需慎言和慎行。

慎言以养其德，慎行以坚其志。涉世以慎言为先，慎言是将思想用适宜的语言表达，以彰显品德。曾国藩曾经说过，"举止端庄，言不妄发，则入德之基也"，"言语迟钝，举止端重，则德进矣"。慎行，就是行为谨慎检点，秉承敬畏之心将理想抱负处实效功。作家雨果说过"谨慎比大胆要有力量"，慎行不是不行，而是"三思而后行"，事先就考虑好"行"的结果。因此，慎行者会以高标准严格规范自己的行为，不贸然行事。

然而，知易行难，慎，难在个人的自我约束。人们对一个人最直观的印象往往来自于"说话"。在日常的工作生活中，口无遮拦、夸大其词会严重影响个人形象和个人威信。同时，如果个人不能做到遵守社会规范和坚守原则，受乌合之众影响，与之同流合污，其行为就会产生恶劣的社会影响。

"慎"需"吾日三省吾身"，反思自己的言行举止。慎言，是少说多听。"言必适时，言必适情，言必适度"，说话要看场合、看时机、看对象，把握好分寸，否则宁肯不说。慎行，是从细微处严以修身。不放纵、不越轨、不逾矩，不以善小而不为，不以恶小而为之。如此，方能清除外界的浊气、净化本心。

如今，我们常有失手、失误、失败，而归根结底，还是因为我们自己"不慎"。人生路漫漫，我们只有将"慎"铭刻于心，才能一步步走向成功。

公式二

第一段	第二段	第三段	第四段	第五段	第六段
破题	案例分析——说理	案例分析——例证	实施难点	怎么办	结尾
	为什么			怎么办	

范例：技术标准制定

论说文：根据以下材料，写一篇 700 字左右的论说文，题目自拟。

知识经济时代的到来，使世界范围内的技术标准竞争越来越激烈，谁制定的标准为世界所认同，谁就会从中获得巨大的市场和经济利益。

近年来，华为加入开发 5G 网络技术标准制定权的竞赛。仅 2015 年一年，华为提交的标准提案就超过了 5400 篇，《通信企业 5G 标准必要专利声明量排名》公布：华为 5G 专利总共 1970 多项，数量排名位居世界首位。参与 5G 技术标准制定，奠定了华为全球 5G 产业引领者的地位，还帮助它获得世界上很多国家 5G 建设的订单。

1. 论点与结构

段落	论证目的	分析思路
1	破	引材料——点题。
2	重要性——理证	通过理论说明制定技术标准的重要性。
3	重要性——例证	借用华为的例子进行分析，支持理论论证。
4	难	技术标准制定的难点。
5	怎么办	有效制定技术标准的措施。
6	结	用名人名言概括与总结总论点。

2. 范文

参与技术标准制定，企业应鼎力前行

随着知识经济时代的到来，全球技术标准竞争也愈演愈烈。谁制定的标准为世界所认同，谁就会从中获得巨大的市场和经济利益。可见，技术标准的制定，已成为新时代下企业制胜的重要手段。

参与技术标准制定能帮助企业获得先发优势。所谓先发优势，就是指在某个新兴领域，先行进入的企业要比后进入企业具有更优秀的技术、更丰富的经验和更强的核心竞争力。当一个企业能够制定技术标准，就意味着其拥有了大量核心知识产权和专利技术。这足以使它在由众多企业组成的牌局中从参与者变成操盘手，从而牢牢把握住竞争的主动权。

正如华为通过参与 5G 标准制定，获得了大量专利权和宝贵的开发经验，还使得任何一个后来者在进入 5G 这片蓝海时都无法绕过它。这造就了华为在 5G 时代的先发优势，不仅奠定了其全球 5G 产业引领者的地位,还帮助它获得世界上很多国家 5G 建设的订单。

然而,并非每个公司都积极参与产业的标准制定。首先,企业管理者的风险偏好不同。回避风险型的企业领导人,可能并不愿意突破现有的舒适圈,承担不确定的研发结果。其次,人才是企业进行研发的驱动力,是成为技术标准制定者的关键所在。高端技术人才的匮乏,往往使企业在新技术研发的道路上止步不前。最后,资金是支撑技术研发的经济基础,没有足够的资金支撑,企业研发就无法持续下去。

因此,企业应该建立学习型组织,保持创新精神,在新兴技术出现之初,能够敏锐察觉到市场的变化,甚至成为新技术的开创者;利用高薪及其他福利制度吸引高端研发人才;充分利用政府的各项优惠政策,如争取更多的税收减免,争取获得政府补助;加大企业的研发力度,投入更多资金。

习总书记强调:"在别人的墙基上砌房子,再大再漂亮也可能经不起风雨,甚至会不堪一击。"在迭代加速的时代,企业只有成为技术标准的制定者才会拥有主导权,成为产业的领航人。

结构二　双要素结构

当我们审题立意为一个"双要素"并展开论证时,常常选用该结构。如:《竞争与合作》《论辩出真理》。

双要素有两种论证结构:其一,A∧B(见公式三),先论证要素 A 的重要性或必要性,再论证要素 B 的重要性或必要性,之后分析二者关系,提出建议和措施;其二,A→B(见公式四),先论证要素 A 或 B 的重要性或必要性,再论证 A→B 的关系,之后分析 A→B 的难点,最后提出解决难点的建议和措施。

考生注意,若将 A∧B、A→B 作一整体关系论证,可采用单要素结构。

公式三

第一段	第二段	第三段	第四段	第五段	第六段
破题	要素 A	要素 B	二者关系	怎么办	结尾
		为什么		怎么办	

范例:视己若蚁,律己若鹏

1. 论点与结构

段　落	目　的	方法与角度	分析思路
1	破题	引名言、立观点	"视己若蚁，律己若鹏"不失为一种可取的为人处世态度。
2	为什么	要素A重要性	视己若蚁，成就人生。
3		要素B重要性	律己若鹏，成就不凡。
4	二者关系		视己若蚁是为了给律己若鹏提供更正确的方向。律己若鹏是为了给视己若蚁提供更充足的动力。
5	怎么办	主体调适	辩证地去看待两个主题要素：视己若蚁不意味着妄自菲薄；律己若鹏不意味着脱离实际。
6	结尾	总结论点	视己若蚁，律己若鹏，应该成为每个人的座右铭。

2. 范文

视己若蚁，律己若鹏

"仰观宇宙之大，俯察品类之盛"，你我犹如蝼蚁般微不足道。但即使如此，我们也应该怀"九万里风鹏正举"之大志，二者并非矛盾。"视己若蚁，律己若鹏"倒不失为一种可取的为人处世态度。

视己若蚁，成就人生。自知者明，唯有自知才能知天下。倘若不自知，一味效仿盘古开天，到头来只能是碌碌无为，虚度光阴。俗语云："山外有山，人外有人。"我们怎能自恃才高，无所不能？堂堂唐太宗李世民也要以低姿态听取魏徵之谏，何况吾辈！视己若蚁，自知而谦虚，只有这样，才能把握好人生的方向，不致南辕北辙。每个人都是沧海一粟，唯有视己若蚁，方可成就人生。

律己若鹏，成就不凡。虽然平平淡淡才是真，但是平凡不意味着平庸，在大好的年华却过着迟暮的老年生活，看似是看破红尘般洒脱，其实是一种逃避。人，生而没有追求，庸庸碌碌，与走兽何异。"生当作人杰，死亦为鬼雄。"即使俨如烟花绚烂一时，但毕竟也曾耀眼人间。因此，只有律己若鹏，才能成就不凡。

唯有视己若蚁、律己若鹏方可正确认识自己、准确定位人生，从而真正实现人生的价值。二者并非相互矛盾，视己若蚁是为了给律己若鹏提供更正确的方向。律己若鹏是为了给视己若蚁提供更充足的动力。

当然，视己若蚁并不意味着妄自菲薄、贬低自己，而是从渺小中找寻到前进的动力，从对比中找到差距，从而端正自己的态度。律己若鹏并不意味着脱离实际、夸夸而谈，而是需要脚踏实地。"不积跬步无以至千里，不积小流无以成江海。"

视己若蚁，律己若鹏，应该成为每个人的座右铭。只有如此，有朝一日我们才能扶摇直上九万里，只有如此，人生方如夏花般灿烂。

公式四

第一段	第二段	第三段	第四段	第五段	第六段
破题	重要性 (要素A或B)	合写 (A→B)	说难点	怎么办	结尾
	为什么			怎么办	

范例： 规则为创新保驾护航

阅读下面的材料，综合材料内容及含意，写一篇不少于700字的论说文。

历经几年实验，小羽在传统工艺的基础上推陈出新，研发出一种新式花茶并获得专利。可是批量生产不久，大量假冒伪劣产品充斥着市场。小羽意识到，与其眼看着刚兴起的产业这么快就走向衰败，不如带领大家一起先把市场做规范。于是，她将工艺流程公之于众，还牵头拟定了地方标准，由当地政府有关部门发布推行。这些努力逐见成效，新式花茶产业规模越来越大，小羽则集中精力率领团队不断创新，最终成为众望所归的致富带头人。

1. 论点与结构

段落	目的	方法与角度	分析思路
1	破题	引材料、立观点	在规则作保之下改革创新，此为制胜之根本。
2	为什么	要素B必要性	不创新，企业就灭亡。
3		要素A→要素B	（合写要素A→要素B）：规则为创新保驾护航。
4		实施难点	管理者的短视心理；政府监管不力。
5	怎么办	主体调适	在规则下更好地创新，形成良性循环。
6	结尾	总结论点	创新与规则齐头并进，方能引领成功，带动整个社会的发展。

2. 范文

规则为创新保驾护航

小羽在传统工艺上推陈出新，研究出新式花茶，此为"创新"；为避免新式花茶产业陷入衰败，小羽拟定标准，将市场规范化，此为"规则"。在规则作保之下改革创新，此为制胜之根本。

"不创新，就灭亡。"万物唯变，世界上唯一不变的就是变。如果要实现持续发展，唯有不断创新。若管理者因循守旧，安于现状，那么必将被时代进步的潮流所抛弃，其理想与事业也会一同成为殉葬品。试想，若无小羽的推陈出新，又怎会有新式花茶产业的诞生？若小羽自满于现状，不持续创新，如何成就自己的事业，成为致富带头人？

规则为创新保驾护航。"无规矩不成方圆。"规则以一种合理的方式约束着事物的发展，在一定程度上限制机会主义行为，从而保护个人的自由领域。任何产品在初创时期都是艰难的，也是脆弱的，像初生的羔羊不堪一击。而规则就是羊圈，它会有效阻止假冒伪劣产品这群"饿狼"对创新产品的侵犯，为产品发展和企业成长赢得一定时间和空间。

然而，很多企业无法兼顾规则与创新，究其原因，有以下几点：一方面，管理者目光短浅，故步自封，抑制了整个团队的创造力；另一方面，功利心导致企业"搭便车"心理，不遵守规则，盲目模仿；再有，由于政府监管不力，对知识产权的保护不到位，对侵权行为的打击力度不够，企业原创技术难以得到保护，减弱了企业创新的积极性。

企业若想基业长青，创新作为重要因子不可或缺。企业的管理者要目光长远，不畏有限的条件，积极调动自身主观能动性，汲取养分，革故鼎新，带领企业不断创新。政府也要对行业发展有效监管，制定知识产权保护政策，打击侵权行为，帮助企业有效保护知识产权，让企业在规则下更好地创新，如此形成良性循环。

规则与创新齐头并进，方能引领成功，带动整个社会的发展。

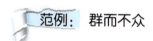：群而不众

【提示】下文结构是 A 与 B 双要素合一而采用公式一（单要素）结构的写法。

1. 论点与结构

段落	目的	方法与角度	分析思路
1	破题	立观点	人应该群而不众。
2	为什么（合写）	例证	群而不众的好处。
3		重要性	群而不众，方能"悦己"。
4		重要性	群而不众，还能带领整个群体出彩。
5		实施难点	受到从众心理影响，缺乏批判性思维。
6	怎么办	主体调适	遵守大家共识的前提下坚持自己的真理。
7	结尾	总结论点	群而不众，才能干成真正的事业。

2. 范文

群而不众

中华文明上下五千年，儒学强调中庸善存，而我却觉得为人应该群而不众。

滴水入海，悄无人知，但若是红墨水呢？至少一段时间内人们知晓它的存在。粒入沙漠，悄无声息，但若是鸣沙呢？踩在其上的人都会为之惊奇。只有在波涛汹涌的人流中瞄准自己的方向，才能不随波逐流，才能活出精彩的人生。

群而不众就是"悦己"。冷漠与孤立是当今不少人际关系的代名词。然而，在许多人因害怕被孤立而放弃自身方向、趋向群体一致时，如果有一个人能勇敢地站出来取悦自己，而非取悦他人，他就能脱颖而出。克莱顿在《猎物》中写道："一个集群永远需要一个任性的领导者。"只有不完全看他人脸色行事，知道自己该干什么、为了什么，才能活出自我。

群而不众，还能带领整个群体出彩。心理学认为，当一个人成为群中有独特见解与超强能力的翘楚时，周围的人就会不由自主地靠近他、亲近他。那么，为何不用你的能力帮助整个群的人出彩呢？要知道，仅凭个人的天才很难干成一番事业，只有当整个群都奋而向上，作为群中精英的人才不会孤单，人类社会亦会盘旋而上。

然而，群而不众最大的阻碍是从众心理。从众指个人受到外界人群行为的影响，而在自己的知觉、判断、认识上表现出符合于公众舆论或多数人的行为方式。缺乏批判性思维，不作独立思考，不顾是非曲直地一概服从多数。

群而不众需要培养独立精神。独立精神使一个人较少依赖他人并因此较少受他人的指示和影响，从而达到自我审查、自我校准的目的。独立精神帮助个体反省自己的动机、态度与价值观，避免持有偏见和随大流，能够做到思想公正、客观，尊崇真理。

群而不众，才能在人群中闪耀光芒，也才能干成真正的事业。

结构三　二选一结构

"二选一"结构（通常含有"有人主张……；有人主张……"等两个不同的观点）。通常材料没有明确的倾向性，考生可根据自己的擅长选择其中一个方向展开论证，其常见结构如下。

公式五

第一段	第二段	第三段	第四段	第五段	第六段
破题	踩：为什么不选	立：为什么选	难	怎么办	结尾
	为什么			怎么办	

范例：研发新产品

【2017 年管理类联考论说文真题】 根据以下材料，写一篇 700 字左右的论说文，题目自拟。

一家企业遇到了这样一个问题：究竟是把有限的资金用于扩大生产呢，还是用于研发新产品？有人主张投资扩大生产，因为根据市场调查，原产品还可以畅销三到五年，由此可以获得可靠而丰厚的利润。有人主张投资研发新产品，因为这样做虽然有很大的风险，但风险背后可能有数倍于甚至数十倍于前者的利润。

1. 论点与结构

段落	论证目的	分析思路
1	破	"二"是什么？为何选"一"？
2	踩	驳"扩大生产"；从材料"产品还可以畅销三到五年"观点入手展开论证。
3	立	分析"研发新产品"与"增强企业核心竞争力"的关系。
4	难	分析研发新产品过程中的阻碍因素：风险。
5	怎么办	针对"踩"与"立"的相关观点，提出应对措施。
6	结	概括与总结总论点。

2. 范文

研发新产品，企业成功的内在逻辑

有限的资金究竟是用于扩大再生产还是用于研发新产品？从企业长远发展来看，应选择研发新产品。

不可否认，扩大生产，根据市场调查，虽然仍可获得三到五年的利润，但是产品是有生命周期的，消费者的喜好以及需求会随着时间的变化而发生变化，仅靠一个产品的成功、产品一时的成功，企业很难长久持续发展。

而研发新产品可以增强企业的核心竞争力。核心竞争力，是企业持续竞争优势的来源，是企业通过运用自己独特的资源，培育创造出的比竞争对手更强的竞争能力。

通过研发新产品,可以使企业拥有区别于竞争对手的差异化优势,这种差异化可以形成一种人无我有的有利局面,也只有如此企业才可以保持核心竞争力,矗立于行业的前端。

值得注意的是,很多企业对于研发新产品却不"感冒",表现在对研发过程中风险的厌恶。原因有三:其一,企业管理者能力不足,受固有思维模式的限制,没有意识到研发新产品的重要性。也有可能讨厌研发过程中存在的风险,致使他们不愿研发。其二,环境具有不确定性,消费者的需求在不断地变化,难以捉摸。这会导致研发结果可能无法与市场有效对接,企业研发活动无法变现为利润,导致沉没成本出现,致使他们不敢研发。其三,政府对于知识产权保护力度不足,研发成果得不到有效保护,也使得一些企业在面临研发的时候"止步不前"。

但是,上述的风险可以通过以下措施得到有效的控制。首先,建立学习型组织。提高管理者能力,勇于打破思维模式的限制,要意识到研发新产品对于企业的重要性,主动进行投资研发。其次,进行专业的市场调研。只有充分了解消费者需求,让产品和市场有效对接,研发才可以变现为利润。最后,政府进一步加强专利保护,使得企业研发活动有利可图,激励企业增加研发投入。

扩大生产看似比较稳妥,但从长远来看,研发新产品才是必由之路。

第 5 节　展开分论点的方法

> **注意:**
> 文章结构仅仅是得分的一部分。
> 近年来,上海、北京等地阅卷较严,许多考生得分不理想,其中一个原因就是过于注重**结构模板**,不去努力实践和提升分析能力,文章看似结构清晰,但论证无思想、无内容,观点与分析无关。**一味硬套模板,千篇一律,文章易被判为"套文",文章得分极有可能不足 10 分。**
> 因此,考生应该积极训练论证分析能力和分论点的展开方法。

一、展开分论点常见误区

首先看下面的范文,你会打多少分?

从 Transmeta 公司看研发的确定性力量

把有限的资金用于扩大生产呢，还是用于研发新产品？这是任何企业都会遇到的大问题。这个问题放到高科技产业的发展历史中，不难得出明确的结论：研发新产品是企业的生命线，好钢用在刀刃上，资金再紧张，也不能放弃研发这个重中之重。

Transmeta 公司就是一个非常好的例子。

谈起电脑芯片，谁都会立刻想到英特尔（Intel）。英特尔公司自研制 286 电脑芯片以来，一年一个样，简直就是一只从来不睡觉的巨型兔子，将所有的竞争者都甩到了后面。然而曾经有一段，有一个名不见经传的小公司，差点掀翻了英特尔这条大船。这家小公司叫 Transmeta，它研制成功了一种名为"鲁滨孙·克鲁索"的新型芯片。这种芯片只有邮票大小，最低型的售价仅为 65 美元，最高型的售价也只有 329 美元，只有英特尔公司的产品一半的价格。这种芯片特别省电，奥秘在于特殊的设计，可以使笔记本电脑的电池使用时间延长一倍。这个创新设计大大缓解了笔记本电脑电池供电时间太短的问题。一时间，Transmeta 公司风光无限，英特尔一下子显得老了。英特尔公司后来奋起直追，依仗强大的创新力量，重点开发新一代芯片，总算度过了危机，重新站在电脑芯片研发领头羊的位置，这已经是后话了。

Transmeta 公司对我们大大小小的企业都有启发。商家总是围着眼前的畅销货打算盘，掀动一阵阵低水平的促销大战。厂家又被商家的炒作所蛊惑，开足马力扩大生产。真正有远见的厂家应当看到，市场的核心是需求，而且是动态发展的需求。这里的"动态"二字含义无穷，包括现在，更包括未来，谁创新走在前面，谁就能在未来的市场需求中立于不败之地。企业要长盛不衰，必须舍得向研发投资。Transmeta 公司并不算大，但为了研制"鲁滨孙·克鲁索"，竟然投入了一亿多美元，确实不易。

我们企业有这般魄力、这股定力吗？这真是一个需要严肃思考的问题。

这是一位阅卷组组长（旱区）推荐过的真题范文。这篇文章作为优秀文章被推荐，我想可能超出大家的认知，这么写，行吗？考生需要思考以下问题：

① 文体是否合适？

② 结构是否清晰？

③ 例子是否契合？

④ 议论是否合理？

⑤ 观点是否明确？

如果以上问题想明白了，我们就会发现：分论点的展开，即论证，只要合理，不应拘泥于某一个规则。但是作为应试文章，我们需要的是：**快速行文、扬长避短、尽力**

拿分。因此，我们还需要厘清一些问题。

1. 是否需要举例？ 例证本身就是一种重要的论证方法，但任何论证方法都不存在所谓的"一定、必要"，只要适合就好。①大多数考生不能恰当用例，所谓的万能事例和论点几乎没关系。阅卷者一目了然，很容易将其评为低档文章；②很多考生用例，仅仅是机械地堆砌，但没有深入分析，而分析能力恰恰是考试考核的要点，这是无法回避的。**基于此，对于不善用例的考生，应以分析为主，个人不建议使用例证**。否则，极易失分。

2. 如何突破分析与论证这一难关？ 不能机械地去背一些经济学、管理学理论，要能灵活使用。① 掌握展开论证的方法，反复练习；②用掌握的方法分析和借鉴优秀的文章，灵活使用，内化于心；③反复揣摩我们常考的三大主题："管理热点""社会认知"和"个人成长"的分析角度、路径、观点的通用性，形成分析的惯性思维，即"分析模板"。

3. 关于论说文的系列内容，工作室提供专项课程。可在官网（www. zhuanshuoky. com）了解"语逻七日通关课程"。

二、常用展开分论点的方法

1. 利用论证关系解析分论点

利用论证关系解析分论点是最常用的方法。前提（X，即立论主题）→ 结论（Y，立论主题的好处、重要性等），就构成了我们所定义的论证。如：**承担社会责任**（X，即立论主题）有利于塑造**企业的品牌**（Y，立论主题的好处、重要性等）。

这类分论点的论证方法是：①Y 的内涵（定义）是什么？+②Y 的作用和意义（好处）是什么？+③X 和 Y 的关系是什么？（注：①和②略写，③详写）

如下：

例1： 研发新产品（X），可以增强企业的核心竞争力（Y）。

【示例】**研发新产品，可以增强企业的核心竞争力。**（分论点）**核心竞争力**，是企业持续竞争优势的来源，是企业通过运用自己独特的资源，创造出的比竞争对手更强的竞争能力。（Y 的内涵和好处）通过**研发新产品**，企业可以创造出具有特色的产品，更能吸引消费者眼球，赢得消费者信赖，可以使企业拥有区别于竞争对手的**差异化优势**，（X 如何和 Y 构建关系）这种差异化可以形成一种人无我有的有利局面，也只有如此企业才可以保持**企业核心竞争力**，矗立于行业的前端。

这类分论点的论证方法二是：①X 为何与 Y 具备相关关系？②Y 的好处。

例2： "和"（X）使社会秩序井然（Y）。

【示例】"和"使社会秩序井然。（分论点）个体为摆脱"各自为战"的混乱状态，相互缔结契约，达成一致，"和"形成社会秩序（X为何与Y具备相关关系）。良好的社会秩序能够让人民群众安居乐业，获得感、幸福感、安全感更加充实、更有保障、更可持续。良好的社会秩序将提高效率、节约资源、增加福利。（Y的好处）

2. 有关重要性和必要性分论点的解析方法

必要性就是"必须要有的"，必要性是相对于选择性而言的一种事物倾向，是达到一定目标所需要的条件、因素（没有不行）。重要性就是"重点要有"但不是必需的。重要性是发挥关键作用的影响因素之一，并不一定是必然条件，重要性又称"意义"或"重要意义"。（有了更好）在证明重要性时，侧重于论证该因素对于结果的影响程度高；而在论证必要性时，侧重于论证没有该因素，结果就不可能出现。

例1： 艰难险阻是人生过程的必然。（艰难险阻的必要性）事物的发展是一个不断前进的复杂的过程，前进中也有波折，但终究是一个螺旋式上升的过程。人生不是一帆风顺的，常伴随痛苦、失败、挫折，"艰难困苦，玉汝于成"，温室里培植不出栋梁之材，梦想"风正一帆悬"，则更是一厢情愿。（没有不行）

例2： 在苦难中，我们需要积极的人生界定。（积极的人生界定的必要性）我们能不能生存下去，能不能成功，这都取决于自己。印度前总理尼赫鲁有一句名言："人生如牌局，发给你的牌代表决定论，你如何玩手中的牌却是自由意志。"打错牌、打败牌根本原因在自己，不能怨天尤人。我们应该积极地面对人生，积极地面对人生中的苦难，适应现实环境。（没有不行）

3. 假设和反证解析分论点

反证法是间接论证的方法之一，亦称"逆证"。是通过断定与论题相矛盾的判断（即反论题）的虚假来确立论题的真实性的论证方法。反证法的论证过程如下：首先提出论题，然后设定反论题，并依据推理规则进行推演，证明反论题的虚假；最后根据排中律判定，既然反论题为假，原论题便是真的。

假设论证法就是针对之前列举的事，从反面进行假设，进而推论论据的真实性、可靠性，从而有力地论证中心论点。此类分析法常用"假设……情况会怎样呢？"引出与所举事例相反的情况展开论述。

例1： 海尔的成功在于创新。（分论点）假如海尔集团因循守旧，不进行技术创新，不更新研发理论，也许海尔早就被市场所淘汰，"海尔"这个品牌也不会闻名中外。（反面假设）

例2： 试想，如果郭思达不能准确地再定位，可口可乐公司就无法逃脱"在顶峰上唯一可能的路径就是往下"这一宿命。（反面假设）"健力宝""郑州亚细亚""乐视"以及"小黄车"，他们的失败无一不和企业定位错乱有关。（反证）

4. 案例分析解析分论点

案例分析就是我们通常讲的"例证"，为了让大家恰当运用"例证"，为现场作文"锦上添花"，也区别于传统的"凑例"，我们称之为案例分析。

写法1： "例理"分开。这种写法，完成了"为什么"部分论证，通常由两段组成，一段举例，一段说理。其要点：例证即用事实证明观点（**论证关系**）。说理处，详细分析论证关系。

【示例】腾讯采取内部竞争的模式，不断创新，于是QQ空间、微信、腾讯微博等产品相继走进人们的视野。（案例分析——例证：事实证明管理创新）这顺应了消费者的需求，让微信等助推了新的移动生活方式，让其产品有新的兴奋点，让人感觉到企业一直在努力为消费者提高产品品质。其不仅稳住了老用户，还不断吸引新用户，从而走上事业的一个又一个高峰。（事实证明管理创新的重要影响。）

创新能提升企业的品牌忠诚度。（说理：分析"创新→品牌忠诚度"关系。）品牌忠诚度是指消费者长期反复地购买使用某品牌，并对该品牌产生一定的信任，乃至情感依赖。（品牌忠诚度是什么）品牌忠诚度高的顾客，能够认识到品牌的价值并将其视为朋友与伙伴，也愿意为品牌做出贡献。（品牌忠诚度的好处）重视创新，能够不断生产出性能更好的产品，使顾客认识到品牌的价值，持续体验到产品的进步，对企业产生信任与依赖。（说理：证明论证关系："创新→品牌忠诚度"）

写法2： "例理"结合。先说理，相当于三段论大前提，再说例，相当于小前提，然后合理推出结论。如：所有企业应当承担社会责任，"三鹿"不承担社会责任，故不能像正常企业一样经营，必定失败。

【示例】"三鹿奶粉事件"反映了相关企业在经营中社会责任的缺失。企业作为一个经济组织，最基本的责任是提供优质的产品和服务来满足社会的需要，为改善人们的生活质量做出贡献。（理论分析）但是，三鹿集团一味追求利润，导致产品质量控制形同虚设，漏洞频出。其在得知产品质量出了问题后不是积极处理，召回产品应对危机，而是一味隐瞒，导致事态进一步扩大，给消费者造成重大的人身伤害。(案例分析)

写法3： "例理"交织。通常针对材料，提出论点，进而以案例证明，理论分析，交错进行，融为一体。这种写法很容易获得阅卷老师青睐，但有一定难度，不建议考生采用。

【示例】滑铁卢之败，败在组织。(案例整体评价)两种不同的声音，两个不同的命令，必然导致"后备部队要么犹豫不决，要么疲于奔命"。(案例事实)拿破仑所犯的错误，恰恰是管理大忌，违背了"统一指挥"原则。(事实评价)对于组织而言每项活动都应该在一个管理者和一个计划下指导，而组织中的每个人都只应接受一个上级的指挥。否则，下属必将会陷入不知所措、疲惫不堪的局面。(观点解释)也正是这个错误，使他的后备部队不能及时增援，拿破仑在焦急和无奈中结束了他一生中打得最被动、最悲惨的一次战役。(段落总结)

5. "为什么"与"怎么办"的呼应

这更像是与"结构"相关的内容，其实质是在解析分论点。通常将"为什么"和"怎么办"紧密结合起来，完成了"为什么"也就完成了"怎么办"，文章论证遵循了演绎论证的分析思路。

【示例】学术造假主要来自**三方面的原因**。一是人们对于**名与利的欲求**无限制地膨胀，这种个人学术研究功利化就是产生学术造假的根本原因。二是目前我国的**学术制度**存在严重的问题，主要表现在以下几个方面：学术管理体制行政化；学术评价体制不完善；学术监督制度缺位。三是我国对**学术造假的处罚**相对一般造假而言简直就是微不足道，最后也仅仅是以造假者撤职收场，无法对学术造假者形成足够的威慑。【学术造假的原因？①个体自身的原因：使用"动机—行为"的思路；②制度设计的原因；③奖（鼓励好的行为）惩（惩罚不良行为）措施是否得当的原因。】

学术造假源于造假者的道德品质问题，所以，首先，要**提高广大学者的学术道德水平**，杜绝学术功利主义的蔓延。其次，**改革学术管理机制**；建立独立的学术评价体系；建立健全的学术监督机制。最后，明确法律处罚措施。只有**加大惩罚的力度**，当收益小于成本时，这种恶劣的造假风气才能得到遏制。(针对原因①②③，提出应对措施"首先、其次、最后"。大家可以看出它们是相互对应的。)

第 6 节　母题专训——论证与素材运用

母题就是包含若干命题要点的基本内容、典型素材，也是考试命题中的常见方向。在管理类（199 科目）和经济类（396 科目）联考论说文备考中，掌握"母题"是一种快速、扎实的应试方法。掌握"母题"，就掌握了方法，就掌握了成功的秘诀。

分析历年真题，不难发现，论说文写作命题方向主要涉及以下三个方面：

"管理认识"类命题（199 科目重点方向，396 科目较少涉及）

着重考查考生发现、分析和解决管理问题的能力，从而达到评价考生管理潜质的目的。

"社会认识"类命题

重在引导考生思考社会问题，展开认识探究。该类命题没有明确的特征，但是考生通过训练通常都能进行有效的判别。经过多年发展，该类考试命题不断细化，角度通常有社会发展、公平与效率、真理与实践、秩序与自由、个人与社会等。命题引导着考生正确地对社会功能、社会制度和社会变革进行思考。

与"个人成长"相关的命题

重在引导考生思考个人成长问题，提升认识探究。命题引导着考生正确地对个人与社会、个人与成功、个人素质与素养等进行思考。

> 要想把论说文写好，除了需要掌握我们之前讲的方法和技巧之外，更为重要的是要明了"话题"的内涵，能够将考查的知识融会贯通，真正形成自己的观点，并展开论证。要想做到这一点，就需要了解更多的背景知识和常识。
>
> 本节总结了论说文考试所涉及的常见背景知识点和素材，考生务必认真学习并消化，这是获取高分的关键。

母题一：企业成长

根据以下材料，写一篇 700 字左右的论说文，题目自拟。

杰克·韦尔奇接任美国通用电气公司总裁后，实行了"全员决策"制度，使那些平时没有机会互相交流的职工、中层管理人员都能出席决策讨论会。"全员决策"的开展，打击了公司中官僚主义的弊端，减少了烦琐程序，避免企业中的权力过分集中这一弊端，让每一个员工都体会到自己也是企业的主人，从而真正为企业的发展做贡献。

"全员决策"的实行，使公司在经济不景气的情况下取得巨大进展。他本人也被誉为全美最优秀的企业家之一。

审题立意解析

关注总结及提示性句子

这显然是一个"叙事型"的材料。我们的审题思路如下：故事的结果是"公司在经济不景气的情况下取得巨大进展"（好的结果我们支持，反之，我们反对）；导致结果的原因（或方法）是实行了"全员决策"，我们抓住关键词"全员决策"，至此，审题结束。"叙事型"材料的立意来自导致结果的原因（或方法）处的关键词。

写作思维导图

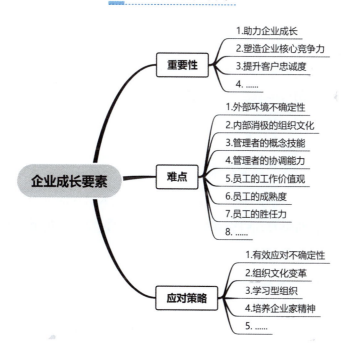

> **提示**
>
> 本书提供常用素材的具体内容，使用方法。其余需要考生拓展分析，避免文章千篇一律，生搬硬套。**核心提示：备考需要考生动手、动脑！**

素材笔记

1. **企业成长**

   企业成长如同人的成长一样，是一个从量变到质变的过程。成长"基因"能推动企业系统机体不断扩张、新陈代谢，不断适应环境，并与环境形成良性互动。成长"基因"有利于企业内部结构的不断完善和成熟、企业功能的优化，从而促进企业成长。

2. **核心竞争力**

   核心竞争力是企业长期形成的，蕴含于企业内质中的，企业独具的，支撑企业过去、现在和未来竞争优势，并使企业在竞争环境中能够长时间取得主动的核心能力。核心竞争力的贡献在于实现顾客最为关注的、核心的、根本的利益，是难以被竞争对手所复制和模仿的差异化优势。

3. **客户忠诚度**

   客户忠诚度是指客户因为接受了产品或服务，满足了自己的需求而对品牌产生的心理上的依赖及行为上的追捧。客户忠诚度是消费者对产品感情的量度，反映出一个消费者转向另一品牌的可能程度。随着消费者对企业产品忠诚程度的增加，受到竞争者行为的影响程度降低。

4. **环境的不确定性**

   不确定性一是来自企业所面临环境的动态性，二是企业所面临环境的复杂性。不确定性会给企业带来经营的风险，意味着企业沉没成本出现的可能，影响企业收益的实现。收益性与风险性共存使得企业在应对风险上表现得非常审慎，尤其那些缺乏内部知识资源的企业更是如此。

5. **组织的惰性**

   组织惰性是指组织内普遍存在的保持既定行为方式和消极应对环境的倾向。表现为：组织的内在活动力下降，丧失了创新能力；缺乏改变现状的胆略与热情，看重眼前利益，得过且过；习惯于按部就班办事，在与竞争对手对垒过招时缺乏主动性、创造性；对风险十分敏感，害怕负责任；决策活动往往议而不决，踌躇不定。

6. **管理者的能力**

战略管理能力：洞察既定环境复杂程度和减少这种复杂性的能力。具体地说，包括理解事物的相互关联性从而找出关键影响因素的能力、权衡不同方案优劣和内在风险的能力。

战术管理能力：团队管理，包括团队合作、部属培育、有效激励、塑造文化；沟通协调，包括有效表达、用心倾听、积极反馈、冲突解决；客户导向，包括服务意识、挖掘需求、有效响应、持续共赢；计划管理，包括计划制定、时间管理、执行能力、结果导向。

7. **员工工作价值观**

员工的核心工作价值观——"做更优秀的自己"。从员工的个人发展角度提出，以便于员工接受和认同。并以"快乐地工作"为辅助核心工作价值观，将员工个人的发展与工作结合起来，通过管理者与员工共同努力创造快乐的工作氛围，提高员工的积极性。

工作是大多数人生活的主要部分。工作不是为别人打工，工作也是在为自己的"房子"添砖加瓦。与建房不同的是，房子如果没有建好可以重建，而生活是个体一生唯一的创造，不能抹平了重建。为了生活得更好，我们应全方位提高自己的素质，让自己变得更优秀。

8. **员工的胜任力**

员工的胜任力，即员工所拥有的特定领域的经验和学习能力，以及用知识指导自己行为的能力。

9. **主动应对不确定性**

建立符合市场规律的企业管理逻辑，永远站在顾客那一端来寻求市场机会，不断提升顾客价值。按一定的时间间隔创造新产品或服务、新业务或进入新市场，以使企业的运作产生一种适当的节奏，使其更有规律性和预见性。

10. **学习型组织**

组织成员共享知识和信息，对环境中的机会和威胁有充分的认知。组织成员在解决问题时能够摒弃旧的思维方式和常规程序。发现错误时，不是简单地沿用既有的规范来进行决策和行动，而是要对根深蒂固的观念和规范提出挑战。在组织中，每个人在大胆质疑的"前提"下提高决策水平和决策能力。

11. 组织文化变革

变革意味着引入与当下组织文化迥异的新鲜事物，其本质是文化创新。当创新发生时，新的事物就会覆盖或取代旧的事物。变革阻力主要来源于个体与组织两个层面。个体层面的阻力有：对未知事物的恐惧感、利己主义、选择性注意力与保持力、旧有习惯、依赖感、安全感等；组织层面的阻力有：权力和影响力的威胁、诚信缺失、不同的认知与目标、资源有限、跨组织合作等。

12. 企业家精神

企业家精神是企业家所具有的独特的个人素质、价值取向以及思维模式。其包含以下几个方面：第一，创新精神。企业家通过在创新中寻找新的商业机会，在获得创新红利之后，继续投入创新，形成良性循环。第二，敬业精神。有了敬业精神，企业家才会有将全身心投入到企业中的不竭动力，才能够把创新当作自己的使命，才能使企业拥有竞争力。第三，执着精神。在经济处于低谷时，其他人也许选择退出，唯有企业家不会退出。第四，冒险精神。一个企业经营者要想获得成功，成为一名杰出的企业家，必须要有冒险精神。对一个企业和企业家来说，不敢冒险才是最大的风险。

论证与结构

根据"单要素"题型论证特点，本题论证逻辑思路如下：

段落	论证目的	分析思路
1	破	引出话题。
2	立	全员决策助力企业的成长。
3	反	权力集中的弊端。
4	难	员工的成熟度和决策效率。
5	怎么办	建立学习型组织+内在决策机制。
6	结	概括与总结总论点。

全员决策，企业发展的内在驱动力

杰克·韦尔奇通过"全员决策"制度，使企业在经济不景气的情况下取得了巨大进展。不难看出，全员决策是企业发展的内在驱动力。

全员决策助力企业的成长。企业成长如同人的成长一样，是一个从量变到质变的过程。全员决策作为一种成长"基因",消除了阻碍企业发展的官僚主义,避免企业中的权力过分集中,让每一个员工都能以"主人翁"的角色为企业的发展做贡献。从而推动企业系统机体不断扩张、不断适应环境,企业内部结构不断完善和成熟,企业功能不断优化等。

企业权力过于集中,可能会导致权力的滥用甚至衍生权力寻租行为。此外,烦琐的程序、高耸的管理层,增大了企业内部沟通的成本,降低了企业效率和市场反应灵敏度。毋庸置疑,如果杰克·韦尔奇没有采取全员决策,通用电气在经济萧条中难以存续。

全员决策的效果取决于员工的胜任能力,即员工所拥有的特定领域的经验和学习能力,以及能否用知识指导自己的行为。员工胜任力越高,执行任务的能力越强,其参与决策的程度以及为决策的贡献就越大。当然,全员决策也会因为协调困难而难以达成一致。管理层充分听取员工建议的初衷是好的,但决策也有可能因此变得复杂。况且,当全员决策使得权力过于分散时,决策的效率就会下降,决策的有效性就会受到影响。

想要充分发挥"全员决策"的优势,企业可以从以下几个方面来改善:首先,要建立学习型组织,组织成员共享知识和信息,在上下级之间建立良好的沟通渠道。发现错误时,不是简单地沿用既有的规范来进行决策和行动,而是要对根深蒂固的观念和规范提出挑战,使每个人在大胆质疑的"前提"下提高决策水平和决策能力。其次,要建立一个民主与集中相结合的决策机制。不仅要参考全员的建议,也要采取适当的集中措施来有效决策。

全员决策是企业经营与发展的有效管理模式,是企业成功的内在逻辑。

母题二:企业与社会

根据以下材料,写一篇700字左右的论说文,题目自拟。

近年来,新业态、新模式如雨后春笋般不断出现,给人们生活带来便利的同时,也带来了许多新问题,甚至威胁到人们的安全。有人认为这是"成长的烦恼",人们要有一颗包容新事物的心;有人认为应当取缔。

审题立意解析

关注总结和提示性句子

找到材料的观点：有人认为应当包容；有人认为应当取缔。一般"二选一"的题目，可以任选一方，只要言之有理便可，我们选择自己熟悉、掌握材料较多的一方立论即可。

写作思维导图

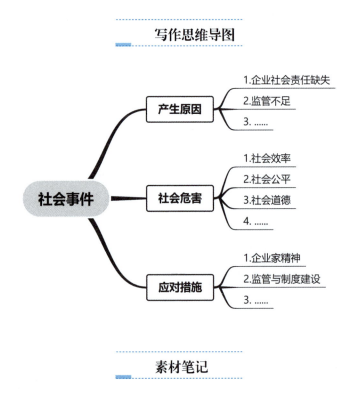

素材笔记

1. 企业失范行为对社会的危害

危害社会效率。 企业失范行为提高的只是企业自身的经济效率，但是对社会效率造成难以治愈的创伤。社会效率与社会成本呈负相关的关系。企业失范行为使社会成本增加进而使社会效率降低的事实可以从两个角度理解：一方面，企业信用降低导致交易成本增加；另一方面，企业破坏环境导致生产成本增加。更为重要的是，社会将为自然环境平衡的破坏付出惨重代价。

危害社会公平。 企业失范行为破坏了社会市场经济秩序，致使市场充满了不公平的竞争，不仅结果不公平，而且机会和规则均不公平。某些企业恶意破坏已然形成的市场秩序，或利用违法手段逃避税收，或利用地方保护实行垄断，或利用内部信息干扰金融，或利用对方过失违背合同。这些行为都是不公平的表现，需要法律约束和道德校正，从而保证竞争的公平和社会的公平。

危害社会道德。企业经营者的寻租行为危害社会道德的建设。寻租的本质是社会财富的再分配，然而这种分配并不增加社会财富，只是改变社会财富的流向，这样就使得社会财富从社会公众转向少数个人。企业经营者的寻租行为并不是单独发生的，其中伴随有政府官员的贪污腐败现象，其既影响了社会效率又削弱了社会公平，致使社会成员参与改革、支持改革的积极性受到极大挫伤，最终危害到社会道德的存续与进步。

2. 企业社会责任

企业作为社会经济的基本单位，理应成为相应的社会责任主体。企业的生存与发展依赖于良好的社会环境。一个公正的、法制的和稳定的社会是企业生存及发展的必要条件。企业作为一个经济组织，最基本的责任仍然是经济上的责任——提供优质的产品和服务来满足社会的需要，为改善人们的生活质量做出贡献。

3. 企业家精神

企业家精神是优秀企业的基因，是企业的无形生产要素。一方面，企业社会责任是企业家精神的重要内容和体现；另一方面，企业社会责任归根到底要靠具有社会责任意识的企业家来推动。简言之，企业家精神要靠企业社会责任来引领，企业社会责任要靠企业家精神来推动。

4. 监管措施

要完善政府监管体制，制定相关奖惩条例，加大违法成本，让企业遵守法律，不钻法律的空子。政府还应发挥舆论监督的作用。政府应当科学地把握规范与发展之间的辩证关系，实现发展与规范同时进行。政府在市场监管活动中要惩恶扬善、激浊扬清，强化企业的社会责任。

论证与结构

根据"二选一"题型论证特点，本题论证逻辑思路如下：

段落	论证目的	分析思路
1	破	引出话题。
2	踩	不能"把孩子和脏水一起泼掉"。
3	立	要有"让子弹飞一会儿"的包容。
4	难	社会责任缺失+监管创新匮乏。
5	怎么办	企业家精神+监管创新。

(续)

| 6 | 提升 | 监管与创新不矛盾。 |
| 7 | 结 | 概括与总结总论点。 |

用"新监管"助力新业态

近年来,新业态、新模式如雨后春笋般不断出现。由于其存在虚拟性等特点,同时形式多种多样、变化速度较快,给监管带来新的课题。

面对新业态带来的新问题,不能"把孩子和脏水一起泼掉"。多年前,快递业刚刚兴起时,不少地方曾以有损市容为由严令禁止,但却最终难以阻挡服务需求的转型。任何领域和行业的创新发展都有一个过程,对监管者而言,既不能放松正常的"品控",又不能"一棍子打死"。

监管者不能为"新"遮蔽双眼,应在"鱼目混珠""鱼龙混杂"中客观分析问题,对出现的新事物也要有"让子弹飞一会儿"的包容,客观分析新业态带来的问题,帮助新生事物克服"成长的烦恼",努力做到去伪存真、去芜存菁,为消费者守住底线才能最大程度地孕育出新动能。

新业态带来的问题反映了相关企业在经营中社会责任的缺失。企业作为一个经济组织,最基本的责任是提供优质的产品和服务来满足社会的需要,为改善人们的生活质量做出贡献。但是,一些企业一味追求利润,导致问题层出不穷,给消费者造成损失和伤害。同时,监管在制度创新、手段创新上十分匮乏,不能因时因地因事不断进行调整。

解决新业态带来的问题需要激发和保护企业家精神。一方面,企业社会责任是企业家精神的重要内容和体现;另一方面,企业社会责任归根到底要靠具有社会责任意识的企业家来推动。市场监管是"管",重点却在于有效率的"监"。新技术、新业态诞生之初,及时介入跟踪监督非常重要。把监督前置,让管理兜底,在创新监管手段上不断探索,为提高监管效率提供借鉴。

归根结底,监管与创新并不矛盾。好的创新,都能够丰富和提高消费者的体验。把握公众的需求、顺应市场的发展、跟上技术的进步、筑起保护和规范创新的河床,就能产生束水冲沙的良性效果,让真正能够服务我们美好生活的创新脱颖而出。

帮助新生事物克服"成长的烦恼",才能最大程度地孕育出新动能。

母题三：社会发展

根据以下材料，写一篇 700 字左右的论说文，题目自拟。

世界在发展，科技在进步。但一系列的难题也摆在了人类面前。克隆技术和转基因生物技术给人类带来的是祸还是福？切尔诺贝利核电站泄漏事故确切地告诉了我们打开潘多拉魔盒的危险；青霉素在挽救人类的同时，也锻炼了细菌；我们在享受着现代文明的同时，环境恶化也在步步紧逼我们的生存空间。

审题立意解析

1. 关注总结和提示性句子

关注材料的开头：世界在发展，科技在进步。但一系列的难题也摆在了人类面前。这是全文的观点，而后则是客观事实。我们紧抓观点部分的核心概念"科技进步""难题"，构建论证主题"科技进步的难题"，方法简单有效，不易跑题。

2. 分清材料事实与观点

通常我们审题的重点要放在观点处，而非针对某一具体事实。也就是尽量不要针对某一特定事实立论，如克隆技术、核电或环境恶化等。如果材料中没有观点，仅有事实，我们通常的做法：① 总结事实，归纳观点；② 观察有无特定事实可以统领其他事实，若有，则从该事实入手立论。

3. 重点提示

立论应辩证地看问题（这也是一个本科生应具备的基本素质），从利与弊的角度谈当代科技革命给人类带来的双重影响。当然应该明确，科技进步造福人类的主流是不会变的。不管怎样，科学的进步仍然所向披靡，但它必服膺自然与社会发展的法则，并越来越浸润着人类理性的光芒。

写作思维导图

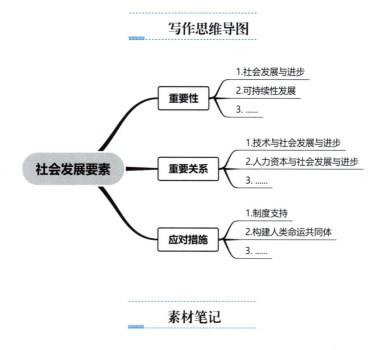

素材笔记

1. **社会发展与进步**

社会发展与进步指人们物质和精神共同自由发展与进步。社会发展须依靠人民，激发全体人民积极性、主动性、创造性，促进社会公平，增进民生福祉，不断实现人民对美好生活的向往。社会发展与进步还表现为人民思想道德素质、科学文化素质和身心健康素质明显提高，人民精神文化生活日益丰富，民族文化影响力进一步提升，民族凝聚力进一步增强。

2. **可持续性发展**

可持续性发展将人类的当前利益与长远利益有机结合。即人们在满足需求、提升生活质量的同时，必须考虑发展中的制约因素。人与自然协调共生，保证一代接一代地永续发展。持续性原则的核心是人类的经济和社会发展不能超越资源与环境的承载能力，从而将人们当前利益和长远利益有效地战略结合。

3. **技术与社会发展与进步**

技术进步提高了资源的利用效率：技术进步提高了劳动者素质，革新了工艺流程等，从而大大缩短了劳动时间，提高了资源的利用程度和使用效率，节约或替代了稀缺的生产资源。技术进步促使新的产业部门形成：技术进步扩大了社会分工范围，拓宽了生产活动空间，形成了新的生产门类和部门。技术进步促进人们生活方式的改变：新兴技术领域的开拓，导致新产品不断出现，从更广泛的意义上影响了人们的生活方式，让人们生活得更舒适、更便捷。

技术进步背后的制度支撑是国家科技创新体系。该体系为国家科技创新制定完备的国家战略，对国家支持科技创新进行顶层设计，并采取有效灵活的财政手段支持科学研究和企业科技创新。运用相关的法律体系确定政府、创新企业、大学等科研机构之间的权利义务关系，将各自的角色法制化，在不破坏技术创新的市场机制前提下，充分尊重市场和发挥市场的作用。

4. 人力资本与社会发展与进步

人力资本是体现在劳动者身上的资本。如劳动者的知识技能、文化技术水平与健康状况等，通过人力投资形成。作为"活资本"的人力资本，具有创新性、创造性，具有有效配置资源、调整企业发展战略等市场应变能力。对人力资本进行投资，对经济增长具有更高的贡献率。

当前教育主要面临的问题。①教育资源分配不均衡：从横向上看，东西部地区教育资源分配不公；从纵向上看，城乡教育两极化发展。②教育理念乏善可陈：教育重理论轻实践。③教育缺乏可持续发展理念：培养的人才不能很好地适应市场和社会发展，导致教育始终缺乏生机。

应对策略。①合理利用教育资源，树立可持续发展理念：在教育领域贯彻和实施可持续发展理念，培养具有可持续发展能力的学生。②改变教育理念，培养多元化人才：改变教育观念，以培养高素质、人格独立的学生为目标，让学生了解生活的意义，让每个人都可以去追求自己的理想，实现自己的人生价值。③产教融合，高校实施供给侧改革：产教融合的基础是"产"，即必须以"产业需求"为出发点进行专业实践教学，学生才能学到真本领，教师才能教出真水平。

5. 制度支持

好的制度是社会的刚需。

有效的制度有利于维护公平、提高效率，使社会变得更加和谐。制度作为一种社会赏罚机制，可以以强力实现对人的行为的指令。人的行为都是制度约束的结果，制度如模具，人则如塑泥，塑泥被塑成什么完全取决于模具，同样，人的行为则取决于制度。制度设定了人的行为边界，如果越界，制度就会对这种违规行为进行惩戒，所以制度对人的行为具有强大的制约引领作用。好的善的制度会引导人们的行为更趋理性与文明，坏的恶的制度则会引导人们的行为滑向愚昧与野蛮。

有效的制度安排将人们的活动激励到与社会目的相一致的方向，推动社会按既定方向平稳而持续地发展，且日益兴盛；失灵的制度安排则将人们的活动诱逼到背离社会目的的方向，不仅不能推动社会按既定方向发展，反而致使社会陷入混乱与离散，逐渐走向衰败。诺贝尔经济学奖获得者诺斯说过:"如果社会创造出对一个海盗的激励,商人就会变成海盗;如果社会创造出一个对商人的激励,海盗就会变成商人。"

有效的制度激发人的创造活力,通过保障产权清晰、多元参与,激励与约束并重,营造健康有序的竞争和发展环境,增进人们福祉。

6. 人类命运共同体

人类只有一个地球,各国共处一个世界。不论人们身处何国,信仰如何,是否愿意,实际上,我们已经处在一个命运共同体中。我们应当倡导"人类命运共同体"意识。推动建设人类命运共同体,源自中华文明历经沧桑始终不变的"天下"情怀。从"以和为贵""协和万邦"的和平思想,到"己所不欲,勿施于人""四海之内皆兄弟"的处世之道,再到"计利当计天下利""穷则独善其身,达则兼济天下"的价值判断。

合作共赢,就是要倡导人类命运共同体意识,在追求本国利益时兼顾他国合理关切,在谋求本国发展的过程中促进各国共同发展,建立更加平等均衡的新型全球发展伙伴关系,同舟共济,权责共担,增进人类共同利益。

"共同利益观":人类已经处在"地球村"中,那么各国公民同时也就是地球公民,全球的利益同时也就是自己的利益,一个国家采取有利于全球利益的举措,也就同时服务了自身利益。

论证与结构

根据"单要素"题型论证特点,本题论证逻辑思路如下:

段落	论证目的	分析思路
1	破	从利与弊两个角度谈科技进步。
2	案例分析——例证	列现象说明科技进步存在难题。
3	案例分析——理证	辩证看待科技进步存在难题。
4	立	科技进步对社会发展的正面影响。
5	怎么办	提出解决难题的路径。
6	结	概括与总结总论点。

科技进步难题之我见

科技进步给人类带来了一个全新的时代,但同时也给人类带来了巨大的困惑。

克隆技术和转基因生物技术给人类带来的是祸还是福?切尔诺贝利核电站泄漏事

故确切地告诉了我们打开潘多拉魔盒的危险。在我们享受着现代文明的同时,环境恶化也在步步紧逼我们的生存空间。

不可否认,科技进步在造福人类的同时也给人类发展带来了巨大的威胁。但无论科技的发展把我们推向希望还是危险,它都能使人类进一步地认识自己,逼视真理。况且,我们所处的世界是充满矛盾的,任何事物都存在两面性,多元化构成这世界的丰富多彩。因此对于科技所带来的利与弊,我们何不用一种更宽容、更客观的姿态去面对?不必惊慌失措,更不必因噎废食。

事实上,科技进步让我们的生活更美好。新兴技术领域的开拓,导致新产品不断出现,从更广泛的意义上影响了人们的生活方式。劳动工具的发明使得人类从渔猎采集走向农耕文明,蒸汽机的发明使人类进入工业时代,现代的互联网技术让人们生活得更舒适、更便捷。

应对科技进步的难题需多方协同。对科学家而言,避免科技发展带来恶果的唯一办法就是谨慎,要抵御"功利心"。过于追逐功利,就会只为个人利益,不计后果,不计对社会的影响。对国家而言,应加强制度建设。利用制度设定人的行为边界,如果越界,制度就会对这种违规行为进行惩戒。利用制度引领人们在发展科技时趋利避害。对整个人类而言,我们只有一个地球,共处一个世界。我们应当倡导"人类命运共同体"意识,共同应对科技进步给人类带来的危险与挑战!

矛盾本身其实并不可怕。人类正是在与自身、与环境的矛盾斗争中走出丛林,成为今天的万物灵长的。因此在科技发展利弊的抉择中,在矛盾的碰撞中,也许会撞出一片新的空间,产生一种新的生机,实现人类的新进步。

母题四:社会和谐

例1:根据以下材料,写一篇700字左右的论说文,题目自拟。

劳有所得,病有所医,老有所养,不同的社会贡献应获得相应的报酬。就如同两个农民,一个农民非常勤劳,于是他的耕地获得了极为可观的收获,而另一个农民因懒惰而导致庄家被害虫摧残,最终颗粒无收。付出多少便收获多少,使勤劳的人、有才能的人、做出巨大贡献的人,获得他们应得的奖励。

审题立意解析

关注总结和提示性句子

关注材料的开头：劳有所得，病有所医，老有所养，不同的社会贡献应获得相应的报酬。这是全文的观点，而后则是客观事实。我们紧抓观点部分的核心"不同的社会贡献应获得相应的报酬"，就字面可构建论题"按劳分配"，也可以进一步提升（这个过程需谨慎）"公平，社会的刚需"。

写作思维导图

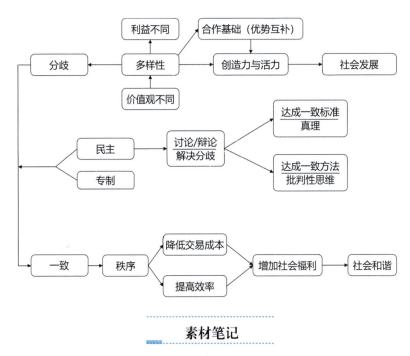

素材笔记

1. 自由

自由允许并鼓励人们追求、拥有不同的价值观和生活方式，因而它也是多样性的。拥护自由即是拥护多样性。

多样性的社会事实上是利益多样化的社会。多样性的社会需要一种宽容的氛围和精神，要容忍各种不同利益关系的存在，尊重别人所做出的不同选择。承认多样性，承认差异，人们才能够升华自己的经验、拓展自己的视野，从而达成合作，实现优势互补。

多样性是驱动创新的一个重要因子。只有承认多样性，我们才能摒弃旧的思维方式和常规程序。发现问题时，社会成员不是按照现有的观念、简单地沿用既有的规范来进行决策和行动，而是要对根深蒂固的观念和规范提出挑战，使每个人在大胆质疑的"前提"下发现解决问题的新途径。承认多样性，每个人的想法都会被重视，独特的思想和多元的价值观协同合作，从而增加社会活力，帮助社会实现革新、突破。

2. **秩序**

社会秩序指有序平衡的社会状态。个体为摆脱"各自为战"的混乱状态，相互缔结契约，达成一致，形成社会秩序。良好的社会秩序能够让人民群众安居乐业，获得感、幸福感、安全感更加充实、更有保障、更可持续。良好的社会秩序将提高效率、节约资源、增加福利。

社会失序会增加社会协调成本，整个社会在利益冲突与协调过程中损耗资源，使得人与人之间信息、知识和经验的差异被机会主义所利用，整个社会交易成本陡然放大。

秩序的存在，限制了自由，却也保障了自由。自由离了秩序无法存活。庄子在《逍遥游》中曾写到鹏程万里，却仍需风力相助。鹏的视界无疑开阔许多，却仍受束缚。小到尘埃，大到鲲鹏，都无法达到绝对的自由。秩序虽然是用来保护自由的，但过分的秩序也会摧残自由。

3. **真理**

真理是人对客观事物及其规律的正确反映，是人们解决分歧、达成一致的标准。

求真是和谐社会的公民必备的素养，论辩有利于这一素养的形成。人们对事物和价值往往有歧见。和谐社会要求我们必须消除歧见，达至认同。行动和思维选择标准来自真理，知识的真理性特质只有通过外部的批判性检验才能获得。

从哲学上看，任何个人都没有能力掌握最后的真理，因此才有必要尊重每个人发现真理、追求价值的权利及真理与价值的多样性。

4. **批判性思维**

批判性思维就是通过一定的标准评价思维，进而改善思维，是合理的、反思性的思维，这是一种思维技能，其目的是为了追求真理。

批判性思维是个人自治的基础。自治使一个人较少依赖并因此较少受他人的指示和影响，能达到自我审查、自我校准的目的。

自我审查：反省自己的动机、态度与价值观，避免偏见，做到思想公正、客观、尊崇真理。自我校准：揭露错误或不足，"见贤思齐焉，见不贤而内自省也"，通过校正错误发现真理。

5. 公平与效率

公平与效率是一致的，公平促进效率，不公平导致低效率。一个有效率的社会，其资源配置、管理体制、运作机制应该是合理的、公正的；同样，一个公正的社会，其资源一定能得到合理地配置，人的积极性、创造性能得到最大限度地发挥。效率的提高有助于公平的实现，社会的公平也有助于效率的提高。

公平促进效率，有利于效率的实现，效率为公平的实现提供了物质基础，二者是一致的。在我们建设社会主义市场经济的今天，要使每个人都享有平等地参与竞争的机会，平等的劳动就业机会，而个人所得的分配、收入要与个人所投入的努力达到一种比例上的动态平衡——多劳多得。

国家在实施政策时要以效率为先，以发展生产力、提高人民生活水平为最终目标，但要兼顾公平。国家通过各种办法对公平与效率加以调节，倾斜于弱势群体，给其以平等的机会参与竞争，参与国家的经济建设，以提高经济效益。总之，在公平与效率之间，既不能只强调效率忽视了公平，也不能为了公平而不要效率。应该寻求一个公平与效率的最佳契合点，实现效率，促进公平。

6. 社会福利

（1）社会福利的优势

第一，缩小贫富差距，维护社会稳定。社会福利缩小了贫富差距，在一定程度上缓和了不同利益集团之间的矛盾，增强了社会的凝聚力。社会福利平息社会不满，起到缓解社会矛盾的"安全网"作用，减轻对现有制度的离心力，从而为经济发展和社会稳定提供了前提和保证。

第二，调节社会需求，推动经济发展。社会福利可减轻居民在生活上的后顾之忧，从而可以当期消费甚至适度超前消费。因此，社会福利制度作为国家收入再分配的一种形式，对经济的发展能起到"稳定器"和"调节器"的作用，政府通过福利支出可以适当调节社会需求，刺激或抑制消费，适度的福利开支能推动经济发展。

第三，促进社会服务，缓解就业压力。社会福利部门的发展一方面提高了社会文化生活水平，另一方面增加就业机会，缓解失业对社会的压力。另外，福利制度不仅在生理方面保证了劳动力的基本生活水平，提高了劳动力的身体素质，而且通过教育等手段提高了劳动力的文化素质。这样，劳动者体力和脑力的增强使劳动的效率提高了，劳动者寿命的延长使他们能够从事劳动的期限延长了，从而保证了经济扩张时对劳动力的需求。

（2）社会福利的弊端

第一，失业危机。过高的社会福利开支，最终将通过各种税收转为生产成本，而生产成本的提高必然影响产品的竞争力，致使社会中就业机会减少，随之而来的是失业保障费用的增加，并形成失业保障和就业之间的恶性循环。此时，福利不但没有成为消除失业的手段，反而成了增加失业的导因。

第二，资本转移。高标准的福利是靠向企业和个人征税维持的，因此也就给企业造成了沉重负担。同时，劳动力成本也居高不下，产品在国际市场上缺乏足够的竞争力。因而许多跨国公司不断地将资本转移到劳动力成本较低的国家。

第三，观念危机。由于福利制度给人们提供了比较全面的服务，一些人宁肯靠国家补助过日子也不愿努力寻找工作，滋长了懒惰和不思进取的思想。优厚的社会福利是一种"大锅饭"，使许多人上进心减退，不劳而获思想增强，高福利制度造就了不少"高级乞丐"。

论证与结构

根据"单要素"题型论证特点，例1论证逻辑思路如下：

段落	论证目的	分析思路
1	破	引出话题。
2	立	公平促进了效率。
3	反	忽视公平社会将失序。
4	列现象	当前社会公平面临的问题。
5	怎么办	提出解决问题的思路。
6	结	概括与总结总论点。

公平，社会的刚需

植物的生长，需要雨水的浇灌；病人的好转，需要营养的支持；社会的发展，也必须在公平的原则下，才能朝着正确的方向前进。

公平促进效率。一个公正的社会，其资源一定能得到合理的配置，此时人的积极性、创造性能得到最大限度地发挥。要重视公平，将公平放在首位。只有这样，才能让每一位社会成员享受到社会发展的成果，使每一个人都拥有平等的社会地位和同样的物质分配权利，每个人都有权利也都有能力得到自由、全面的发展。

忽视公平，社会将失序。在忽视公平的社会环境中，各种社会矛盾就会凸显，社会不稳定因素就会增多。不公平会引起低收入者的不满和贫富阶层之间的矛盾，导致社会不稳定乃至社会动荡，破坏社会资源配置的环境。因此，不公平不是效率发展的条件，恰恰是破坏社会发展的因素。

如今，不公平的现象可谓屡见不鲜。这种不公平表现在横向和纵向上。横向存在于行业间，科学家一年的收入甚至不够家庭的正常花销，但娱乐界明星的身价却过亿。仔细想想，真正推动社会发展的是科学家还是娱乐明星呢？纵向存在于区域间，经济发展的收益更多留在了东部，西部更多地是在为东部"输血"，而营养又远远没有跟上，东西差距长久得不到弥合。

要想解决以上问题，首先，政府要向服务型政府的方向发展，进行市场化操作，提高腐败及其他非法行为的违法成本，阻截寻租行为的发生，维护正常的分配秩序。其次，政府必须加大投入力度，促进各项制度的完善，为所有人提供平等受教育的权利、平等的就业机会和平等的社会保障机会。再有，政府应在落后地区加大公共支出力度，通过补贴、救济来实现"先输血、后造血"的发展思路。最后，必须完善法律体系，保障国家政策制定的利益走向和社会收益的有效实现，从根本上保障社会公平实现的可预见性。

毋庸置疑，公平是社会的刚需。

> **例2：根据以下材料，写一篇700字左右的论说文，题目自拟。**
>
> 儒学中讲求大同，但此大同并非彼大同，并不是毫厘不差的复制，也并非千篇一律的乏味，而是一种万物和谐的大同，和而不同方为真正的大同。

审题立意解析

关注总结和提示性句子

这类命题要特别关注转折词，如"但""而是"……然后抓住观点句，选择核心概念"和而不同方为真正的大同"，论题便可确定为"和而不同"。

论证与结构

根据"双要素"题型论证特点，例2论证逻辑思路如下：

段落	论证目的	分析思路
1	破	引入话题。
2	分析要素 A	"和"使社会的秩序井然。
3	分析要素 B	"不同"是社会多样性的基础。
4	两要素的关系	"和"与"不同"相辅相成。
5	怎么办	发挥社会教育功能。
6	结	概括与总结总论点。

和而不同

"君子和而不同,小人同而不和"。是山,便因地制宜;是水,宜因势利导;是人,贵因材施教。如此,各有所归,各有所获。社会发展需要秩序井然,社会的进步则体现在它的包容力上。

"和"使社会秩序井然。个体为摆脱"各自为战"的混乱状态,相互缔结契约,达成一致。良好的社会秩序能够让人民群众安居乐业,获得感、幸福感、安全感更加充实、更有保障、更可持续。良好的社会秩序将提高效率、节约资源、增加福利。

"不同"则是社会多样性的保证。多样性是驱动创新的一个重要因子。承认"不同"就是承认多样性,每个人的想法都会被重视,独特的思想和多元的价值观协同合作,从而增加社会活力,帮助社会实现革新、突破。"不同"也是合作的基础,正如人之身体,缺一则少,增一则多,各肢体器官有明确的分工,协调起来才能正常生活。

主张不同,并非绝对反对相同。"和"的存在,限制了"不同"。庄子在《逍遥游》中曾写到鹏程万里,却仍需风力助相。小到尘埃,大到鲲鹏,都无法达到绝对的自由。"和"的存在,却也保障了"不同"。这个社会需要一定的规章准则,否则就会造成社会的混乱。"同"是相对的,是相对一种特定环境下的整齐划一,百花齐放是绝对的,只有"不同"才能彰显社会的发展进步。

要实现和而不同,需要发挥社会的教育功能。在公共生活中要使整个社会充满和谐与包容,就要提升公众的批判性思维。批判性思维是个人自治的基础。自治使一个人较少依赖并因此较少受他人的指示和影响,从而保证了个性独立,保证了多样性,保证了"不同"。批判性思维能达到自我审查、自我校准的目的。自我审查可以反省自己的动机、避免偏见,尊崇真理;自我校准可以通过校正错误发现真理。这一过程,可以帮助人们减少分歧,达成一致,有助于社会的和谐。

我们统一目标,却用不同的方式前行。在"和"中共同奋斗,在"不同"中尽显智慧。

母题五：个人成长

例1：根据以下材料，写一篇700字左右的论说文，题目自拟。

作为一种道德修养，"慎独"最早见于《礼记》，它说："莫见乎隐，莫显乎微，故君子慎其独也。"对此，刘少奇同志曾解释说，"一个人在独立工作、无人监督、有做各种坏事的可能的时候，他能够'慎独'，不做任何坏事"。今天，人们一般将"慎独"理解为"在独处无人注意时，自己的行为也要谨慎不苟"（《辞海》）。

审题立意解析

关注总结和提示性句子

观察材料，可以看出全文围绕着"慎独"这一概念。但是我们还需要注意以下提示信息：今天，人们一般理解为"在独处无人注意时，自己的行为也要谨慎不苟"（《辞海》）。有的同学用"闯红灯""高铁霸座"等做论证，显然不符合要求，这些违规行为并非在"独处"时发生，论证显然偏题。

写作思维导图

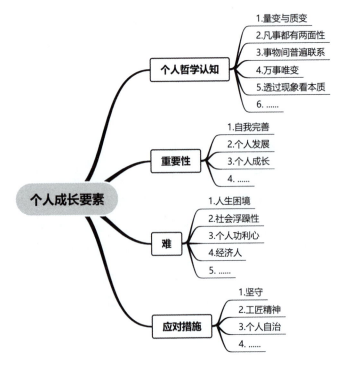

素材笔记

1. 个人的自我完善

自我完善是自我认识、自我分析、自我解决的过程。"是否已经完善"是对自我完善的考核总结。进行完善后，要检验自己的成绩在程度上是量的改变还是质的飞跃，随后启动自我完善的第二个过程。即自我完善是一个永无休止的、螺旋式上升的过程。它不仅是简单地重复第一个过程，因为每一次对自我的完善都会有不同程度的提高，所以更呈现一个向上的走势。

个人的自我完善包括个人德、智、体、美、劳和谐完整的发展；个人潜力的最大限度发挥；个人需要的全面丰富和满足。个人积极参加各个领域、各个层次的社会交往，形成尽可能全面、丰富的物质关系和思想关系。

2. 个人的发展

个人发展的内涵：① 成为渴望成为的个人，整合社会身份与自我认同，提高自我认识，确定优先事项、价值观念、生活方式或道德准则的选择。② 规划和实现理想、愿望、职业和生活方式的优先事项。③ 发展潜能和培养专业技能。④ 提高生活质量，包括在健康、财富、文化、家庭、朋友和社区等方面的个人发展。⑤ 学习技巧和方法，增强自我认知，取得个人生活的控制力和自我智慧的实现。

3. 个人成长

个人的成长是一个从量变到质变的过程。成长因素作为一种成长"基因"推动个人系统机体不断适应环境，并与环境形成良性互动。成长因素让个体不断完善和成熟，个体行为不断优化。

4. 个人成长与困境

艰难险阻是人生过程的必然。事物的发展是一个不断前进的复杂的过程，前进中会有波折，但终究是一个螺旋式上升的过程。人生不是一帆风顺的，常伴随痛苦、失败、挫折，"艰难困苦，玉汝于成"，温室里培植不出栋梁之材，梦想"风正一帆悬"则更是一厢情愿。

但是，艰难险阻绝非人生结果的必然。我们还可以用主观能动性改变人生，走出困境。一束光照射到玻璃上，红色玻璃反射红光，蓝色玻璃反射蓝光，未必所有玻璃都会反射一样的光线。其反射光线的颜色与纹路，并不取决于光线。光线作为外因，其作用并非决定性的，玻璃作为内因，如同人的主观能动性，能够左右事情发展的走向。没人能够逃避艰难险阻，这是客观事实，我们不必为此而悲伤，因为人生还有无限的机遇，无限种可能。

5. 坚守

我们所绕过去的那些难题，终不会饶过我们。唯一的办法，就是像西西弗斯一样，推起石头上山，石头滚下去，再去推起，滚下去，再次推起，无数次迎着朝阳起身，再无数次带着落日下山。这不是苦役，这是意义。这意义在于，我们不曾屈服。

6. 工匠精神

我们的社会应当注入工匠精神。工匠精神意味着一种执着，即一种几十年如一日的坚持与韧性。"术业有专攻"，我们应当心无旁骛，在一个细分领域中不断积累优势并最终成为"领头羊"。在中国早就有"艺痴者技必良"的说法，如《庄子》中记载的游刃有余的"庖丁解牛"等。工匠精神是社会文明进步的重要尺度，是中国制造前行的精神源泉，是企业竞争发展的品牌资本，是员工个人成长的道德指引。

7. 经济人

经济人就是以完全追求物质利益为目的而进行经济活动的主体，人都希望以尽可能少的付出，获得最大限度的收获，并为此可不择手段。经济人都以自身利益最大化为目标；追求自身利益或效用的最大化，是个体行为的基本动机。当一个人在经济活动中面临若干不同的选择机会时，他总是倾向于选择能给自己带来更大经济利益的那种机会，即总是追求最大的利益。

8. 个人功利心

"功利心"指的是一个人追求名和利的心理。世人对名利趋之若鹜，算得上是人之常情，但这种现象不值得推崇。一味追求名利，最后会落得迷失自我，随波逐流。个人功利心具体来讲就是功利动机和名利动机的综合：凡事非功利不做。

9. 量变与质变

从量变到质变符合事物发展的规律。凡事都需循序渐进，"一口吃个胖子"的成功概率几乎为零。正如："不积跬步，无以至千里；不积小流，无以成江海。""积跬步"与"积小流"这种行为看似笨拙，殊不知此乃"至千里"与"成江海"的关键。

10. 凡事都有两面性

"矛盾"与"统一"是一个事物的两个方面，它们互相排斥，又相辅相成。正如：朋友，既有好的一面也有坏的一面。你可以和朋友推心置腹，无所不谈，共商大计；亦可以和朋友反目成仇，仇深似海，彼此老死不相往来。

11. 事物间有普遍联系

世界上的一切事物都处在普遍联系之中，其中没有任何一个事物孤立地存在。事物的联系是客观的,人们要认识和把握事物的真实联系,就必须具体地分析事物之间的联系。事物内部和事物之间相互影响、相互制约,如同唇齿相依。"城门失火,殃及池鱼"同属此理。

12. 万事唯变

事物发展是一个始终变化的过程,世界唯一不变的是变,没有一成不变的。"刻舟求剑"中那个"可爱"的古人想"以不变应万变",结果眼睁睁地丢了自己的剑。谁要做守常者,谁就是失败者。

13. 透过现象看本质

现象富于变化,而本质则具有相对的稳定性。事物的现象是错综复杂的,往往真假交织,鱼龙混杂,不易分辨,同时事物的本质往往有一个逐步显露、逐渐展开的过程。

事物的现象与本质是有联系的,也是有区别的。现象是事物的外部联系和表面特征,事物的本质往往通过表象反映出来。每一个客观事物,都是多种复杂规定集成的统一体,这些复杂的规定通过丰富多彩的现象表现出来。人们接触一个事物,总是先认识到它丰富多彩的现象,由感觉、知觉而到表象,取得关于这个事物的整体的感性的认识。通过分析事物的现象,可以帮助我们认识事物的本质。把握事物的外部联系和表面特征,是认识的开始,但是,认识不能仅仅停留在表象上。要想把认识导向深入,还需要进一步探求事物的内在特征、本质属性,由感性认识上升到理性认识。

论证与结构

根据"单要素"题型论证特点,例1论证逻辑思路如下:

段落	论证目的	分析思路
1	破	引出话题。
2	立	慎独有利于个人的成长。
3	反	反证,"慎独"缺失的危害。
4	难	经济人心理。
5	怎么办	"自牧"与"知止"。
6	结	概括与总结总论点。

慎 独

孔子说他到了70岁之后,就能随心所欲而又不破坏规矩。也就是说,70岁的孔子能随心所欲地做到慎独了。至于70岁之前呢,要做到慎独,却未必能随心所欲。圣人况且如此，又何况是凡夫俗子的我们呢！

慎独有利于个人的成长。个人的成长是一个从量变到质变的过程，慎独作为一种成长"基因"推动个人系统机体不断适应环境，并与环境形成良性互动。慎独让个体不断完善和成熟，个体行为不断优化。

《笑傲江湖》中的岳不群在人前总是一副正义的面孔，号称"君子剑"；而私下里，他干的却是丑恶的勾当，当然最后也没有得到好下场。现实中也有和岳不群一样的人，但是他们一开始未必都是伪君子，只是很多人没有做到慎独，以为没有人知道就可以谋得非分利益。他们放弃了慎独，以致从本质上放弃了良知，也放弃了成为一名君子的最后可能。

无法做到慎独，源于"经济人"心理。作为个体，经济人无论处于什么地位，什么时间，什么背景，其本质都是一致的，即以满足个人利益最大化为基本动机。对其而言，在面对选择时，慎独便非最佳选项。

我们都是凡夫俗子，如何才能做到慎独呢？《三字经》云："人之初，性本善。"既然我们的本性都是善良的，那么，从理论上讲我们都能做到慎独。魏徵在《谏太宗十思疏》中说："将有作，则思知止以安人；念高危，则思谦冲而自牧。"我们要把握的就是"自牧"与"知止"。"自牧"就是用道德来约束自己，用正确的行为来洗涤自己的良心；"知止"就是懂得适可而止，即使没有人约束自己，自己也知道在该停止时停止——这样才能做到慎独。

荀子在《劝学》中说："君子博学而日参省乎己，则知明而行无过矣。"日日反省自己，我们就不会害怕迷失自己，从而做到坦荡着慎独。

> **例2**：根据以下材料，写一篇700字左右的论说文，题目自拟。
> 《论语·子路》："无欲速，无见小利。欲速则不达，见小利则大事不成。"

审题立意解析

关注总结和提示性句子

在"欲速则不达，见小利则大事不成"中，有的考生会盯住"见小利则大事不成"，立意为"义与利"，显然有些偏题。这句话中有"利"，但没有"义"的信息。其本意是不应急功近利，也就是"欲速则不达"之意。故"欲速则不达"为本题正确立意。

论证与结构

① 话题归类：个人成长。
② 根据"单要素"题型论证特点，本题论证逻辑思路如下：

段落	论证目的	分析思路
1	破	引出话题。
2	立	欲速则不达是违反客观规律的必然结果。
3	反	列社会现象。
4	难	克服的难点在于人们的功利心。
5	怎么办	发挥社会教育功能。
6	怎么办	保持淡定心。
7	结	概括与总结总论点。

欲速则不达

"欲速则不达"，表现为急功近利反而忽略本质，最终适得其反，与目标背道而驰。因此，欲达则须弃速。

欲速则不达是违反客观规律的必然结果。万物发展总是由量变开始，逐渐过渡到质变。量变是质变的必要准备，质变是量变的必然结果。"达"为求质变，而"速"却违背了量变渐进的要求。可见，速非达之方法，此之谓欲速则不达的根源所在。

然而，当今社会仍有求速之气。学者求速而学术造假，抄袭剽窃；官员求速而左右逢源，玩弄手段；企业求速而投机取巧，搅乱社会秩序。

这一系列欲速则不达的现象可归结为人们功利心的膨胀。人之功利强调对名和利的快速获得，而这种追名逐利的功利主义会逐渐蚕食人们的自尊，兴起盲目之风，从而使人逐渐迷失自我，失去方向。当社会中充满这样的人时，整个社会环境会因此而变得沉沦压抑。

因此，弃速求达需要社会教育引导正确的价值观。教育作为社会的基本手段，为社会公众提供了共同的思考规则。这种规则引导需将正确的义利观和生活观还原到生活中，使每个人向"达"而行，且不取"速"之道。这有利于营造积极的社会环境，畅通人才上升通道。

另外，社会中的个体应抛弃求速之心，保持一颗淡定心。放下蠢蠢欲动的求速之心，识清"利"的陷阱，看淡"速"的诱惑，在充满荆棘泥泞的道路上稳扎稳打，弘扬"工匠精神"的刻苦钻研。内外兼修，潜心修炼，以看似慢、实则快的方式顺利及"达"。

"宁详毋略，宁近毋远，宁下毋高，宁拙毋巧"正是对"欲速则不达"的完美诠释。求速之心不可有，只有弃速才可为达。

母题六：个人与社会

例1：结合材料 A 和 B，提炼观点，自拟文题，写一篇 700 字左右的论说文。

A. 某杂志社做调查："你对同学最赞赏的品质是什么？"调查结果中排在第一位的是"乐于助人"。

B. 某单位在一些青少年中做不记名问卷调查："遇到别人碰上麻烦事时你会怎样对待？"回答"悄悄走开"的人不少。

审题立意解析

关注总结和提示性句子

从 A 材料可以看出，人们期待他人"乐于助人"，从 B 材料可以看出个人行为的选择是"悄悄走开"，二者体现了一种矛盾心理。从中，我们应当呼吁什么？倡导什么？这就是我们的立意。

考生注意

这是一篇非常普通的给材料作文，我们之所以选择这个题目，是想让大家体会一下，我们写的论说文和高中的议论文的区别：在于观点，在于分析、在于语言、在于理论的应用。大家借此认真调整一下应试思路。

写作思维导图

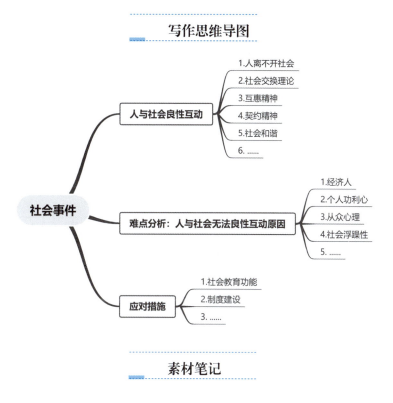

素材笔记

1. 人离不开社会

人的存在始终具有两重性。一方面,任何人都是一个个体的存在物;另一方面,任何人又不是"纯粹的个人",只有在社会中才能存在。人作为一种个体的存在物,都有维持自己生存和发展的需要。同时,人作为一个社会成员的存在物,又有维持社会共同体的存在和发展的需要。

人是社会的人,人不能离开城邦而独自生活。在亚里士多德看来,人天生要过共同的生活。就本性来说,全体必然先于部分。他举了身体的例子:"如全身毁伤,则手足也就不成其手足,脱离了身体的手足同石制的手足无异,这些手足无从发挥其手足的实用,只在含糊的名义上大家仍旧称之为手足而已。"也就是说,人类天生就注入了社会本能,个人与公共生活密不可分,个人如果离开社会则无法生存。因此人是社会的人,只有在公共社会中人们才能得到"自足而至善的生活"。特别在现代社会力求人与人、人与社会、人与自然越来越和谐的今天,人更不能脱离公共环境而生活。

2. 社会交换理论

人类社会的原则是互相帮助,别人给了你好处后你要回报,社会交往过程因此可以说是一个交换过程。在社会交往中,一方的活动总是影响着另一方的活动。当双方的交往能给各自带来好处时,交往就为双方带来了共同利益,而当双方的交往只给一方带来利益时，交往就产生了矛盾。如你在乘火车时，可能会与邻座聊天，如果在你想聊天的时候，邻座也正想找人说话，交谈的结果就会使双方感到愉快，反之，会引起不快。

3. 互惠精神

互惠是指各方在交换过程中一系列被大家所认可的准则，即一方为另一方提供帮助或给予某种资源时，后者有义务回报给予自己帮助的人。互惠存在于社会价值观中，体现了人们的付出应获得来自他人的回报的规范，不履行互惠义务的人会受到惩罚，而且个人的互惠导向能够影响互惠结果的好坏。

"给予就会被给予，剥夺就会被剥夺。信任就会被信任，怀疑就会被怀疑。爱就会被爱，恨就会被恨。"这就是心理学上的互惠关系定律。人是三分理智、七分感情的动物。士为知己者死，讲的就是这个道理。

4. 契约精神

契约是各方在自由平等基础上达成的一致，是为各自设定权利、义务的一种社会协议形式。契约精神是一种自由、平等、守信的精神。契约精神促进了商品交易的发展，为法治创造了经济基础，同时也为社会提供了良好的秩序，有利于社会的和谐。

法律是社会的契约。唯有遵守契约精神，才能让社会稳步地进步。我们敬佩一些政治家，他们设计了一套体系来制衡权力；我们更钦佩他们的后继者，他们对契约精神的执着与遵守，使得这套体系良性运转，并不断进步。

5. 从众心理

从众是指个人的观念与行为由于群体的引导和压力，不知不觉或不由自主地与多数人保持一致的社会心理现象，通俗地说就是"随大流"。缺乏分析、不做独立思考、不顾是非曲直地一概服从多数，随大流走，是不可取的，是消极的"盲目从众心理"。从众性是人们与独立性相对立的一种行为品质。从众性强的人缺乏主见，易受暗示，容易不加分析地接受别人的意见并付诸实行。

从众的原因有以下几个方面：① 行为参照：在情境不确定的时候，其他人的行为最具有参考价值。② 对偏离的恐惧：木秀于林，风必摧之。③ 与群体融合的需要：与群体成员保持一致可以使人更容易被成员接受。④ 群体的凝聚力：对自己的群体有强烈的认同感。

从众的弊端如下：

(1) 从众的心理在群体高度一致性的基础上使个人获得了匿名感，因此个人做事会无所顾忌。这种情况通常会导致违背原则的事情发生。过马路红灯亮时，本来还打算遵守交通规则等绿灯亮时走，但是发现闯红灯的人越来越多，于是便有了大家都闯多自己一个人闯也没什么大事的想法，也就无所顾忌了。像随地吐痰、贪小便宜、不遵守公共规则等很多现象，都是这种从众的行为。从众心理导致很多不文明行为屡禁不止。

（2）从众的心理给个人带来了淹没感。从众的心理因为群体的共同行为给个人带来了淹没感，扼杀了创新的勇气和锐气。"少数服从多数"是我们在选举或者决策中经常会遇到的方式，从课堂上的发言到开会时的表决，从思维的定式到惧怕风险的承担，无一例外地都有从众心理在作祟。这种心理有的源于利益、有的是因为怕出风头、有的是因为要明哲保身，有的是因为害怕承担责任。而这一切最终的结果就是将本来刚刚萌发的新思路和新观点活活扼杀在萌芽状态。也正是因为这种心理的影响，减少了社会的创新。

6. 社会浮躁性

社会浮躁心态是一种社会现象。它是社会中一些人对社会事务或群体利益、个人利益在表达关注和追求时，所呈现出的某种盲目性、非理智性的反映。社会浮躁作为一种急功近利、好大喜功的病态心理，对社会产生着广泛的影响。如若社会浮躁继续作为一种普遍的社会现象存在，那么社会必将踏上与现代文明背道而驰的错误道路，随之产生秩序混乱、道德废弛、信仰缺失、拜金盛行的堕落风气，造成社会危机。

7. 社会教育功能

在公共生活中，只有提升公共道德教育，并使整个道德教育横贯于各个领域并形成"风俗习惯"，才能使整个公共道德走向道德自觉状态，走向道德自律，走向和谐社会。

社会教育功能通过社会舆论、风俗习惯、榜样感化和思想教育等手段，使人们形成内心的善恶观念和情感、信念，自觉地尽到对他人和社会应尽的责任和义务，以达到协调各种社会关系的目的。

8. 制度建设

人的行为都是制度约束的结果。制度设定了人的行为边界，如果越界，制度就会对这种违规行为进行惩戒，所以制度对人的行为具有强大的制约引领作用。好的善的制度会引导人们的行为更趋理性与文明，坏的恶的制度则会引导人们的行为滑向愚昧与野蛮。

制度设计应扩展人的有限理性。人类具有自利、机会主义等行为特征。有人经常在事前满口应承，事后却忘得一干二净或者自食其言，有时还妄图不劳而获地"搭便车"甚至"损人利己"。制度则有助于增加逃避义务的风险，强化互利合作的习惯，达到抑制这种本能性机会主义的目的。同时，制度使人的行为变得更可预见，为社会交往提供一种确定的结构。

论证与结构

根据"单要素"题型论证特点，例1论证逻辑思路如下：

段落	论证目的	分析思路
1	立	引出话题。
2	反	如事不关己，高高挂起，人情社会终将无情。
3	难	"乐于助人"难在何处。
4	怎么办	制度力量的刚性约束。
5	怎么办	自身的道德力量。
6	结	概括与总结总论点。

乐于助人需要从我做起

"乐于助人"是大家最为赞赏的品质，而不少人却在别人遇到麻烦事时"悄悄走开"。抚卷深思，看似矛盾的回应恰恰暴露了社会上的人情冷漠。施于人的前提是己所愿，建立人情社会，乐于助人需要从我做起。

当乐于助人的人对他人频频施以援手，自己身处困境之时得到的却是他人的袖手旁观，一腔热血恐怕也终将耗尽；当一个人一味索取温暖与帮助，置他人困境于不顾，也终有一日孤立无援。若每个人都将乐于助人的美德寄希望于他人，自己却事不关己高高挂起，我们赖以生活的人情社会终将无情。

既然乐于助人的品质人人赞赏，"冷眼旁观"缘何而起？市场经济下，人成为追求理性的经济人，以利己为导向的思想对人在社会交往和活动中有着潜移默化的影响，指引着人们以利益最大化原则为人处世。当帮助他人对自己没有益处，相反也许会牺牲自己本可创造财富的时间，人们开始越来越多地选择"各人自扫门前雪，休管他人瓦上霜"。其次，诚信缺失现象愈发严重，人人都在发问"遇到摔倒老人扶不扶？"当救扶摔倒老人不仅没得到一句感谢反倒惹事上身，曾经的热心人也会"吃一堑，长一智"，吸取经验教训，不能也不敢再轻易相信陌生人。

建立人情社会需要制度力量的刚性约束。以相应的诚信机制和激励制度奖励乐于助人之人，在倡导人们乐于助人的同时，不让乐于助人的人寒心而使其受益。这样，每个社会成员在面对施以援手还是悄悄走开的选择题时，才会自然而然地做出正确的选择，而这也是一个人情社会的选择。

当然，善意的约束不仅来自于外界，更来自于我们自身的道德力量。在制度发挥奖惩效力的同时，也应激发人们心中的道德律令。加强教育引导，褒扬助人为乐之荣，鞭挞冷眼旁观之耻，营造助人为乐的浓厚氛围，有助于人们发自内心地伸出援手，传递善意。

抛去宏观的层面来看，我们每一个人都是社会面貌的缩影，如渴望建立一个人情社会，那么从现在开始，从我们自己做起，伸出援手。

> **例2：根据以下材料，写一篇700字左右的论说文，题目自拟。**
>
> 近期，扰乱高铁正常运转的事件频发：在高铁上"霸座"；为等待迟到的家人，强行阻碍高铁发车……铁路客运部门对其处以罚款的同时，还在铁路征信体系中记录旅客信息，在一定期限内限制其乘坐火车。可是有人认为，乘坐火车是公民的权益，不应被限制。

------ **审题立意解析** ------

关注总结和提示性句子

关注材料的观点：①罚款的同时，还在铁路征信体系中记录旅客信息，在一定期限内限制其乘坐火车；②有人认为，乘坐火车是公民的权益，不应被限制。抓住冲突点是审题的关键。因此，可构建主题：高铁事件，是否应该限制乘坐火车？

------ **论证与结构** ------

根据"二选一"题型论证特点，例2论证逻辑思路如下：

段落	论证目的	分析思路
1+2	破	引出话题，立观点。
3	踩	踩：不能限制乘坐火车。
4	立	高铁事件影响恶劣。
5	难	屡禁不止的根源。
6+7	怎么办	提出解决问题的思路。
8	结	概括与总结总论点。

高铁事件之我见

近期,扰乱高铁正常运转的事件频发。这些事件并非偶然出现,类似的影响公共秩序的事件还有很多,比如在公共禁烟场所吸烟、恶意占用应急通道等。

这些现象和行为,在表面上看似没有损伤他人,却极大影响了公共秩序,迫使公共利益为个人利益让步。对于材料中的系列高铁事件,我认为,很有必要在处以罚款的同时,记入征信体系,在一定期限内限制其乘车。

也许有人会认为,罚款可以,但乘坐火车是公民的权利,不应被限制。可是,公民在行使自己的自由和权利时,不得损害国家的、社会的、集体的利益和其他公民的合法的自由和权利。任何公民都应当遵守法律,这是公民首要的义务。任何权利和自由都是有一定限制的,而这种限制正是为了使其他公民也享有权利和自由。

我们不能小看一系列高铁事件,它们的影响是恶劣的。首先,规则是约定俗成的,是服务于人的。如果规则轻易地被个人或个体以各种理由打破,那么全社会都只会付出昂贵的成本,甚至发生惨重的伤亡事故。其次,公众都有从众心理,他人这样做满足了私利,其他人就会跟风这样做,这对于营造整个社会遵纪守法、和谐文明的风气不利。

为什么这些现象屡禁不止呢?究其根源,还是个体规则意识淡薄和相应的处罚力度不足这两大原因。

社会的进步,让大家的维权意识有所增长,但守法意识、尤其是对公序良俗的遵守意识却依旧淡薄;面对不文明现象,光靠个人自我约束是不现实的。我们的"执法力度"在一些场合还是太温柔,所以才导致一些人肆意妄为,无法无天。道德永远是模糊的、弹性十足的,只有规则才能保障秩序的正常运行,让人们在公共环境中更有尊严。所以,对"霸座者们"而言,最好的方式就是给出"强规则":罚款,限乘,并"强执行"。想必效果就会好很多。

强制惩戒的目的不是让"霸座者们"无法生存,而是让他们敬畏信用,让其能够通过努力恢复信用。如果失信者对信用无敬畏之心、无责任之感,就当以最为严厉的手段、最为简单的方式,使其寸步难行。

也只有这样,对"霸座者们"来说,才会真正形成震慑力,才能减少危害社会秩序的现象,才能离和谐法制社会更进一步。

第三章
论说文强化训练

单元练习一

1. 根据以下材料,写一篇 700 字左右的论说文,题目自拟。

企业发展到一定阶段,都会面临多元化和专业化的选择。专业化和多元化各有利弊。专业化的优点是可以在某一专业领域做深、做精,取得较高的市场地位;缺点是把鸡蛋放在一个篮子里,抗风险能力差。多元化的优点是可以扩大企业总体规模,化解风险;缺点是核心资源分散,当多元化领域之间关联不强时,企业很难做大做强,致使各领域都沦为二流,渐被淘汰。

审题立意解析

注意材料观点句:"企业发展到一定阶段,都会面临多元化和专业化的选择"。"面临选择"是希望考生在此表达态度,无论怎么选,只要言之有理,都没有问题。本例文主旨:多元化与专业化,并行不悖;本文主题定位企业成长主题;本文结构采用"双要素"结构。

论点与结构

段落	论证目的	分析思路
1	破	引材料,立观点。
2	要素 A	重要性:多元化经营助力企业成长。
3	要素 B	重要性:专业化经营有利于塑造企业独特的竞争优势。
4	二者关系	二者相辅相成。
5	怎么办	二者要协调发展。
6	结	总结与概括总论点。

> 例文

多元化与专业化，并行不悖

企业发展到一定阶段，都会面临多元化和专业化的选择。二者并行不悖，需要协调发展。

多元化经营助力企业成长。开展多元化经营有利于企业规模的扩大，同时在各业务单位之间产生"协同效应"，达到"1+1>2"的经营效果，有利于企业内部结构的不断完善和成熟、企业功能的优化，从而促进企业成长。

专业化经营有利于塑造企业独特的竞争优势。专业化经营有利于分工明确，分工协调，由此工作效率必然会提高。同时，专业化经营有利于企业在特定的产品或特定的目标市场上赢得竞争优势。在专业化经营中，企业可以把其全部资源集中起来攻其一点，使企业在竞争环境中能够长时间保持该领域主动的核心竞争力，易于建立独特的竞争优势。

多元化也好，专业化也罢，我们不能人为地把这两者对立起来。事实上两者之间并非绝对的互斥关系，而是具有相容性。多元化是趋势，专业化是根本。多元化战略通常是进行多领域、多行业的经营。专业化战略则是专注于某一项核心业务，做精、做细、做强。专业化走不好，多元化只能是奢谈，只有在专业化稳固的前提下，多元化才有成功的可能；多元化可以分散风险，为专业化奠定稳定的经济基础。

企业在经营过程中，要做到"多元化"与"专业化"经营协调发展。在专业化经营基础上实现多元化发展，在多元化发展的过程中进一步增强专业化经营实力。即在多个领域中形成专业化经营的优势，并利用多领域发展的机会形成更强的核心竞争力。这是企业一种有效和可行的战略。

综上，企业多元化、专业化的经营模式并非水火不容。在企业经营的过程中，它们之间经常相互转化。企业要协调多元化和专业化经营来提高核心竞争力，实现企业的长足发展。

2. 根据以下材料，写一篇700字左右的论说文，题目自拟。

随着公司规模的扩大和市场竞争的加剧，利益相近或一致的股东和公司高级管理人员的判断很可能出现偏执。这是由看问题的角度、所掌握的信息量和自身的分析能力所决定的。由于这种限制，不可避免地会导致公司做出脱离实际的决策，从而造成公司投资或经营方针的重大失误。而民主决策可以提供更多、更完整的信息，避免可能出现的错误，对公司稳定、健康的发展具有有效的作用。

审题立意解析

重点关注转折词"而"后的观点:"民主决策可以提供更多、更完整的信息,避免可能出现的错误,对公司稳定、健康的发展具有有效的作用。"重点说明了"民主决策"对企业的重要作用。所以,考生从企业的"民主决策"进行构思即可。

本例文主旨:民主决策,企业成功的内在逻辑;本文主题定位企业成长主题;本文结构采用"单要素"结构。

论点与结构

段落	论证目的	分析思路
1	破	引出话题,立观点。
2	立	重要性:民主决策,企业成功的内在逻辑。
3	反	必要性:反证民主决策缺失的弊端。
4	难	组织惰性和员工胜任力。
5	怎么办	一方面管理者要倾听员工想法;另一方面管理者要建立学习型组织,提高决策能力。
6	结	概括与总结总论点。

民主决策,企业成功的内在逻辑

随着公司规模的扩大和市场竞争的加剧,管理者的判断很可能会出现偏执,从而导致企业在经营的过程中产生失误。而民主决策能够有效应对以上问题。

民主决策,企业成功的内在逻辑。民主决策通过设定的程序、规则和方式,确保决策能广泛吸取各方意见、集中各方智慧、符合企业实际、反映事物发展规律的制度设计和程序安排。再有,民主决策可以提供更多、更完整的信息,避免可能出现的错误,对公司稳定、健康的发展具有有效的作用。公司的经营效益和未来发展,必将获得一种追加的能量。

在企业经营环境不确定性增加的情况下,如果决策权过于集中,管理人员的判断将出现偏执,不可避免地会导致公司做出脱离实际的决策,从而造成公司投资或经营方针的重大失误。

然而，企业实行"民主决策"还存在两个难点：一是组织的惰性。表现在组织内普遍存在保持既定行为方式和消极应对环境变化的倾向。组织结构高耸，决策机制僵化，决策者在行使权力的过程中忽略员工想法。二是员工的胜任力决定了民主决策的效果。员工的胜任力越高，执行任务的能力越强，其参与决策的程度以及为决策做出的贡献就越大。

要实现企业的"民主决策"，一方面，需要企业的管理者深入到员工中去，了解员工的真实想法，倾听他们的心声，从而获取对决策更有价值的建议，进而做出当前的最佳决定。只有这样，决策者与员工才能带领公司走向更好的未来。另一方面，要建立学习型组织。在上下级之间建立良好的沟通渠道，组织成员共享知识和信息，使每个人在大胆质疑的"前提"下提高决策水平和决策能力。

民主决策，帮助企业在激烈的市场中立于不败之地。

> **3.** 互联网时代商业环境瞬息万变，企业该如何面对不确定性？新生事物的出现往往预示着即将到来的巨大变化，管理者应当如何应对？
>
> 请你以"企业如何应对不确定性"为题，谈谈你的看法，写出 700 字左右的论说文。

审题立意解析

考生需要注意题目要求：以"企业如何应对不确定性"为题，无须另立题目，按照命题要求展开论证便可。本文主题定位企业成长主题；本文结构采用"单要素"结构。

论点与结构

段落	论证目的	分析思路
1	破	引出话题，立观点。
2	重要性	例证企业正确应对不确定性的重要性。
3	反	不正确应对不确定性的弊端。
4		管理人员改变固有的心智模式。
5	怎么办	企业回顾过去，寻找可能的因果关系。
6		加强创新。
7	结	概括与总结总论点。

企业如何应对不确定性

互联网时代带来了高度不确定性，而企业只有懂得如何面对环境的不确定性，才能迅速制定新的战略，构建核心竞争力，以适应瞬息万变的市场变化。

壳牌公司的高级主管在咨询顾问的协助下，曾历时一年的时间，针对整个石油行业及公司运营所涉及的不同国家的政治、经济、文化环境的不确定性，拟订多种替代性的"情境"。然后，运用这些"情境"，要求分布于全球的经理人思考如何应对。正确应对不确定性，使壳牌公司安然度过了当年的石油危机。

低估不确定性，可能会导致企业无法及时识别对自身构成威胁的外部环境的变化，或是错失不确定性给企业带来的市场机会。而高估不确定性，即认为环境是完全不可预测的，从而放弃分析规划，而以直觉制定应急措施，可能会使企业为此冒险行为付出巨大的代价。

应对不确定性，企业管理人员首先应该改变固有的心智模式，建立自驱动变革文化。变革自己，即自驱变革，能够不断地否定自己，不断地超越自己。面对不确定性，以"变"应"变"地制定应急措施，才不会因为冒险或掉以轻心付出巨大的代价。

应对不确定性，企业还可以回顾过去，寻找可能的因果关系。企业基于"相似的原因会导致相似的结果"的假设，得出经验公式，并据此进行预测。很多管理者更愿意相信个人自身的判断力，但是数据表明，无论我们承认与否，多数个人预测的准确度甚至比不上最简单的统计模型。此外，我们所运用的模型应该保持动态，以确保其应对不确定性的有效性。

应对不确定性，企业可以按一定的时间间隔创造新产品或服务，以使企业的运作产生一种适当的节奏，使其更有规律性和预见性。这种"节奏"能帮助管理人员从容应对不断变化的商业环境。由于"节奏"能在心理上产生一种强大的作用力——紧迫感，从而抵消由观望、行动缓慢无章、缺乏动力等习惯惰性而带来的被动结果。

以"变"应"变"，以"不变"应"万变"，企业只有正确应对不确定性才能基业长青。

4. 根据以下材料，写一篇700字左右的论说文，题目自拟。

"云端"＝会议、远程办公、智能施工、直播卖货、机器人配送……这不是科幻电影里的片段，而是当下中国经济的剪影，是网友口中"辛勤耕'云'""努力种'数'"的智慧春天。

表现活跃的新经济，既形成高品质产业供给，又满足消费升级的需要，激荡出高质量发展的汩汩动能。显然，高质量发展已经成为经济社会发展的有力支撑。

审题立意解析

关注观点总结句："显然，高质量发展已经成为经济社会发展的有力支撑"，所以考生可以围绕"高质量发展"立论分析。

本例文主题：高质量发展，社会进步不可或缺；本文主题定位社会发展主题；本文结构采用"单要素"结构。

论点与结构

段落	论证目的	分析思路
1	破	引材料，立观点。
2	立	重要性：高质量发展，助推社会进步。
3	立	必要性：我国社会主要矛盾的转化迫切要求经济高质量发展。
4	难	一方面，我们必须贯彻新的发展理念；另一方面，我国区域间存在两极分化态势。
5	怎么办	转变发展理念；保持质量同行；区域协调发展。
6	结	概括与总结总论点。

例文

高质量发展，社会进步不可或缺

"云端"＝会议、远程办公、智能施工、直播卖货、机器人配送，成为当下中国经济的剪影，高质量发展已经成为经济社会发展的有力支撑。

高质量发展，助推社会进步。高质量发展是营商环境优化、产品质量保证、资源精准对接与优化配置的增长方式，是创新驱动型经济的增长方式。高质量发展，实现了增长与发展的统一、增长方式与发展模式的统一。高品质产业供给，满足了消费升级的需要，激荡出社会进步的汩汩动能。

我国当前某些领域的发展依旧重视量的扩张而忽视质的提高，突出表现为中低端产品的产能过剩与高端产品供给不足同时存在。现在，我国社会主要矛盾已经转化为人民日益增长的美好生活需要和不平衡不充分的发展之间的矛盾。为解决该矛盾，必须推动高质量发展。

然而，实现经济的高质量发展困难重重。一方面，我们必须贯彻新的发展理念，倡导可持续性发展；另一方面，受到地理位置、人口分布、政策制定等各项因素的影响，在经济高速增长阶段，我国区域间存在两极分化态势。这些都成为制约经济高质量发展的关键因素。

高质量发展不是短时间内可以完成的。它是渐进的、积小变为大变、从量变到质变的过程。首先，政策制定者不能简单以GDP论英雄，不能被短期经济指标的波动所左右，须坚定不移实施创新驱动发展战略。其次，我们要重视量的发展，但更要解决质的问题，在质的大幅度提升中实现量的有效增长，给人民群众带来更多的获得感、幸福感、安全感。再有，要大力促进我国区域、城乡协调发展，推动产业转型升级和丰富人民群众精神文化生活，建设优势互补、良性互动、融合发展、城乡协调的区域发展体系。

经济高质量发展，才能推动社会更好更快发展。

5. 根据以下材料，写一篇700字左右的论说文，题目自拟。

自由包括行为和精神世界的双重解放，是人类穷尽所有资源和毕生精力追求的生存意义。然而，有不少人曲解甚至误解了自由的内涵，认为为实现自己利益的最大化而恣意妄为也属于自由的范畴。所以，才有了公共场所言行不端、中国式过马路，甚至是令人痛恨的食品安全危机。殊不知，这样的"自由"逾越了应有的界限，侵犯了他人的权益，践踏了社会空间的公共责任。自由不等于任性，必须有秩序的约束。

审题立意解析

材料首先说明自由是人类生存的意义，但是不少人曲解了自由的真正含义，所以才有了一系列的不文明行为，这样的"自由"逾越了应有的界限，因此，必须以秩序来约束自由。

本例文主题：自由需要秩序的约束；本文主题定位社会和谐主题；本文结构采用"双要素"合写结构。

论点与结构

段落	论证目的	分析思路
1	破	引材料，立观点。
2	立	重要性：自由的实现有赖于秩序的建立。
3	反	反证缺乏秩序约束的社会危害。
4	难	一方面，人们过分追求个人利益最大化；另一方面，缺乏惩罚。
5	怎么办	个人自治+强规则
6	结	概括与总结总论点。

自由需要秩序的约束

自由是人类生存的意义。然而，有不少人曲解了自由的内涵，一味追求自身利益的最大化，但这样的"自由"逾越了应有的界限，侵犯了他人的权益。所以，自由不等于任性，必须受秩序的约束。

自由的实现有赖于秩序的建立。秩序以自由为其存在的目的，人的每一种自由的行使，都不可能无视他人同样存在的自由，当每个人的自由都能够受到秩序的约束时，就可以避免因彼此发生冲突而无法自由的情况。因此，秩序是自由的前提，也是自由发展的保障。

缺乏秩序约束的自由犹如脱缰的野马，是极度危险的。从随意插队、当众喧哗打闹、损害公共财物、办事求人托关系等生活琐事，到冷漠围观、甚至为了发泄情绪在网上肆意谩骂、攻击他人，严重破坏网络生态环境，这些无一不折射出脱离了秩序的自由最终只能影响他人、贻害社会。

然而，并不是每个人都能在秩序的约束下行使自由：一方面，有些人过分追求个人利益最大化，将个人自由凌驾于他人自由之上，丢掉了自由的界限；另一方面，现行制度过于温柔，对失序行为缺乏相应的惩治。

因此，我们需要个人的自治。"见贤思齐焉，见不贤而内自省也"。一是反省自己的动机和价值观，寻求榜样的力量，换位思考，将他人的自由作为个体自由的界限，将社会的秩序作为个体自由的界限。二是加大执法与监督的力度。道德永远是模糊的、弹性十足的，只有规则才能保障秩序的正常运行，让人们在公共环境中更有尊严。所以，对于严重失序行为，最好的方式就是给出"强规则"。

孟子云：不以规矩，不能成方圆。唯有以秩序作为约束，才能实现真正意义上的自由。

6. 随着现代社会的发展，人们的生活更容易进入大众视野。评价他人生活变得越来越常见，这些评价对个人和社会的影响也越来越大。人们对"评价他人生活"这种现象的看法不尽相同。

请写一篇700字左右的论说文，谈谈你对这种现象的思考。

审题立意解析

考生应注意材料阐述的是一种社会现象，即"评价他人生活"，所以只要从这一现象入手分析，表达自己的观点即可。

本例文主题：理性评价他人生活；本文主题定位个人与社会主题；本文结构采用"单要素"结构。

论点与结构

段落	论证目的	分析思路
1	破	引出话题，立观点。
2	立	说重要性：理性评价他人生活的利。
3	反	说危害：不理性评价他人生活的弊端。
4~5	难	"言论自由"被过分强调；网络社交平台无须实名制认证。
6	怎么办	政策与制度建设：加大监管，出台相应的规章制度。 加强意识引导。
7	结	概括与总结总论点。

理性评价他人生活

随着网络社交媒体的发展，评价他人生活的现象变得十分常见。当人们对他人生活进行评价时，只有做到理性评价，才能构建和谐的人际关系。

理性评价他人生活，对人对己都有利。理性评价他人生活，有利于单位中的团结和工作，有利于朋友之间的交往，有利于邻里之间的相处；自己也能保持平和的心情，对自己的工作和生活都有益处。

然而，随着社交平台的发展，人们往往做不到理性评价，网络暴力时有发生。当大量评价指向个体行为时，当事人会重新审视自己的行为。此时，大量不合理的评价可能会误导个人行为。不理性的评价无非是无视他人感受，随意置评他人生活。如果人人不理性，任意评价他人行为，不能做到将心比心，则会助长社会"冷漠"，不利于构建和谐的人际关系。

不理性评价的危害有目共睹，那为什么还时有上演？

一是"言论自由"被过分强调。人们大多认为"言论自由"等同于无须对自己的言论负责，因此"口无遮拦"，无视自己的不恰当评价对他人心理及行为的不利影响，不理性评论容易衍生为"恶评"。二是网络社交平台无须实名制认证。对于网络"恶评"并无严格的监管，人们无须对自己的不恰当评价负责。

要做到理性评价，首先要推行网络社交"实名制"，加大监管力度，出台相应的规章制度。找到"恶评"源头，对其进行严格的监督管理，必要时对其进行惩处，使人们明确个人行为的责任。当然，光靠制度的刚性约束不足以使人们对自己的行为负责，正确的意识引导也十分必要。政府应加强教育引导，引领人人将心比心的社会风尚，营造良好的舆论氛围，引导理性评价，这样才能构建和谐的人际关系。

理性评价他人对于构建和谐的人际关系至关重要。现实生活中，为了营造良好的人际氛围，更应从我做起，理性评价他人生活。

7. 根据以下材料，写一篇700字左右的论说文，题目自拟。

"弯道超越"本是赛车运动中的一个常见用语，意思是指车手利用弯道超越对手。弯道是每个车手都必须面对的。相对于直道而言，弯道上困难大，变数多。过弯道时，原来领先的车手可能因为弯道而落后，而本来落后的车手也可能利用弯道超越对手。

现在这一用语被赋予了新的内涵，并被广泛借用到政治、经济和社会生活的诸多方面。其中的"弯道"一般被理解为社会进程中的某些变化期或人生道路上的一些关键点。这些特殊的阶段充满了各种变化的因素，极富风险和挑战，更蕴含着超越对手、超越自我的种种机遇。

审题立意解析

材料首先说明了赛车弯道在比赛中的重要作用,然后以赛车弯道为喻,并加以引申,将"弯道"与人生中那些"极富风险和挑战,更蕴含着超越对手、超越自我的种种机遇"和"某些变化期或人生道路上的一些关键点"联系在一起。考生既可以论述弯道超越对于成就人生的重要意义,也可以说明面对弯道时应抓住机遇,还可以分析人生本身就是一个"弯道"等。

本例文主题:喝彩,为弯道上的超越;本文主题定位个人成长主题;本文结构采用"单要素"结构。

论点与结构

段落	论证目的	分析思路
1	破	引材料,立观点:弯道成就不平凡的人生。
2	例证	弯道超越的价值。
3	理证	"弯道"是人生的必然。
4	难	抓住机遇不易;在遇到"弯道"前没有做足准备。
5	怎么办	调动个人主观能动性实现弯道超越。
6	结	总结与概括总论点。

喝彩,为弯道上的超越

"弯道超越"本是赛车运动中的常见用语,现在被赋予了新的内涵,指代社会进程中的某些变化期或人生道路上的一些关键点。正是人生中难以预料的弯道成就了不平凡的人生。

史铁生曾在《给盲童朋友》中写道:"生命就是这样一个过程,一个不断超越自身局限的过程"。史铁生遇到了人生的弯道,当他意识到他的梦想将被残缺的身体所限制,人生的所有光彩仿佛都与他无关时,他消极过、彷徨过。但最终他选择加足马力,藐视痛苦,创作出一系列优秀的文学作品。在人生的这个"弯道"上,史铁生以一次完美的超越赢得了这场比赛。

"弯道"是人生过程中的必然。人生由无数个量变积累成质变的小过程组成,其中质变的节点即是人生路上的"弯道"。如果不能抓住人生的"弯道"实现超越,那么就无法实现人生质的飞跃。

然而，并不是所有人都能做到抓住机遇，弯道超越。一方面，机遇不是那么容易被抓住的，有人稍受挫折就会抱着"人生在世不称意，明朝散发弄扁舟"的消极心态，不再努力奋发了。另一方面，机会总是留给有准备的人，很多人在没有遇到"弯道"之时，不能提前做好准备，庸庸碌碌，当机遇来临时只能临场应对，为时已晚。

我们可以用个人主观能动性实现弯道超越。一束光照射到玻璃上，红色玻璃反射红光，蓝色玻璃反射蓝光，未必所有玻璃都会反射一样的光线。其反射光线的颜色与纹路，并不取决于光线。光线作为外因，其作用并非决定性的，玻璃作为内因，如同人的主观能动性，可以左右事态发展。没人能够逃避"弯道"，这是客观事实，我们不必为此而感怀，因为人生还有无限的机遇，无限种可能，弯道正是超越昨天的机遇。

每个人都要记住：阳光总在风雨后，经历得起风雨的人才会见到阳光。只有把握机遇，才能弯道超越，成就不凡人生。

单元练习二

1. 根据以下材料，写一篇700字左右的论说文，题目自拟。

《左传》有云："如乐之和，无所不谐。"古人用诗一样的语言描绘了如同音乐般美好的和谐社会。缩小贫富差距，从而减少由此所产生的各种社会矛盾，无疑是构建和谐社会不可或缺的重要环节。

审题立意解析

关注观点句"缩小贫富差距，从而减少由此所产生的各种社会矛盾，无疑是构建和谐社会不可或缺的重要环节"，强调和谐社会的建立（果），需要缩小贫富差距（因）。所以，考生需要从缩小贫富差距这个原因或方法手段入手分析，展开论证。

本例文主题：缩小贫富差距，构建和谐社会；本文主题定位社会和谐主题；本文结构采用"单要素"结构。

论点与结构

段落	论证目的	分析思路
1	破	引材料，立观点。
2	立	贫富差距有违社会平等。
3	立	缩小贫富差距有利于社会稳定。
4	反	贫富差距的社会危害。
5	难	社会保障机制仍然不完善；存在各种不合理的"暴富"现象。
6	怎么办	建立健全社会保障机制；做好扶贫工作；加强制度建设，合法致富。
7	结	概括与总结总论点。

例文

缩小贫富差距，构建和谐社会

缩小贫富差距，是构建和谐社会不可或缺的重要一环。

贫富差距有违社会平等。有人认为，贫富差距恰恰是平等竞争的结果，因而是公平的。然而不可否认，较大的收入差距维持一段时间以后，就会导致一部分人生来就得不到平等竞争的机会。两个天赋完全相同的人仅仅因为出生于不同家庭，能够获得的教育就可能有极大的差异，以至于其中一个无论如何努力，注定不可能获得与另一个同样的生活质量，这无论如何是不公平的。

缩小贫富差距有利于社会稳定。财富分配的不平等历来是社会不稳定的根源。缩小贫富差距在一定程度上缓和了不同利益集团之间的矛盾，增强了社会的凝聚力。缩小贫富差距可以避免弱势群体的仇恨心理，起到缓解社会矛盾的"安全网"作用，能够减轻对现有制度的离心力，从而为经济发展和社会稳定提供了前提和保证。

如果任由贫富差距长期存在，会造成社会阶层之间的对立，从而导致社会失序。社会失序会进一步引发社会动荡：犯罪率会上升，相关的管理支出也会增加，从而危害每个人的利益。

造成贫富差距的原因是复杂的。首先，由于我国人口基数大，近年来经济增长与社会变革速度加快，有些社会保障机制仍然不完善，还需要一个摸索和完善的过程；其次，存在各种不合理的"暴富"现象，少数人的贪污、偷税骗税以及行业垄断、行业不正之风等，加重了社会贫富差距。

因此，政府应该建立健全社会保障机制，特别是强化对最弱势群体救助的服务职能；其次，激发贫困群众摆脱困境的斗志和勇气，做好扶志工作，为那些没有条件的人提供发挥自身潜力所需要的物质条件和机会，保证人人都能得到受教育以及实现自身潜力的机会。同时，各级政府应不断加强制度建设，打击利用不正当手段敛取不义之财暴富的违法行为。

统筹兼顾各方面利益的任务艰巨而繁重，缩小贫富差距、构建和谐社会任重道远。

2. 根据以下材料，写一篇700字左右的论说文，题目自拟。

2018年3月，"大数据杀熟"这个词进入大众视野，不过这一现象或已持续多年。"大数据杀熟"虽然可以说是商家的定价策略，但最终形成了"最懂你的人伤你最深"的局面，确实与人们习以为常的生活经验和固有的商业伦理形成了明显冲突。然而有人认为，"大数据杀熟"也是可以理解的：一罐可乐，在超市只卖2元，在五星级酒店能卖30元……这样的例子在现实中比比皆是，你有需求，我刚好可以提供，所以没什么大惊小怪的。

审题立意解析

关注材料的观点：①"大数据杀熟"确实与人们习以为常的生活经验和固有的商业伦理形成了明显冲突；②然而有人认为，你有需求，我刚好可以提供，所以没什么大惊小怪的。因此，可以从"大数据杀熟"是否损害消费者利益构建主题。

本例文主题：大数据杀熟之我见；本文主题定位社会和谐主题；本文结构采用"二选一"结构。

论点与结构

段落	论证目的	分析思路
1	破	引出话题，立观点。
2	踩	踩：认为没必要为"大数据杀熟"大惊小怪是错误的。
3	立	立："杀熟"，不但坑了消费者的真金白银，还容易泄露个人信息。
4	难	商家追求利益最大化；相关法律法规不完善。
5	怎么办	商家应坚持"以用户为核心"的思维；监管部门理应加强相关立法工作。
6	结	概括与总结总论点。

大数据杀熟之我见

"大数据杀熟"指同样的商品或服务,老客户看到的价格反而比新客户要高出许多。在网络消费越来越普遍的情况下,肆意使用这些未公开的规则针对新老客户"差别定价",短期看商家似乎获得了利益,但从长远来看实则是害人害己。

或许有人认为没有必要为"大数据杀熟"大惊小怪:"一罐可乐,在超市只卖 2 元,在五星级酒店能卖 30 元。你有需求,而我刚好可以提供。"但仔细思考一下,这个理论套用在"大数据杀熟"上并不恰当。一个关键问题是,一罐可乐的正常价格是透明的,并且在五星级酒店的溢价是公开的。但"大数据杀熟"却处于隐蔽状态,多数消费者是在不知情的情况下"被溢价"了。所以,用这样的理由作为"杀熟"的借口是站不住脚的。

"杀熟",不但坑了消费者的真金白银,还容易泄露个人信息。大数据"杀熟"伤了老客户的心,也毁了平台未来的发展前途。如果消费者发觉被平台"杀熟",很可能在以后的消费中弃之不用,转投别家。对平台而言,虽然通过"杀熟"获得了一时之利,却因此失去一群老客户。其付出的代价,远比一次"杀熟"的收益高得多。

观察"大数据杀熟"的背后,我们可以看到,商家以"利益为核心",通过"消费"消费者的信任,"利用"消费者的感情,来追求利益最大化。而制度层面法律法规的不完善,也使得违规成本较低,使商家滋生了侥幸的心理。

要治理"大数据杀熟"的行为,商家应坚持"以用户为核心"的思维,用更多优质服务吸引用户,并且在对大数据进行商业开发时,筑牢安全保护的防火墙,加宽隐私保护的屏障,不能触碰法律底线;监管部门理应加强相关立法工作,尤其针对消费者个人信息方面,应堵住监管漏洞,提高违法成本。

俗语有言:"君子爱财,取之有道。"靠着"大数据杀熟"来"坑蒙拐骗"消费者岂能长久?

3. 根据以下材料，写一篇 700 字左右的论说文，题目自拟。

《新主人翁管理》一书中提到："当企业中每一名员工都能用主人翁精神工作时，我们的企业将成为和谐企业、效率企业。"员工的主人翁意识缺失，将导致奉献精神、责任意识、集体观念的淡漠，从而在不同程度上影响企业的效率和效益。对企业而言，培养员工主人翁精神，倡导员工奉献精神和责任意识，是一项势在必行而又迫在眉睫的工作。

审题立意解析

关注总结和提示性句子：对企业而言，培养员工主人翁精神，倡导员工奉献精神和责任意识，是一项势在必行而又迫在眉睫的工作。重点强调"主人翁精神"，由此展开论证。

本例文主题：主人翁精神，企业发展的刚需；本文主题定位企业成长主题；本文结构采用"单要素"结构。

论点与结构

段落	论证目的	分析思路
1	破	引出话题，立观点。
2	立	培养员工主人翁精神，增加组织的向心力。
3	反	员工缺乏主人翁精神，会降低企业整体效益。
4	难	一是员工缺少团队精神；二是企业文化缺少对员工的尊重。
5	怎么办	文化建设；人本思想；优化企业人才环境。
6	结	概括与总结总论点。

例文

主人翁精神，企业发展的刚需

《新主人翁管理》一书中提到，"当企业中每一名员工都能用主人翁精神工作时，我们的企业将成为和谐企业、效率企业。"由此可见，培养员工的主人翁精神，是企业发展的刚需。

培养员工主人翁精神，能增加组织的向心力。一名员工对自己的工作和向组织交付的成果有"主人翁"心态，会增加他对组织的承诺。此外，组织中的每个成员都会有不同的个性和做事方式。那些像关心自己的成果一样关心团队成果的员工，会积极拥抱多样性，愿意将差异吸收到他们的团队中，可以培养团队合作精神，增加个体对组织的向心力。

员工缺乏主人翁精神，会降低企业整体效益。如今很多员工都以打工心态工作。主人翁意识的缺失，导致员工的奉献精神、责任意识、集体观念淡漠。这在不同程度上影响了企业的效率和效益。因此，呼吁培养员工主人翁意识的企业越来越多。

为何企业员工会缺乏主人翁精神，究其原因，有以下两点。一方面，员工缺少团队精神，通常以自身利益最大化为目标，希望以尽可能少的付出，获得最大限度的收获，并为此不择手段。另一方面，企业文化缺少对员工的尊重。企业只要求员工尽主人义务，承担主人责任，却不能够完整地确立其主人翁的地位和权利。《战国策》中，伯乐与千里马的故事向我们阐述了一个道理：领导者想要得到人才，物质上的激励是次要的，真正能留住人才的是精神上的共鸣，感情上的维系。

充分激发企业员工的主人翁意识，组织应打造积极性、主动性、创造性的组织文化；树立正确的人本思想，充分地、全方位地培养和激发企业员工的主人翁意识，与员工形成利益共同体；不断优化企业内部人才环境，广开言路，勠力同心，与员工共同分享企业经营成果，促进企业的茁壮发展。

培养员工的主人翁精神，让企业基业长青。

4. 根据以下材料，写一篇 700 字左右的论说文，题目自拟。

腾笼换鸟，是经济发展过程中的战略举措，即把现有的传统制造业从目前的产业基地"转移出去"，再把"先进生产力"转移进来，以达到经济转型、产业升级。西方很多国家在工业化过程中都会实行这种政策，以达到产业结构的优化升级。

审题立意解析

首先，需要理解"腾笼换鸟"的含义。作为一种经济发展战略，是将传统制造业"转移出去"，将"先进生产力"转移进来，目的是达到产业结构的优化升级。所以，可从"腾笼换鸟"对经济发展的重要作用入手分析。

本例文主题：腾笼换鸟，凤凰涅槃；本文主题定位社会发展主题；本文结构采用"单要素"结构。

论点与结构

段落	论证目的	分析思路
1	破	引材料，立观点。
2	立	"腾笼换鸟"是经济转型的重要方式之一。
3	立	市场变化步伐的加快要求"腾笼换鸟"。
4	立	传统制造业存在的问题要求"腾笼换鸟"。
5	怎么办	对待传统制造业要取其精华，去其糟粕；对待先进生产力要促进企业内部文化与新型生产经营模式协调发展。
6	结	概括与总结总论点。

腾笼换鸟，凤凰涅槃

腾笼换鸟作为经济发展过程中的一种战略举措，是指把现有的传统制造业从目前的产业基地"转移出去"，再把"先进生产力"转移进来，以达到经济转型、产业升级。

从哲学上讲，辩证的否定是事物自身的否定，是发展的环节，是联系的环节，辩证的实质是"扬弃"。腾笼换鸟作为经济转型的重要方式之一，不是对过往产品、过往产业推倒重来、全盘否定，而是正视产业结构存在的问题，不满足现状，寻求可持续发展之道。

市场变化步伐的加快要求腾笼换鸟、产业升级。比如，顾客的需求变化莫测，所谓的个性化消费将促进新产品不断推陈出新，产品周期不断缩短。现如今市场变化的速度、方式、趋势已远远超出传统制造业厂商的想象和控制。若不重视市场动向，一味地发展传统制造业，将难以适应市场的动态变化，其发展就会举步维艰，最终将被消费大潮淹没。

与此同时，传统制造业存在的问题要求引入先进生产力，改变生产模式。我国在经历了40年快速发展的今天，诸多企业受到了发展中的"制约之痛"，体会到了产品落后、环境污染、成本攀升等"成长中的烦恼"。浙江省作为我国东部沿海地区活力最强的省份之一，面对增长方式粗放等问题，痛下决心腾笼换鸟，用生态农业代替传统农业，用新型制造业改造提升传统产业，促进质量与效益共增长，为当地人民造福。

要做到腾笼换鸟，就要改变高投入、高消耗、高排放的粗放型增长方式，不能简单粗暴地将传统制造业全部移除，必须取其精华，去其糟粕。在引入先进生产力的同时，促进企业内部文化与新型生产经营模式协调发展。

以壮士扼腕之勇气，腾笼换鸟，凤凰才能涅槃重生。

5. 根据以下材料，写一篇700字左右的论说文，题目自拟。

屠呦呦提取青蒿素的过程是艰辛的，其中之酸甜苦辣绝非常人能够想象和忍受。如果她没有敬业精神，是不可能在经历191次实验失败之后仍然矢志不渝，直至取得成功的。

审题立意解析

材料重点阐述的是屠呦呦历经艰辛提取青蒿素的历程，表现出屠呦呦的敬业精神。材料也给了关键词"敬业精神"，所以考生从"敬业精神"立意即可。

本例文主题：敬业，在平凡中铸就非凡；本文主题定位"个人与社会"主题；本文结构采用"单要素"结构。

论点与结构

段落	论证目的	分析思路
1	破	引出话题，立观点。
2	立	说重要性：敬业的人注定伟大。
3	反	说危害：没有敬业精神的人，终其一生也不会有真正的成就。
4	难	责任感缺失；缺乏自我管理能力。
5	怎么办	个人树立正确的工作价值观；社会倡导敬业精神。
6	结	概括与总结总论点。

敬业，在平凡中铸就非凡

屠呦呦历经191次实验失败最终成功提取出青蒿素，这一过程是艰辛的。可见，只有敬业才能取得非凡的成就。

敬业的人注定伟大。敬业是中国人的传统美德，也是当今社会主义核心价值观的基本要求之一。敬业的人会献身于自己从事的职业，将自己的一生与其联系起来。这样，工作就会由外在的强制和被动转化为内在的自觉和主动。敬业的人终将在事业发展中实现人生价值，成就非凡。

反之，没有敬业精神的人，终其一生也不会有真正的成就。没有敬业精神的人会轻视自己的职业，有着过多的抱怨和消极的心态，厌恶工作，不思进取，工作积极性也就无从谈起。他们不会忠于自己的工作，不会与组织同舟共济，共赴艰难，更不会获得成就感，只会一生碌碌无为。

敬业看似平凡，实则不易。原因有二。首先，敬业就意味着要负责任，但实际工作中总有人责任感缺失。他们不想对做事的结果负责，因为负责就意味着付出，付出就意味着会多占用自己的时间、精力，当这些付出得不到明确的回报时，很多人就不愿去负责，也不会有敬业精神；其次，很多人缺乏自我管理能力。因为自律性差，除非有人一直监督，这些人才能集中精力于自己的事业，否则就很容易三心二意。

因此，敬业需要个人树立正确的工作价值观。乐于学习，善于创造，在劳动的乐趣和重视每一个细节中做好本职工作，升华人生的自我价值。社会应当倡导敬业精神，通过舆论宣传、激励与奖励敬业精神突出的社会成员，激发全社会的敬业精神。

让我们与爱岗敬业同行，从自己做起，从现在做起，回报国家和社会。

---

6. 根据以下材料，写一篇700字左右的论说文，题目自拟。

美国实业家洛克菲勒是标准石油公司（美孚）的创立者，他试图"把每个灾难变成机遇"。人们抛弃煤油灯改用电灯后，洛克菲勒的企业陷入了危机。但是，他很快发现了福特汽车的潜力。他意识到，将石油转化为汽油与将石油转化成煤油一样容易，于是便开始发展汽油业务。事实也的确验证了他的预测，汽车行业的快速发展使他的企业再次辉煌。

审题立意解析

抓住材料的观点句:他试图"把每个灾难变成机遇"。可从"危机可以转化为机遇""顺势而为""危机管理"进行构思。

本例文主题:危机,也是机遇;本文主题定位"企业成长"主题;本文结构采用"单要素"结构。

论点与结构

段落	论证目的	分析思路
1	破	引出话题,立观点。
2	立	危机本身蕴藏着机遇。
3	反	不能将危机转化为机遇,企业只能被市场淘汰。
4	难	企业缺乏危机意识;组织文化存在惰性。
5	怎么办	管理者提升战略管理能力和打造积极的组织文化。
6	结	概括与总结总论点。

例文

危机,也是机遇

洛克菲勒试图"把每个灾难变成机遇",为企业基业长青奠定了基础。由此可见,企业经营,要善于将危机转化为机遇。

危机本身蕴藏着机遇。危机中往往会蕴含着一些新的突破点和发展点,这些突破点和发展点就是机遇。如果管理者能够抓住这些转瞬即逝的难得的机遇,并善加利用,可能会给组织的发展开辟一个更新更广的空间。人们抛弃煤油灯改用电灯后,洛克菲勒的企业陷入了危机。但是,他及时发展汽油业务,有效应对危机,使企业再次走向辉煌。

从某种程度上讲,危机的爆发就是事物发展的特殊关键阶段。在这个阶段中,不但由于存在大量的失控、失范、混乱和无序而表现出巨大的破坏性,而且由于多种因素都处于动态的骤变之中而表现出极大的不确定性。企业如果不能认识并有效应对,就无法突破原有窠臼的束缚,只能淹没在市场洪流中。

企业会困于危机之中的原因有二：一是管理者缺乏危机意识。企业管理层将主要精力放在提高经营收入和利润上，而忽视了对环境不确定性的预估和管理，导致在危机发生时缺少合理的应对措施，从而给企业带来严重的损失甚至是灭顶之灾。二是组织文化存在惰性。组织内普遍存在的保持既定行为方式和消极应对危机的倾向。缺乏改变现状的胆略与热情，看重眼前利益，得过且过；习惯于按部就班办事，对风险十分敏感，害怕负责任；决策活动往往议而不决，踌躇不定。

面对危机，管理者应提升战略管理能力，增强洞察既定环境复杂程度和减少这种复杂性的能力。提升能够理解危机中事物的相互关联性从而找出关键影响因素的能力，增强权衡不同应对危机方案优劣和评估内在风险的能力。管理者还应打造积极的组织文化，提升组织的内在活力和创新能力，主动应对危机，迎难而上。

将危机转化为机遇，企业长远发展的本质要求。

---

7. 酿酒师把米蒸熟，再把蒸熟的米放进缸里，拌上酒曲，然后把缸密封起来，让米与外界隔绝，隔绝外界的喧嚣与繁华。一段时间后，缸里那质朴的米就酿成了醇香的酒。这时，几元钱一斤的米开始成为几十元、几百元甚至上千元一瓶的酒。

上面的材料，引发你怎样的感悟或联想？请就此写一篇700字左右的论说文。

审题立意解析

关注材料中的关键语句："让米与外界隔绝，隔绝外界的喧嚣与繁华"；"一段时间后，缸里那质朴的米就酿成了醇香的酒"，因此，可从"拒绝浮躁""专注做事""隔绝"等角度展开论证。

本例文主题：拒绝浮躁，专注于事；本文主题定位"个人成长"主题；本文结构采用"单要素"结构。

论点与结构

段落	论证目的	分析思路
1	破	引材料，立观点：拒绝浮躁，专注于事。

(续)

2	理证	专注者成。
3	例证	利用社会现象分析加强论证。
4	难	浮躁心理。
5	怎么办	坚持"工匠精神",守住心灵的寂寞。
6	结	总结与概括总论点。

例文

拒绝浮躁,专注于事

酿酒师让米与外界的喧嚣与繁华隔绝。一段时间后,缸里那质朴的米就酿成了醇香的酒。由此可见,要想成功,就得拒绝浮躁,专注于事。

"蚓无爪牙之利,筋骨之强,上食埃土,下饮黄泉,用心一也。"专注者成。懂得专注,才能扎根于自己的事业和梦想中,收获累累硕果。因为专注,雕塑家罗丹成就了件件惊世的作品;因为专注,屠呦呦花费几十年的时间攻克了医学难关。

在当今这个物质极大丰富的社会,在这个生活中充满了各种疯狂和变幻的年代,我们每个人都会遇到形形色色的诱惑。我们必须要专注,才能不被外物所影响,从而提升自身的价值。就像米,因为缸被密封,外界的杂陈不会对它的酝酿造成影响,所以才会最终升值,成为佳酿。人何尝不是这样?古往今来,凡有成就的人都是因为能够拒绝浮躁,专注于事,才最终实现了自己的目标。

然而,戒除浮躁心理在当今社会谈何容易。由于经济的快速发展,人们有了大量的物质积累。而当物质的增长速度大于精神境界的提升速度,人往往会出现浮躁心理。浮躁心理的问题出在"快"的方面。我们知道,在这个世界上,快的事物往往不稳定,容易出问题。浮躁心理恰恰体现在:人们在经济快速发展当中,经常不冷静地做出选择。

在如今浮躁的社会环境中,要拒绝浮躁,专注于事,就须坚持"工匠精神",守住心灵的寂寞。只有懂得耐心专注,始终默默无悔地执着于自己的梦想和事业,我们的人生之树才能由此绽放艳丽的花朵,收获累累的硕果。

拒绝浮躁,专注于事,方能走向成功。

单元练习三

1. 庄子在《人间世》中有一则故事：南伯子綦到商丘去游玩，看到了一棵巨大而茂盛的树。这棵树与众不同，千乘车马都可以在它的绿荫下荫庇。然而子綦上前仔细地观看，发现这棵树枝丫弯弯曲曲不能做栋梁；木心是空的不能做棺材；舔一下树叶，嘴就会受伤而溃烂；闻一闻气味，就会使人大醉三日醒不来。于是子綦得出结论：这是一棵无用的树，所以能够长得这样高大。

这则材料引发了你怎样的联想和感悟？请结合你的人生体验，写一篇700字左右的论说文。

审题立意解析

首先关注关键语句："千乘车马都可以在它的绿荫下荫庇"，强调了"用"；其次，再关注转折词"然而"，其后的内容，强调了"无用"，所以可从"无用与有用"二者的关系展开论证。

本例文主题：无用与有用；本文主题定位"个人成长"主题；本文结构采用"单要素"结构。

论点与结构

段落	论证目的	分析思路
1	破	引材料，立观点。
2	要素 A	无用之用，亦可有用。
3	要素 B	有用之用，亦可无用。
4	二者关系	无用与有用构成了"用"的全部。
5	怎么办	发现无用之用，须遵循事物的客观规律；要脚踏实地，不急功近利。
6	结	概括与总结总论点。

无用与有用

一棵既不能做木材也不能做药材、毫无经济价值的"无用"之树，却能为人荫庇，变成了"有用"之物。由此可见，无用亦有用。

无用之用，亦可有用。有些事物站位眼前，看似无用；站位长远，实则有用。人类历史上，不少的重大发明开始多被视为"无用"。法拉第发现电磁感应，起初只局限在实验室里，曾被讥讽"毫无用处"。法拉第回答说："那么刚出生的婴儿又有什么用呢？"随着时间的推移，电磁原理被运用在电动机上，人类由此步入电气时代。因此，无用亦可用。

有用之用，亦可无用。现今社会，人们普遍急功近利，对事物的使用完全不遵循其客观规律，导致有用也成了无用。对个人来说，许多人的学习只为了应试，而不愿从基础知识学起，导致其根基不牢，即使通过了考试，也并没有真正掌握这门知识，那么他所学的知识也就是无用的；对企业来说，许多企业为了提高利润而丧失诚信意识，屡屡爆出类似"瘦肉精""三聚氰胺"的事件，本应有用的生产技术却因企业违背市场的客观规律和社会道义而变得无用。那么，看似有用的东西最后可能也是无用的。

无用与有用构成了"用"的全部。二者是对立统一的关系，在一定条件下可以相互转化。没有"有用"，无所谓"无用"；没有"无用"，也无所谓"有用"。无用亦可用，有用亦无用。

无论是个人还是企业，首先对于有用的事物要遵循其客观规律，合理把握有用之处，使有用之用最大化。其次，要脚踏实地，不急功近利，要淡泊名利，不因小而弃之，注重积累，无用也会变为有用。

任何事物都有其有用或无用的一面，它们并非是绝对对立的，可相互转化，即无用亦可用，有用亦无用。

2. 根据以下材料，写一篇 700 字左右的论说文，题目自拟。

有人针对企业计划是否应该有弹性这一话题展开了一系列争论。有人认为计划应该有弹性，这是适应不确定性、充分发挥计划职能的重要手段。而有人则认为计划不应该有弹性，计划一旦制定，应该从始至终很好地去执行，否则就会出现混乱。

审题立意解析

材料针对企业计划是否应该有弹性展开讨论,通过"有人认为……而有人认为……",可确定这是一个"二选一"的主题,考生任选其一进行构思便可。

本例文主题:计划当有弹性;本文主题定位"企业成长"主题;本文结构采用"二选一"结构。

论点与结构

段落	论证目的	分析思路
1	破	引出话题,立观点。
2	踩	如果计划没有弹性,不能适应客观环境变化。
3	立	弹性计划,有利于企业更好地应对环境的不确定性。
4	难	管理者能力的不足和组织惰性。
5	怎么办	构建学习型组织,增加计划弹性。
6	结	概括与总结总论点。

例文

计划,当有弹性

有人认为计划应该有弹性,这是适应不确定性、充分发挥计划职能的重要手段。而有人则认为计划不应该有弹性。计划一旦制定,应该从始至终很好地去执行,否则就会出现混乱。我同意前者的观点。

不可否认,计划的弹性可能会导致混乱。但是企业的各项计划是根据企业的外部环境和内部条件制定出来的,是客观反映于主观的产物,而人们对客观的认识或反映是不能穷尽的,再好的计划也不可能完全与客观实际相一致。同时,客观条件也在不断变化,如果一个计划没有弹性,在执行初期可能是最优的,但在中期或者后期可能变得不优或者根本不适用了。

弹性计划,有利于企业更好地应对环境的不确定性。企业在经营过程中,会面临环境的不确定性。实施弹性计划,有利于企业及时纠偏。在面对不确定性带来的风险时，使企业能够认准目标，当机立断，及时纠正计划中不切实际的部分，用正确的行动方案调动员工的积极性，降低经营风险。

增加计划的弹性并非易事，缘由如下：其一，管理者能力不足。管理者缺乏洞察既定环境复杂程度和减少这种复杂性的能力，不能理解事物的相互关联性从而找出关键影响因素，无法根据环境的变化增加计划的弹性。其二，组织的惰性。组织内普遍存在保持既定行为方式和消极应对环境变化的倾向。组织的内在活动力下降，看重眼前利益，得过且过；习惯于按部就班办事，对风险十分敏感，害怕负责任，不敢增加计划的弹性。

企业应通过学习型组织的构建，增加计划的弹性。组织成员共享知识和信息，对环境中的不确定性有充分的认知。组织成员在解决问题时，能够摒弃旧的思维方式和常规程序。引导成员在发现环境的变化时，不是简单地沿用既有的规范来进行决策和行动，而是要对根深蒂固的观念和规范提出挑战。每个人在组织中大胆质疑的"前提"下提高计划水平和计划能力。

总之，企业要想获得可持续发展，实行弹性计划才是关键。

3. 根据以下材料，写一篇 700 字左右的论说文，题目自拟。

人是社会性动物，个人离开人群，很难满足自己诸多需要。但在人们相互交往的过程中，只有你满足他人的需要，他人才会满足你的需要；同样人家满足了你的需要，你必须予以回报，去满足他人的需要。只有这样，人们才能在互利互惠中长期保持自己的需要得以满足。

审题立意解析

材料重点强调人与人之间需要相互给予，只有你满足他人的需要，他人才会满足你的需要。材料也给出了关键词"互利互惠"，所以考生可以从"互利互惠"的角度进行立意。

本例文主题：互利互惠，和谐社会的刚需；本文主题定位"个人与社会"主题；本文结构采用"单要素"结构。

论点与结构

段落	论证目的	分析思路
1	破	引材料，立观点：在互利互惠的过程中才能维系更长久的人际关系。
2	立	重要性：互利互惠才能皆大欢喜。
3	反	必要性：如果没有做到"互利互惠"，不可能建立和谐融洽的人际关系。
4	难	"经济人"心理。
5	怎么办	社会要发挥教育功能。
6	结	总结与概括总论点。

互利互惠，和谐社会的刚需

在人们交往的过程中，只有你满足他人的需要，他人才会满足你的需要；同样人家满足了你的需要，你必须予以回报。也就是说，人们在互利互惠的过程中才能维系更长久的人际关系。

互利互惠是人类社会基本原则之一。人类社会的原则是互相帮助，别人给了你好处后你要回报，社会交往过程因此可以说是一个交换过程。在社会交往中，一方的活动总是影响着另一方的活动。当双方的交往能给各自带来好处时，交往就为双方带来了共同利益，而当双方的交往只给一方带来利益时，交往就产生了矛盾。"给予就会被给予，剥夺就会被剥夺。信任就会被信任，怀疑就会被怀疑。爱就会被爱，恨就会被恨。"这就是心理学上的互惠关系定律。人是三分理智、七分感情的动物。礼尚往来，讲的就是这个道理。

如果一味地只想从别人那里得到恩惠，却不付出，那么人际关系就无法和谐融洽。一个永远不愿与别人互惠的人，即使讨到了不少好处，从长远来看，他一定是输家，因为没有人愿意和他相处下去。

有些人之所以无法做到互惠，主要因为其具有"经济人"心理。经济人就是以完全追求物质利益为目的而进行经济活动的主体，希望以尽可能少的付出，获得最大限度的收获，并为此不择手段。

因此，要想引导人们发扬互惠精神，社会要发挥教育功能。在公共生活中，要使整个社会充满互惠，只有提升公共道德教育。社会教育功能通过社会舆论、风俗习惯、榜样感化和思想教育等手段，使人们树立正确的价值观，自觉地去给他人提供帮助或给予某种资源，被帮助者也可自觉地回报给予自己帮助的人，从而使社会走向和谐的状态。

互利互惠，是人生一门不可或缺的艺术。

4. 根据以下材料，写一篇700字左右的论说文，题目自拟。

相信每个管理者，都有带领企业寻求发展、走向繁荣的雄心，却常常因为没有科学的导航而迷失方向。但如果管理者能把握问题关键，摸清企业成长的总脉络，就能更好地审时度势，把每件事做对，把每个人用对，逐步解决做不强、做不长的问题，创造出伟大的企业。

审题立意解析

关注转折词"但"后面的内容，其重点强调了如果企业管理者能够把握问题的关键，摸清企业成长的总脉络，就能更好地审时度势，解决问题。所以，考生可以从"控制要把握关键"进行立意，展开论证。

本例文主题：把握关键，成功管理者的共同特征；本文主题定位"企业成长"主题；本文结构采用"单要素"结构。

论点与结构

段落	论证目的	分析思路
1	破	引出话题，立观点。
2	立	把握关键，管理者成长的刚需。
3	反	忽视问题的关键，企业可能江河日下，快速消亡。
4	难	管理能力的缺失；管理机制不健全。
5	怎么办	提高管理者能力；健全企业管理机制。
6	结	概括与总结总论点。

> 例文

把握关键，成功管理者的共同特征

只有把握问题关键，摸清企业成长的总脉络，提升管理效率，管理者才能创造出伟大的企业。

把握关键，是管理者成长的刚需。管理者的成长是一个从量变到质变的过程。把握问题关键，管理者就能摸清企业成长的总脉络，更好地审时度势，把每件事做对，把每个人用对，推动企业系统机体不断扩张、新陈代谢，不断适应环境，并与环境形成良性互动。把握关键，管理者就能够帮助企业逐步解决做不强、做不长的问题，帮助企业内部结构不断完善和成熟，优化企业功能，从而促进企业成长。

反之，如果忽视问题的关键，无论是产业巨头还是市场翘楚都可能江河日下，快速消亡。诺基亚曾是手机领域的巨无霸，柯达曾是胶卷相机时代的巨擘，由于忽视了发展过程中的关键问题，即消费者需求的变化，最终导致快速失去市场，经营濒临破产。

能否把握关键问题，管理能力是其中重要的影响因素。如果管理者不具备理解事物的相关性从而找出关键影响因素的能力，就无法把握问题的关键，对症下药；另一方面，许多企业的管理机制并不健全，没有规范系统的监督机制，缺少对关键节点的监控和把握，一味追求短期效益或利润最大化，追求规模增长，从而忽视了在发展过程中每个阶段的关键问题。

针对以上问题，可以从以下两个方面进行改善：一是提高管理者能力。要着重提升管理者的战略能力，把握发展过程中的关键影响因素，抓主要、抓关键，促进企业发展。二是健全企业管理机制。从制度上保证不能只顾追求企业利润和规模，要把目光放长远，考虑全局，从整体上把握企业每个发展阶段面临的关键问题，有的放矢，使得企业获得长足发展。

企业发展是一个需要不断解决问题、突破瓶颈的过程。所以，只有把握问题的关键，才能打破困境，获得发展。

---

5. 根据以下材料，写一篇700字左右的论说文，题目自拟。

大力实施创新驱动发展战略，推动我国科技事业发生历史性变革、取得历史性成就，将开创新时代经济社会发展新局面。今天，我国已经成为具有重要影响力的科技大国，科技创新对经济社会发展的支撑和引领作用日益增强。

审题立意解析

材料重点阐述创新驱动发展战略将开创我国经济社会发展的新时代，考生要关注关键句"科技创新对经济社会发展的支撑和引领作用日益增强"，所以可从"科技创新与社会发展的关系"进行立论。

本例文主题："科技创新，助力经济腾飞"；本文主题定位"社会发展"主题；本文结构采用"单要素"结构。

论点与结构

段落	论证目的	分析思路
1	破	引材料，立观点。
2	立	科技创新让我们的生活更美好。
3	立	科技创新是社会发展的支撑和引擎。
4	难	人才的缺乏成为制约科技创新的关键因素。
5	怎么办	科技人才保持知识的更新频率，从而延长人才的创新生命周期。
6	结	概括与总结总论点。

科技创新，助力经济腾飞

我国大力实施创新驱动发展战略，开创了新时代经济社会发展新局面。如今，科技创新对经济社会发展的支撑和引领作用日益增强。所以，我国要加快科技创新，助力经济腾飞。

科技创新让我们的生活更美好。新兴技术领域的开拓，导致新产品不断出现，从更广泛的意义上影响了人们的生活方式。劳动工具的发明使得人类从渔猎采集走向农耕文明，蒸汽机的发明使人类进入工业时代，现代的互联网技术让人们生活得更舒适、更便捷。

科技创新是社会发展的支撑和引擎。经历了改革开放以来数十年的高速发展，中国经济进入了新的发展阶段。科技创新带来了数字经济的快速发展，以大数据、云计算、物联网和人工智能等为代表的技术革新，带来了资源配置效率快速提升的可能性，并催生了新的产业部门,是我国社会经济高质量发展的必要条件。

然而,科技创新也并非易事。科技创新需要相关领域的人才资源作为支撑,需要一大批既具有科研和原创能力,也能深刻理解、准确把握"人民日益增长的美好生活需要"的复合型人才。人才,尤其是基础研究和应用基础研究人才的缺乏,成为制约科技创新的关键因素。

技术发展日新月异,科技创新要持续为经济发展注入动力,需要科技人才保持知识的更新频率,从而延长人才的创新生命周期。企业、研究机构和高校应积极为人才提供持续学习的机会,将基础理论学习和应用实践学习体系相结合,利用一流学术研究帮助创新人才维持理论前沿高度,并助力其将基础理论研究更好地应用到经济发展中。

科技创新,把更多成果转化为经济发展动力,更好地推动我国经济高速发展。

---

6. 根据以下材料,写一篇700字左右的论说文,题目自拟。

一场中国汉字听写大会,不仅让无数国人纠正了汉语书写习惯,也让大家领略了汉字之美。其实,以"汉字"为代表的中华传统文化,在当下发展中面临着传承无人、创新乏力的窘境。传统文化的消解呈现加快趋势。推动文化传承与文化创新,是我们现在务必要重视的。

审题立意解析

把握材料的观点句:"推动文化传承与文化创新,是我们现在务必要重视的。"由此展开分析和论证。

本例文主题:文化传承与文化创新;本文主题定位"社会发展"主题;本文结构采用"双要素"结构。

论点与结构

段落	论证目的	分析思路
1	破	引材料,立观点。
2	要素A	文化传承是中华民族优秀传统文化延续的本质要求。
3	要素B	文化创新是中华民族优秀传统文化延续的力量源泉。
4	二者关系	文化传承与文化创新犹如鸟之双翅,车之双轮,缺一便无法前进。

(续)

5	怎么办	全面认识传统文化，加快构建公共文化服务体系，加快文化体制改革。
6	结	总结与概括总论点。

文化传承与文化创新

以"汉字"为代表的中华传统文化，面临着传承无人、创新乏力的窘境。因此，推动文化传承与文化创新迫在眉睫。

文化传承是中华民族优秀传统文化延续的本质要求。文化是人类在社会发展过程中所创造的物质财富和精神财富的总称，文化传承就是指这两种财富在上下两代人之间的传递和承接过程。传统文化是民族最深沉的禀赋，是人民的精神家园，因此，文化传承是当代人最根本的责任。

文化创新是中华民族优秀传统文化延续的力量源泉。文化创新为固有文化注入时代精神。在古时，《孙子兵法》作为兵书而存在，服务于战争。而现在，人们在遇到新的管理难题时，对《孙子兵法》的文化内涵进行创新并将其应用于企业经营管理之上，为社会培养了大批经营人才，使得《孙子兵法》在当代发挥出了更大的作用。文化创新带动文化应用，使得传统文化更富有价值，从而更好地服务于当今的社会。

文化传承与文化创新犹如鸟之双翅，缺一便无法飞翔；犹如车之双轮，缺一便无法前进。将文化传承与文化创新结合起来才是中华民族优秀传统文化延续的制胜法宝。传承与创新，首先是传承，要传承好传统文化的智慧，才能在其基础上创新。其次，创新不可舍本逐末，完全抛弃传统，过分商业化。

因此，要做好文化传承与创新，首先要全面认识传统文化，取其精华，去其糟粕。传统文化是一个复杂的矛盾体，需要具体分析，使之与当代社会相适应，与现代文明相协调，保持民族性，体现时代性。其次，要以改革创新为动力，以更大力度推进文化改革发展。加快构建公共文化服务体系，加快发展文化事业和文化产业。再有，加快文化体制改革。要推进文化观念创新、文化内容创新、文化业态创新、文化机制创新，不断激发人民群众的文化创造活力。

由此，传承与创新，可让优秀传统文化拥有更广阔的天空。

2023 写作分册

附 录

考情综述

论证有效性分析部分

作为借鉴 GMAT 中"Analysis of an Argument"而设计的一种新题型,"论证有效性分析"主要考查考生的批判性思维能力。这种题型是考生之前从未遇到过的,因此备考有一定的难度。但其实这类考题每年出题的路数相近,只要认真研读真题解析,掌握分析方法,再勤加练习,就能获取高分。

近十年真题论证缺陷情况统计表

缺陷名称 真题年份	因果关系	条件关系	概念界定不清	非黑即白	以偏概全（轻率概括）	数字谬误	滑坡谬论	类比不当	不当假设	自相矛盾
管理类 2021	√	√	√		√					
管理类 2020	√	√						√		
管理类 2019	√	√	√	√			√			
管理类 2018	√	√	√		√					
管理类 2017	√	√			√		√			
管理类 2016	√	√	√		√	√			√	√
管理类 2015	√	√		√			√			√
管理类 2014	√	√								√
管理类 2013	√	√					√			
管理类 2012			√		√			√		√
经济类 2021	√	√			√		√			
经济类 2020	√	√					√			
经济类 2019	√	√		√			√	√		
经济类 2018	√	√	√				√			√
经济类 2017	√	√					√			
经济类 2016	√	√					√	√		
经济类 2015	√	√					√			
经济类 2014	√	√								
经济类 2013	√	√		√						
经济类 2012	√	√								

论说文部分

很多考生认为论说文和高考作文差不多,这是极端错误的。在观点提炼、语言表述、分析方法和经管知识应用方面,论说文有着更严格的要求。而且近年来的命题越来越侧重于考查考生将管理、社会、心理等方面的知识与实际问题结合分析的能力。因此,要想获取理想的成绩,必须经过系统的学习。纵观历年真题,论说文命题可分为管理认识类、社会认识类和个人成长类三大类别,考生在复习中注意有的放矢。

限于篇幅,这里仅将历年真题统计数据、真题题目及解析示例列出,供考生初步了解学习。想要深入学习写作真题的同学可参见《鑫全讲真题(写作)——写作历年真题名家详解》。

管理认识类命题

年份	命题方向	年份	命题方向
2021 年管理类	德智双行、道德教育与科学教育	2006 年 1 月 MBA	创新、战略规划
2020 年管理类	有效的决策、沟通、控制	2006 年 10 月 MBA	观念革新、定位
2017 年管理类	扩大生产、研发新产品	2005 年 1 月 MBA	决策
2013 年管理类	竞合:竞争中的合作	2004 年 10 月 MBA	组织、协调、沟通
2009 年管理类	企业的社会责任		

社会认识类命题

年份	命题方向	年份	命题方向
2019 年管理类	论辩与真理	2010 年 10 月 MBA	感恩、回馈社会、社会责任
2018 年管理类	人工智能技术变革	2008 年 1 月 MBA	原则与原则上
2016 年管理类	多样性与一致性	2020 年经济类	感恩、奉献
2013 年 10 月 MBA	能源消耗与污染、节能减排	2018 年经济类	以内为本、内外兼修
2012 年管理类	独立精神	2017 年经济类	为穷人提供福利
2012 年 10 月 MBA	技术创新	2016 年经济类	延长退休年龄
2011 年管理类	拔尖与冒尖	2012 年经济类	茅台酒价格差异
2010 年管理类	追求真理	2011 年经济类	蚁族现象

个人成长类命题

年份	命题方向	年份	命题方向
2015 年管理类	为富与为仁	2005 年 10 月 MBA	从小事做起,成就不凡
2014 年管理类	哲学观点认知	2004 年 1 月 MBA	理想、志向、乐观、积极心态
2011 年 10 月 MBA	兑现承诺、为人民服务	2021 年经济类	留有余地、可持续发展
2009 年 10 月 MBA	团队精神	2019 年经济类	不要盲目跟从、创新、另辟蹊径
2008 年 10 月 MBA	深入扎根、逆境出人才	2015 年经济类	志存高远、格局
2007 年 1 月 MBA	执着、信念、敢争天下先	2014 年经济类	勇者无惧
2007 年 10 月 MBA	远大目标、踏实行动	2013 年经济类	尚拙

附录 A
管理类联考及经济类联考
论证有效性分析真题

管理类联考

2021年管理类联考论证有效性分析真题

常言道:"耳听为虚,眼见为实。"其实,"眼所见者未必实"。

从哲学意义上来说,事物的表象不等于事物的真相。我们亲眼看到的,显然只是事物的表象而不是真相。只有将看到的表象加以分析,透过现象看本质,才能看到真相。换言之,我们亲眼看到的未必是真实的东西,即"眼所见者未必实"。

举例来说,人们都看到旭日东升,夕阳西下,也就是说,太阳环绕地球转。但是,这只是人们站在地球上看到的表象而已,其实这是地球自转造成的。由此可见,眼所见者未必实。

我国古代哲学家老子早就看到了这一点。他说过,人们只看到房子的"有"(有形的结构),但人们没看到的"无"(房子中无形的空间)才有实际效用。这也说明眼所见者未必实,未见者为实。

老子还说,讲究表面的礼节是"忠信之薄"的表现。韩非解释时举例说,父母和子女因为感情深厚而不讲究礼节,可见讲礼节是感情不深的表现。现在人们把那种客气的行为称作"见外",也是这个道理。这其实也是一种"眼所见者未必实"的现象。因此,如果你看到有人对你很客气,就认为他对你好,那就错了。

2020 年管理类联考论证有效性分析真题

北京将联手张家口共同举办 2022 年冬季奥运会，中国南方的一家公司决定在本地投资设立一家商业性的冰雪运动中心。这家公司认为，该中心一旦投入运营，将获得可观的经济效益，这是因为：

北京与张家口共同举办冬奥会，必然会在中国掀起一股冰雪运动热潮。中国南方许多人从未有过冰雪运动的经历，会出于好奇心而投身于冰雪运动。这绝对是一个千载难逢的绝好商机，不能轻易错过。

而且，冰雪运动与广场舞、跑步等不一样，需要一定的运动用品，例如冰鞋、滑雪板与运动服装等等。这些运动用品价格不菲，具有较高的商业利润。如果在开展商业性冰雪运动的同时也经营冬季运动用品，则公司可以获得更多的利润。

另外，目前中国网络购物已经成为人们的生活习惯，但相对于网络商业，人们更青睐直接体验式的商业模态。而商业性冰雪运动正是直接体验式的商业模态，无疑具有光明的前景。

2019 年管理类联考论证有效性分析真题

有人认为选择越多越快乐。其理由是：人的选择越多就越自由，其自主性就越高，就越感到幸福和满足，所以就越快乐。其实，选择越多可能会越痛苦。

常言道："知足常乐。"一个人知足了才会感到快乐。世界上的事物是无穷的，所以选择也是无穷的。所谓"选择越多越快乐"，意味着只有无穷的选择才能使人感到最快乐。而追求无穷的选择就是不知足，不知足者就不会感到快乐，那就只会感到痛苦。

再说，在做出每一个选择时，首先需要我们对各个选项进行考察分析，然后再进行判断决策。选择越多，我们在考察分析选项时势必付出更多的精力，也就势必带来更多的烦恼和痛苦。事实也正是如此。我们在做考卷中的选择题时，选项越多选择起来就越麻烦，也就越感到痛苦。

还有，选择越多，选择时产生失误的概率就越高，由于选择失误而产生的后悔就越多，因而产生的痛苦也就越多。有人因为飞机晚点而后悔没选坐高铁，就是因为可选交通工具多样而造成的。如果没有高铁可选，就不会有这种后悔和痛苦。

退一步说，即使其选择没有绝对的对错之分，也肯定有优劣之分。人们做出某一选择后，可能会觉得自己的选择并非最优而产生懊悔。从这种意义上说，选择越多，懊悔的概率就越大，也就越痛苦。很多股民懊悔自己没有选好股票而未赚到更多的钱，从而痛苦不已，无疑是因为可选购的股票太多造成的。

2018 年管理类联考论证有效性分析真题

哈佛大学教授本杰明·史华慈（Benjamin I. Schwartz）在二十世纪末指出，开始席卷一切的物质主义潮流将极大地冲击人类社会固有的价值观念，造成人类精神世界的空虚。这一论点值得商榷。

首先，按照唯物主义物质决定精神的基本原理，精神是物质在人类头脑中的反映。因此，物质丰富只会充实精神世界，物质主义潮流不可能造成人类精神世界的空虚。

其次，后物质主义理论认为：个人基本的物质生活条件一旦得到满足，就会把注意点转移到非物质方面。物质生活丰裕的人，往往会更注重精神生活，追求社会公平、个人尊严等等。

还有，最近一项对某高校大学生的抽样调查表明，有 69% 的人认为物质生活丰富可以丰富人的精神生活，有 22% 的人认为物质生活和精神生活没有什么关系，只有 9% 的人认为物质生活丰富反而会降低人的精神追求。

总之，物质决定精神，社会物质生活水平的提高会促进人类精神世界的发展。担心物质生活的丰富会冲击人类的精神世界，只是杞人忧天罢了。

2017 年管理类联考论证有效性分析真题

如果我们把古代荀子、商鞅、韩非等人的一些主张归纳起来，可以得出如下一套理论：

人的本性是"好荣恶辱，好利恶害"的，所以人们都会追求奖赏、逃避刑罚。因此拥有足够权力的国君只要利用赏罚就可以把臣民治理好了。

既然人的本性是好利恶害的，那么在选拔官员时，既没有可能也没有必要去寻求那些不求私利的廉洁之士，因为世界上根本不存在这样的人。廉政建设的关键，其实只在于任用官员之后有效地防止他们以权谋私。

怎样防止官员以权谋私呢？国君通常依靠设置监察官的方法。这种方法其实是不合理的。因为监察官也是人，也是好利恶害的，所以依靠监察官去制止其他官吏以权谋私，就是让一部分以权谋私者去制止另一部分人以权谋私，结果只能是他们共谋私利。

既然依靠设置监察官的方法不合理，那么依靠什么呢？可以利用赏罚的方法来促使臣民去监督。谁揭发官员的以权谋私就奖赏谁，谁不揭发官员的以权谋私就惩罚谁，臣民出于好利恶害的本性，就会揭发官员的以权谋私。这样，以权谋私的罪恶行为就无法藏身，就是最贪婪的人也不敢以权谋私了。

2016 年管理类联考论证有效性分析真题

现在人们常在谈论大学毕业生就业难的问题，其实大学生的就业并不难。

据国家统计局数据，2012 年我国劳动年龄人口比 2011 年减少了 345 万，这说明我国劳动力的供应从过剩变成了短缺。据报道，近年长三角等地区频频出现"用工荒"现象，2015 年第二季度我国岗位空缺与求职人数的比率约为 1.06，表明劳动力市场需求大于供给。因此，我国的大学毕业生其实是供不应求的。

还有，一个人受教育程度越高，他的整体素质也就越高，适应能力也就越强，当然也就越容易就业。大学生显然比其他社会群体更容易就业，再说大学生就业难就没有道理了。

实际上，一部分大学生就业难，是因为其所学专业与市场需求不相适应，或对就业岗位的要求过高。因此，只要根据市场需求调整高校专业设置，对大学生进行就业教育以改变他们的就业观念，鼓励大学生自主创业，那么大学生的就业难问题将不复存在。

总之，大学生的就业并不是什么问题，我们大可不必为此顾虑重重。

2015 年管理类联考论证有效性分析真题

有一段时期，我国部分行业出现了生产过剩现象。一些经济学家对此忧心忡忡，建议政府采取措施加以应对，以免造成资源浪费，影响国民经济正常运行。这种建议看似有理，其实未必正确。

首先，我国部分行业出现的生产过剩并不是真正的生产过剩。道理很简单，在市场经济条件下，生产过剩实际上只是一种假象。只要生产企业开拓市场、刺激需求，就能扩大销售，生产过剩马上就会化解。退一步说，即使出现了真正的生产过剩，市场本身也会进行自动调节。

其次，经济运行是一个动态变化的过程，产品的供求不可能达到绝对的平衡状态，因而生产过剩是市场经济的常见现象。既然如此，那么生产过剩也就是经济运行的客观规律。因此，如果让政府采取措施进行干预，那就违背了经济运行的客观规律。

再说，生产过剩总比生产不足好。如果政府的干预使生产过剩变成了生产不足，问题就会更大。因为生产过剩未必造成浪费，反而可以因此增加物资储备以应对不时之需。如果生产不足，就势必造成供不应求的现象，让人们重新去过缺衣少食的日子，那就会影响社会的和谐与稳定。

总之，我们应该合理定位政府在经济运行中的作用。政府要有所为，有所不为。政府应该管好民生问题。至于生产过剩或生产不足，应该让市场自行调节，政府不必干预。

2014 年管理类联考论证有效性分析真题

现代企业管理制度的设计所要遵循的重要原则是权力的制衡与监督。只要有了制衡与监督，企业的成功就有了保证。

所谓的制衡，指对企业的管理权进行分解，然后使被分解的权力相互制约以达到平衡，它可以使任何人不能滥用权力；至于监督，指对企业管理进行严密观察，使企业运营的各个环节处于可控范围之内。既然任何人都不能滥用权力，而且所有环节都在可控范围之内，那么企业的经营就不可能产生失误。

同时，以制衡与监督为原则所设计的企业管理制度还有一个固有特点，即能保证其实施的有效性，因为环环相扣的监督机制能确保企业内部各级管理者无法敷衍塞责。万一有人敷衍塞责，也会受这个机制的制约而得到纠正。

再者，由于制衡原则的核心是权力的平衡，而企业管理的权力又是企业运营的动力与起点，因此权力的平衡就可以使整个企业运营保持平衡。

另外，从本质上来说，权力平衡就是权力平等，因此这一制度本身蕴含着平等观念。平等观念一旦成为企业管理理念，必将促成企业内部和谐与稳定。

由此可见，如果权力的制衡与监督这一管理原则付诸实践，就可以使企业运营避免失误，确保其管理制度的有效性、日常运营的平衡以及内部的和谐与稳定，这样企业一定能够成功。

2013 年管理类联考论证有效性分析真题

一个国家的文化在国际上的影响力是该国软实力的重要组成部分。由于软实力是评判一个国家国际地位的要素之一，所以如何增强软实力就成了各国政府高度关注的重大问题。

其实，这一问题不难解决。既然一个国家的文化在国际上的影响力是该国软实力的重要组成部分，那么，要增强软实力，只需搞好本国的文化建设并向世人展示就可以了。

文化有两个特性，一个是普同性，一个是特异性。所谓普同性，是指不同背景的文化具有相似的伦理道德和价值观念，如东方文化和西方文化都肯定善行，否定恶行；所谓特异性，是指不同背景的文化具有不同的思想意识和行为方式，如西方文化崇尚个人价值，东方文化固守集体意识。正因为文化具有普同性，所以一国文化就一定会被他国所接受；正因为文化具有特异性，所以一国文化就一定会被他国所关注。无论是接受还是关注，都体现了该国文化影响力的扩大，也即表明了该国软实力的增强。

文艺作品当然也具有文化的本质属性。一篇小说、一出歌剧、一部电影等等，虽然一般以故事情节、人物形象、语言特色等艺术要素取胜，但在这些作品中，也往往肯定了一种生活方式，宣扬了一种价值观念。这种生活方式和价值观念不管是普同的还是特异的，都会被他国所接受或关注，都能产生文化影响力。由此可见，只要创作更多的具有本国文化特色的文艺作品，那么文化影响力的扩大就是毫无疑义的，而国家的软实力也必将同步增强。

2013年10月MBA联考论证有效性分析真题

"勤俭节约"是中国人民的优良传统，也是近百年流传下来的革命传统。在中华人民共和国成立后的建设时期，尤其是20世纪50年代，国家百废待兴，就是靠全国人民发扬勤俭持家、勤俭建国的艰苦奋斗精神，才在一穷二白的基础上打下了工业化的基础。

时代车轮开进了21世纪，中国加入了世贸组织，实现了全面开放。与50年前相比，我们面对的国际形势已经发生了天翻地覆的变化。形势在变，任务在变，人的观念也要适应这种变化，也要与时俱进。比如，"勤俭节约"的观念就到了需要改变的时候了。

我们可以从个人、家庭、国家三个层面对"勤俭节约"的观念进行分析。

先从个人的角度谈起。一个人如果过分强调勤俭节约，就会过度关注"节流"，而不重视"开源"。"开源"就是要动脑筋、花气力，最大限度发挥自己的能力合法赚钱。个人的财富不是省出来的，只靠节省，财富的积累是有限的；靠开源，财富才能滚滚而来。试想，比尔·盖茨的财富是省出来的吗？

再从家庭的角度分析。一个家庭如果过分强调勤俭节约，也就是秉持"勤俭持家"，对于上了年纪的老人，还是应该的，因为他们已经不能出去挣钱了。但对于尚在工作年龄的人，尤其是青年人，提倡勤俭持家有害无益。为了家庭的长远利益，缺钱的时候还可以去借钱，去抵押贷款。为了勤俭持家，能上的学不上，学费是省了，可孩子的前途就耽误了。即使是学费之外的学习费用，也不能一切节俭。试想，如果郎朗的家长当年不买钢琴，能有现在的国际钢琴大师郎朗吗？

最后从国家的角度审视，提倡"勤俭节约"弊远大于利。2008年以来的金融危机演变为世界性的经济危机，至今还没有完全走出低谷。2008年之前，中国的高速发展主要靠出口与投资带动。而今，发达国家一个个囊中羞涩，减少进口，甚至还要"再工业化"，把已经转移到发展中国家的企业再招回去，而且时常祭起贸易保护主义的大旗。中国经济已经不能靠出口拉动了。怎么办？投资率已经过高了，只能依靠内需。

如何刺激内需呢？如果每个个人、家庭都秉持勤俭节约的古训，内需绝对是刺激不起来的，也就依靠不上了，结果是只能单靠投资拉动，其后果不堪设想。所以，要刺激内需，必须首先揭示"勤俭节约"之弊端，树立"能挣敢花"之观念。

只要在法律的约束之下，提倡"能挣"就是提倡"奋斗"，就会给经济带来活力，就不会产生许多"啃老族"，也不会产生许多依赖救济的人，就会激励人们特别是年轻人的创新精神。国家的经济可以发展，科技也可以上去。提倡敢花就是鼓励消费，就能促进货币和物资流通，就不会产生大量的产品积压，从而也能解决许多企业员工的就业问题，使他们得到挣钱的机会，并进一步增加消费。试想，如果大家挣了钱，都不舍得花，会有多少人因此而下岗失业啊？本来以为勤俭节约是一种美德，结果是损害了他人。就在你为提倡节约每1度电而津津乐道的时候，有多少煤矿和电厂的工人因为领不到工资在流泪。

综上所述，"勤俭节约"作为一种传统已经过时了。在经济全球化的时代，如果继续秉持"勤俭节约"的理念，对个人，对家庭，特别是对国家弊大于利，甚至有害无利。

2012年管理类联考论证有效性分析真题

地球的气候变化已经成为当代世界关注的热点。这一问题看似复杂，其实简单。

只要我们运用科学原理——如爱因斯坦的相对论——去对待，也许就会找到解决这一问题的方法。

众所周知，爱因斯坦提出的相对论颠覆了人类关于宇宙和自然的常识性观念。不管是狭义相对论还是广义相对论，都揭示了宇宙间事物运动中普遍存在的相对性。

既然宇宙间万物的运动都是相对的，那么我们观察问题时也应该采用相对的方法，如变换视角等等。

假如我们变换视角去看一些问题，也许会得出和一般常识完全不同的观点。例如，我们称之为灾害的那些自然现象，包括海啸、地震、台风、暴雨等，其实也是大自然本身的一般现象而已，从大自然的视角来看，无所谓灾害不灾害。只是当它损害了人类利益、危及了人类生存的时候，从人类的视角来看，我们才称之为灾害。

假如再变换一下视角，从一个更广泛的范围来看，连我们人类自己也是大自然的一部分。既然我们的祖先是类人猿，而类人猿正像大熊猫、华南虎、藏羚羊、扬子鳄乃至银杏、水杉、五针松等一样，是整个自然生态中的有机组成部分，那为什么我们自己就不是了呢？

由此可见，人类的问题就是大自然的问题。即使人类在某一时期部分地改变了气候，也还是整个大自然系统中的一个自然问题。自然问题自然会解决，人类不必过于干涉。

2012年10月MBA联考论证有效性分析真题

某县县长在任职四年后的述职大会上说："'不偷懒、不贪钱、不贪色、不整人'，今天可以坦然地说，我兑现了四年前在人大会上的承诺。"接着，他总结了四年工作的主要成绩与存在的问题。报告持续了一个多小时。

几天后，关于"四不"的承诺在网上传开，引起多人热烈的讨论，赞赏和质疑的观点互不相让。主要的质疑有以下几种。

质疑之一："不偷懒、不贪钱、不贪色、不整人"是普通公务员都要坚持的职业底线，何以成为官员的公开承诺？如果那样，"不偷、不抢、喝酒不开车、开车不闯红灯"都应该属于承诺之列了。

质疑之二：不管是承诺"四不"还是"八不"，承诺本身就值得怀疑。俗话说"会说的不如会干的""事实胜于雄辩"。有本事就要干出个样子让群众看看，还没有干就先来一番承诺，有作秀之嫌。有许多被揭发出的贪官，在任时说的比唱的都好听。

质疑之三：作为一个县长，即使真正做到了"四不"，也不能证明他是一个好干部。衡量县长、县委书记这一级的领导是否称职，主要看他是否能把下面的干部带好。如果只是自己洁身自好，下面的干部风气不正，老百姓也要遭罪。

质疑四：县长的总结是抓了芝麻、丢了西瓜。他说的"四不"全是小节，没有高度。一个县的领导应该有大局观、时代感、战略眼光、工作魄力，仅仅做到"四不"是难以担当县长重任的。

2011 年管理类联考论证有效性分析真题

如果你要从股市中赚钱，就必须低价买进股票，高价卖出股票，这是人人都明白的基本道理，但是，问题的关键在于如何判断股价的高低。只有正确地判断股价的高低，上述的基本道理才有意义，否则，就毫无实用价值。

股价的高低是一个相对的概念，只有通过比较才能显现。一般来说，要正确判断某一股票的价格高低，唯一的途径就是看它的历史表现，但是，有人在判断当前某一股价的高低时，不注重股票的历史表现，而只注重股票今后的走势，这是一种危险的行为。因为股票的历史表现是一种客观事实，客观事实具有无可争辩的确定性；股票的今后走势只是一种主观预测，主观预测具有极大的不确定性，我们怎么可以只凭主观预测而不顾客观事实呢？

再说，股价的未来走势充满各种变数，它的涨和跌不是必然的，而是或然的。我们只能借助概率进行预测。假如宏观经济、市场态势和个股表现均好，它的上涨概率就大；假如宏观经济、市场态势和个股表现均不好，它的上涨概率就小；假如宏观经济、市场态势和个股表现不相一致，它的上涨概率就需要酌情而定。

由此可见，要从股市获取利益，第一是要掌握股价涨跌的概率，第二还是要掌握股价涨跌的概率，第三也还是要掌握股价涨跌的概率。掌握了股价涨跌的概率，你就能赚钱；否则，你就会赔钱。

2011 年 10 月 MBA 联考论证有效性分析真题

我国的个人所得税从 1980 年开始征收，当时起征点为 800 元人民币。最近几年起征点为 2000 元，个人所得税总额逐年上升，已经超过 2000 亿元。随着居民基本生活开支的上涨，国家决定从 2011 年 9 月将个税起征点提高到 3500 元，顺应了大多数人的意愿。

从个人短期利益上来看，提高起征点确实能减少一部分中低收入者的税收，看似有利于普通老百姓。但是，如果冷静地进行分析，其结果却正好相反。

中国实行税收累进率制度，也就是说工资越高所缴纳的税率也越高。请设想，如果将2000元的个税起征点提高到10000元。虽然，极少数月工资超过30000元的人可能缴更多的税，但是绝大多数人的个税会减少，只是减少的数额不同。原来工资低于2000元的人，1分钱的好处也没有得到；拿2000元工资的人只是减轻了几十元的税；而拿8000元工资的人则减轻了几百元的税收。收入越高，减少的越多，贫富差距自然会被进一步拉大了。

同时，由于税收起征点上调，国家收到的税收大幅度减少，政府就更没有能力为中低收入者提供医疗、保险、教育等公共服务，结果还是对穷人不利。

所以说，建议提高个税起征点的人，或者是听到提高起征点就高兴的人，在捅破这层窗户纸以后，他们也不得不承认这一客观真理：提高个税起征点有利于富人，不利于一般老百姓。

如果不局限在经济层面讨论问题，转到从社会与政治角度考虑，问题就更清楚了。原来以2000元为起征点，有50%以上为非纳税人，如果提高到3500元，中国的纳税人就只剩下20%了。80%的国民不纳税，必定会引起政治权力的失衡。降低起征点，扩大纳税人的比例，不仅可以缩小贫富差距，还可以培养全民的公民意识。纳税者只有承担了纳税义务，才能享受纳税者的权利。如果没有纳税，人们对国家就会失去主人翁的责任感，就不可能有强烈的公民意识，也就会失去或放弃监督政府部门的权利。所以，为了培养全国民众的公民意识，为了缩小贫富差距，为了建设和谐社会，我们应该适当地降低个税起征点。

2010年管理类联考论证有效性分析真题

美国学者弗里德曼的《世界是平的》一书认为，全球化对当代人类社会的思想、经济、政治和文化等领域产生了深刻影响。全球化抹去了各国的疆界，使世界从立体变成了平面，也就是说，世界各国之间的社会发展差距正在日益缩小。

"世界是平的"的观点，是基于近几十年信息传播技术迅速发展的状况而提出的。互联网的普及、软件的创新使海量信息迅速扩散到世界各地。由于世界是平的，穷国可以和富国一样在同一平台上接收同样的最新信息，这样就大大促进了各国的经济发展，从而改善了它们的国际地位。

事实也是如此。所谓"金砖四国"国际声望的上升，无不得益于它们的经济成就，无不得益于互联网技术的发展，特别是中国经济的起飞，中国在世界上的崛起，无疑也依靠了互联网技术的普及，同时也可作为"世界是平的"这一观点的有力佐证。

毋庸置疑，信息传播技术革命还远未结束，互联网技术将会有更大的发展，人类社会将会有更惊人的变化。可以预言，由于信息技术的迅猛发展，世界的经济格局与政治格局将会发生巨大的变化，世界最不发达国家和最发达国家之间再也不会让人有天壤之别的感觉，非洲大陆将会变成另一个北美。同样也可以预言，由于中国的信息技术发展迅猛，中国和世界一样，也会从立体变为平面，中国东西部之间的经济鸿沟将被填平，中国西部的雄起指日可待。

2010年10月MBA联考论证有效性分析真题

科学家在一个孤岛上的猴群中做了一个实验，将一种新口味的糖让猴群中地位最低的猴子品尝，等它认可后再让猴群其他成员品尝；花了大约20天左右，整个猴群才接受了这种糖。将另一种新口味的糖让猴群中地位最高的猴王品尝，等它认可后再让猴群其他成员品尝。两天之内，整个猴群就都接受了该种糖。看来，猴群中存在着权威，而权威对于新鲜事物的态度直接影响群体接受新鲜事物的进程。

市场营销也是如此，如果希望推动人们接受某种新商品，应当首先影响引领时尚的文体明星。如果位于时尚高端的消费者对于某种新商品不接受，该商品一定会遭遇失败。

这个实验对于企业组织的变革也有指导意义。如果希望变革能够迅速取得成功，应该自上而下展开，这样做遭遇的阻力较小，容易得到组织成员的支持。当然，猴群乐于接受糖这种好吃的东西；如果给猴王品尝苦涩的黄连，即使猴王希望其他猴子接受，猴群也不会干。因此，如果组织变革使某些组织成员吃尽苦头，组织领导者再努力也只能以失败而告终。

2009年管理类联考论证有效性分析真题

1000是100的十倍，但是当分母大到百亿的时候，作为分子的这两个数的差别就失去意义。在知识经济时代，任何人所掌握的知识，都只是沧海一粟。这使得在培养与选拔人才时，知识尺度已变得毫无意义。

现在网络技术可以使你在最短的时间内查询到你所需要的任何知识信息，有的大学毕业生因此感叹何必要为学习各种知识数年寒窗，这不无道理。传授知识不应当继续成为教育，特别是高等教育的功能。学习知识需要记忆。记忆能力，是浅层次的大脑功能。人们在思维方面的差异，不在于能记住什么，而在于能提出什么。素质教育的真正目标，是培养批判性思维与创造性思维能力。知识与此种能力之间没有实质性的联系，否则就难以解释，具备与爱因斯坦相同知识背景的人多的是，为什么唯独他发现了相对论。硕士、博士这些知识头衔的实际价值一再受到有识之士的质疑，道理就在这里。

"知识就是力量"这一曾经激励了几代人的口号，正在成为空洞的历史回声，这其实是时代的进步。

2009年10月MBA联考论证有效性分析真题

民主集中制是一种决策机制。在这种机制中，民主和集中是缺一不可的两个基本点。

民主不外乎就是体现多数人的意志。问题在于什么是集中。对此有两种解读，一种认为"集中"就是正确的意见；另一种认为"集中"就是集中多数人的意见。第一种解读看似有理，实际上是一种误解。

大家都知道，五四运动有两面旗帜，一面是科学，一面是民主。人们也许没有想到，这两面旗帜体现的是两种根本对立的原则。科学强调真理原则，谁对听谁的；民主强调多数原则，谁占多数听谁的。所谓"集中正确的意见"，就是强调真理原则。这样解读"集中"就会把民主集中制置于自相矛盾的境地。让我们想象一种情景：多数人的意见是错误的，少数人的意见正确。如果将"集中"解读为"集中正确的意见"，则不按多数人的意见办就不"民主"，按多数人的意见办就不"集中"。

毛泽东有一句："真理往往掌握在少数人手里。"把集中解释为集中正确意见，就为少数人说了算提供了依据。如果这样，民主岂不形同虚设？

什么是正确的，要靠实践检验，而判断一项决策是否正确，只能在决策实施之后的实践中检验，不可能在决策过程中完成。不知道什么是正确的，如何"集中正确意见"来做决策？既然在决策中集中正确的意见是不可能的，民主集中制的"集中"当然就应该是集中多数人的意见。

2008年1月MBA联考论证有效性分析真题

甲：有人以中医不为西方人普遍接受为由，否定中医的科学性，我不赞同。西方人普遍不能接受中医是因为他们不理解中国的传统文化。

乙：西医是以科学研究为根据的，科学研究的对象是普适的自然规律。因此，科学没有国界，科学的发展不受民族或文化因素的影响。把中医的科学地位归咎于西方科学界不认可中国文化，是荒唐的。

甲："科学没有国界"是一个广为流传的谬误。如果科学真的没有国界，为什么外国制药公司会诉讼中国企业侵犯其知识产权呢？

乙：从科学角度讲，现代医学以生物学为基础，而生物学建立在物理、化学等学科基础之上。中医不以这些学科为基础，因此它与科学不兼容，只能说是伪科学。

甲：中医在中国有几千年的历史，治好了很多人，怎么能说它是伪科学呢？人们为什么崇尚科学，是因为科学对人类有用。既然中医对人类有用，凭什么说它不是科学？西医自然有长于中医的地方，中医也有长于西医之处。中医体现了对人体完整系统的把握，整体观念、系统思维，就是西医所欠缺的。

乙：我去医院看西医，人家用现代科技手段从头到脚给我检查一遍，怎么没有整体观念、系统思维呢？中医在中国居于主导地位的时候，中国人的平均寿命只有三十岁左右，现代中国人平均寿命约七十岁左右，完全拜现代医学之赐。

2008年10月MBA联考论证有效性分析真题

有人提出，应当把"孝"作为选拔官员的一项标准。理由是，一个没有孝心、连自己父母都不孝顺的人，怎么能忠诚地为国家和社会尽职尽责呢？我不赞同这种观点。现在已经是21世纪了，我们的思想意识怎么能停留在封建时代呢？选拔官员要考查其"德、勤、能、绩"，我赞同应当把"德"作为首要标准。然而，对一个官员来说最重要的是公德而不是私德。"孝"只是一种私德而已。选拔和评价官员，偏重私德而忽视公德，显然是舍本逐末。什么是公德？一言以蔽之，就是忠诚职守，在封建社会是忠于君主，现在则是忠于国家。自古道"忠孝难以两全"。岳飞抗击金兵，常年征战沙场，未能在母亲膝下尽孝，却成了千古传颂的英雄。反观《二十四孝》里的那些孝子，有哪个成就了名垂青史的功业？孔繁森撇下老母，远离家乡，公而忘私，殉职边疆，显然未尽孝道，但你能指责他是个不合格的官员吗？俗话说"人无完人"，如果在选拔官员中拘泥于小节而不能注意大局，就会把许多胸怀鸿鹄之志的精英拒之门外，而让那些守望燕雀小巢的庸才占据领导岗位。

2007 年 1 月 MBA 联考论证有效性分析真题

每年的诺贝尔奖，特别是诺贝尔经济学奖公布后，都会在中国引起很大反响。诺贝尔经济学奖的得主是当之无愧的真正的经济学家。他们的研究成果都经过了实践的检验，为人类社会发展，特别是经济发展做出了杰出的贡献。每当看到诺贝尔经济学奖被西方人包揽，很多国人在羡慕之余，更期盼中国人有朝一日能够得到这一奖项。

然而，我们不得不面对的现状却是：中国的经济学还远远没有走到经济科学的门口，中国真正意义上的经济学家，最多不超过 5 个。

真正的经济学家需要坚持理性的精神。马克斯·韦伯说：现代化的核心精神就是理性化，没有理性主义就不可能有现代化。中国的经济学要向现代科学方向发展，必须把理性主义作为基本的框架。而中国经济学界太热闹了，什么人都可以说自己是个经济学家，什么问题他们都敢谈。有的经济学家今天评股市，明天讲汇率，争论不休，莫衷一是。有的经济学家热衷于担任一些大型公司的董事，或在电视上频频上镜，怎么可能做严肃的经济学研究？

经济学和物理学、数学一样，所讨论的都是非常专业化的问题。只有远离现实的诱惑，潜心于书斋，认真钻研学问，才可能成为真正意义上的经济学家，中国经济学家离这个境界太远了。在中国的经济学家中，你能找到为不同产业代言的人，西方从事经济学研究最优秀的人不是这样的，这样的人在西方只能受投资银行的雇用，从事产业经济学的研究。

一个真正的经济学家，首先要把经济学当作一门科学来对待，必须保证学术研究的独立性和严肃性，必须保持与"官场"和"商场"的距离，否则，不可能在经济学领域做出独立的研究成果。

说"中国真正意义上的经济学家，最多不超过 5 个"，听起来刻薄，但只要去看一看国际上经济学界那些最重要的学术刊物，有多少文章是来自中国国内的经济学家，就会知道这还是比较客观和宽容的一种评价。

2007 年 10 月 MBA 联考论证有效性分析真题

在中国改革开放的字典里,"终身制"和"铁饭碗"作为指称弊端的概念,是贬义词。其实,这里存在误解。

在现代企业理论中有一个"期界问题(horizon problem)",是指由于雇佣关系很短导致职工的种种短视行为,以及此类行为对企业造成的危害。当雇员面对短期的雇佣关系,首先他不会为提高自己的专业技能投资,因为他在甲企业中培育的专业技能对他在乙企业中的发展可能毫无意义;其次,作为一个匆匆过客,他不会关注企业的竞争力,因为这和他的长期收入没有多大关系;最后,只要有机会,他会为了个人短期收入最大化而损害企业利益,例如过度地使用机器设备等等。

为了解决"期界问题",日本和德国的企业对那些专业技能要求很高的岗位上的员工,一般都实行终身雇佣制;而终身雇佣制也为日本和德国企业建立与保持国际竞争力提供了保障。这证明了"终身制"和"铁饭碗"不见得不好,也说明,中国企业的劳动关系应该向着建立长期雇佣关系的方向发展。

在现代社会,企业、劳动者都面临着不断变化的市场环境。而变化的环境必然导致机会主义行为。在各行各业,控制主义行为的唯一途径,就是在企业内部培养员工对公司的忠诚感。而培养忠诚感,需要建立员工和企业之间的长期雇佣关系,要给员工提供"铁饭碗",使员工形成长远预期。

因此,在企业管理的字典里,"终身制"和"铁饭碗"应该是褒义词。不少国家包括美国不是有终身教授吗?既然允许有捧着"铁饭碗"的教授,为什么不允许有捧着"铁饭碗"的工人呢?

2006 年 1 月 MBA 联考论证有效性分析真题

在全球 9 家航空公司的 140 份订单得到确认后,世界最大的民用飞机制造商之一——空中客车公司 2005 年 10 月 6 日宣布,将在全球正式启动其全新的 A350 远程客机项目。中国、俄罗斯等国作为合作伙伴,也被邀请参与 A350 飞机的研发与生产过程,其中,中国将承担 A350 飞机 5% 的设计和制造工作。

这意味着未来空中客车公司每销售 100 架 A350 飞机,就将有 5 架由中国制造。这表明中国经过多年艰苦的努力,民用飞机研发与制造能力得到了系统的提升,获得了国际同行的认可；这也标志着中国已经可以在航空器设计与制造领域参与全球竞争，并占有一席之地。

由此可以看出，在经济全球化的时代，参与国际合作将带来双赢的结果，这也是提高我国技术水平和产业国际竞争力的必由之路。

2006年10月MBA联考论证有效性分析真题

美国是世界上经济最发达的国家，曝光的企业丑闻数量却比发展中国家多得多，这充分说明经济的发展不一定带来道德的进步。企业作为社会财富最重要的创造者之一，也应该为整个社会道德水准的提升做出积极的贡献。如果因为丑闻迭出而导致社会道德风气的败坏，那么我们完全有理由怀疑企业这种组织的存在对于整个社会的意义。当公司的高管们坐着商务飞机在全球遨游时，股东们根本无从知晓管理层是否在滥用自己的权力。媒体上频频出现的企业丑闻也让我们有足够的理由怀疑是否该给大公司高管们支付那么高的报酬。企业高管拿高薪是因为他们的决策对企业的生存与发展至关重要，然而，当公司业绩下滑甚至亏损时，他们却不必支付罚金。正是这种无效的激励机制使得公司高管们朝着错误的方向越滑越远。因此，只有建立有效的激励机制，才能杜绝企业丑闻的发生。

2005年1月MBA联考论证有效性分析真题

没有天生的外科医生，也没有天生的会计师。这都是专业化的工作，需要经过正规的培训，而这种培训最开始是在教室里进行的。当然，学生们必须具备使用手术刀或是操作键盘的能力，但是他们首先得接受专门的教育。领导者则不一样，天生的领导者是存在的。事实上，任何一个社会中的领导者都只能是天生的。领导和管理本身就是生活，而不是某个人能够从教室中学来的技术。教育可以帮助一个具有领导经验和生活经验的人提高到较高的层次，但是，即使一个人具有管理天赋和领导潜质，教育也无法将经验灌入他的头脑。换句话说，试图向某个从未从事过管理工作的人传授管理学，不啻于试图向一个从来没见过其他人类的人传授哲学。组织是一种复杂的有机体，对它们的管理是一种困难的、微妙的工作，需要的是各种各样只有在身临其境时才能得到的经验。总之MBA教育试图把管理传授给某个毫无实际经验的人不仅仅是浪费时间，更糟糕的是，它是对管理的一种贬低。

附录A 管理类联考及经济类联考论证有效性分析真题

2005年10月MBA联考论证有效性分析真题

某管理咨询公司最近公布了一份洋快餐行业发展情况的分析报告，对洋快餐在中国的发展趋势给出了相当乐观的预判。

该报告指出，过去5年中，洋快餐在大城市中的网点数每年以40%的惊人速度增长，而在中国广大的中小城市和乡镇还有广阔的市场成长空间；照此速度发展下去，估计未来10年，洋快餐在中国饮食行业的市场占有率将超过20%，成为中国百姓饮食的重要选择。

饮食行业的某些人士认为，从营养角度看，长期食用洋快餐对人体健康不利，洋快餐的快速增长会因此受到制约。但该报告指出，洋快餐在中国受到广大消费者，特别是少年儿童消费群体的喜爱。显然，那些认为洋快餐不利健康的观点是站不住脚的。该公司去年在100家洋快餐店内进行的大量问卷调查结果显示，超过90%的中国消费者认为食用洋快餐对于个人的营养均衡有所帮助。而已经喜爱上洋快餐的未成年人在未来成为更有消费能力的成年群体之后，洋快餐的市场需求会大幅度跃升。

洋快餐长期稳定的产品组合以及产品和服务的标准化，迎合了消费者希望获得无差异食品和服务的需要，这也是洋快餐快速发展的重要优势。

该报告预测，如果中国式快餐在未来没有较大幅度的发展，洋快餐一定会成为中国饮食行业的霸主。

2004年1月MBA联考论证有效性分析真题

目前，国内约有一千家专业公关公司。去年，规模最大的十家本土公关公司的年营业收入平均增长30%，而规模最大的十家外资公关公司的年营业收入平均增长15%；本土公关公司的利润平均为20%，外资公司为15%。十大本土公关公司的平均雇员人数是十大外资公关公司的10%。可见，本土公关公司利润水平高、收益能力强、员工的工作效率高，具有明显的优势。中国公关协会最近的调查显示，去年，中国公关市场营业额比前年增长25%，达到了25亿元；而日本约为5亿美元，人均公关费用是中国的十多倍。由此推算，在不远的将来，若中国的人均公关费用达到日本的水平，中国公关市场的营业额将从25亿元增长到300亿元，平均每家公关公司就有 3000 万元左右的营业收入。这意味着一大批本土公关公司将胜过外资公司，成为世界级的公关公司。

2004 年 10 月 MBA 联考论证有效性分析真题

　　有两个人在山间打猎，遇到一只凶猛的老虎。其中一个人扔下行囊，撒腿就跑，另一人朝他喊："跑有什么用，你跑得过老虎吗？"头一个人边跑边说："我不需要跑赢老虎，我只要跑赢你就够了！"

　　这个故事告诉我们，企业经营首先要考虑的是如何战胜竞争对手，因为顾客不是选择你，就是选择你的竞争者，所以只要在满足顾客需求方面比竞争者快一点，你就能够脱颖而出，战胜对手。想要跑得比老虎快，是企业战略幼稚的表现，追求过高的竞争目标会白白浪费企业的大量资源。

2003 年 1 月 MBA 联考论证有效性分析真题

　　把几只蜜蜂和苍蝇放进一只平放的玻璃瓶，使瓶底对着光亮处，瓶口对着暗处。结果，有目标地朝着光亮拼命扑腾的蜜蜂最终衰竭而死，而无目的地乱窜的苍蝇竟都溜出细口瓶颈逃生。是什么葬送了蜜蜂？是它对既定方向的执着，是它对趋光习性这一规则的遵循。

　　当今企业面临的最大挑战是经营环境的模糊性与不确定性。在高科技企业，哪怕只预测几个月后的技术趋势都是件浪费时间的徒劳之举。就像蜜蜂或苍蝇一样，企业经常面临一个像玻璃瓶那样的不可思议的环境。蜜蜂实验告诉我们，在充满不确定性的经营环境中，企业需要的不是朝着既定方向的执着努力，而是在随机试错的过程中寻求生路，不是对规则的遵循而是对规则的突破。在一个经常变化的世界里，混乱的行动比有序的衰亡好得多。

经济类联考

2021 年经济类联考论证有效性分析真题

人们受骗上当的事时有发生,乃至有人认为如今的骗术太高明而无法根治。其实,如今要根治诈骗并不难。

首先,从道理上讲,正义终将战胜邪恶,这是历史已证明的规律。诈骗是一种邪恶的行为,最终必将被正义的力量彻底消灭。既然如此,诈骗怎么不能根治呢?

其次,很多诈骗犯虽然骗术高明,但都被绳之以法,这说明在法制社会中,诈骗犯根本无处藏身。这样,谁还敢继续行骗呢?没有人敢继续行骗,诈骗不是被根治了吗?

再次,还可以通过全社会的防范来防止诈骗的发生。诈骗的目的,无非是想骗取钱财,凡是要你花钱的事情,你都要慎重考虑。例如,有些投资公司建议你向他们投资;有些机构推荐你参加高收费的培训;有些婚恋对象向你借巨款。诸如此类,其实都不靠谱。所有的人如果都不相信这些话,诈骗就无法得逞。诈骗无法得逞,不就是被根治了吗?如果建立更加有效的防范机制,根治诈骗就更容易了。

总之,无论从道理上讲,还是从行骗者或被骗者的角度来看,如今要根治诈骗根本不是难事。

2020 年经济类联考论证有效性分析真题

在漫长的发展过程中,金融机构和金融功能逐步形成和完善,但相比金融机构的发展演化,金融功能作为核心和基础则表现得更为稳定,主要表现在提供支付、资产转化、风险管理、信息处理和监督借款人等方面。近些年来金融科技发展突飞猛进,金融业产生了革命性的变化。

数百年来金融业有了很大变化,但金融功能比金融机构更具稳定性。在金融需求推动下,如今的金融规模总量更大、结构更复杂。金融科技发展带来的开放、高效、关联、互通,使金融风险更隐蔽、传递更迅速。互联网的普及为场景金融带来了庞大的用户基础,移动支付技术的发展为各式线上、线下金融场景的联动提供了更多的可能;风控技术的进步使得金融安全性得以保障;大数据技术则为整个场景金融生态的良性运转提供着关键性的技术支持。场景金融成为金融功能融合加速器。通过场景平台，金融四项功能融为一体，或集成于一个手机中。人与商业的关系迈入了"场景革命"，供给、需求方便地通过"场景"建立连接，新场景正层出不穷地被定义，新平台不断被新需求创造，新模式不断在升级重塑。

当前金融机构对金融服务的供给力度仍然不足，特别是长尾客户的金融需求一直以来未被有效满足，巨大的服务真空为金融科技带来机会。金融科技技术的运用，将打破传统的金融界限和竞争格局，创造出新的业务产品、渠道和流程，改变金融服务方式及社会公众的生活方式，解决传统金融的痛点；提高在传统业务模式下容易被忽视的微型企业客户的服务供给，将掀开金融竞争和金融科技发展的新的一幕。对于发展中小企业业务、消费金融和普惠金融意义重大。所以金融科技发展与实体经济发展必须结合，实现"普"和"惠"的兼顾。

2019 年经济类联考论证有效性分析真题

AlphaGo（阿尔法狗）是谷歌旗下的 Deep Mind 公司开发的智能机器人，其主要工作原理是深度学习。2016 年 3 月，它和世界围棋冠军职业九段选手李世石人机大战，以 4 比 1 的总比分获胜。2017 年 5 月，在中国乌镇围棋峰会上，它又与排名世界第一的世界围棋冠军柯洁对战，以 3 比 0 的总比分获胜。围棋界公认 AlphaGo 棋力已经超过人类排名第一的棋手柯洁，赛后柯洁也坦言："在我看来，它（AlphaGo）就是围棋的上帝，能够打败一切……对于 AlphaGo 的自我进步来讲，人类太多余了。"

的确，在具有强大自我学习能力的 AlphaGo 面前，人类已黯然失色，显得十分多余了。未来机器人将变得越来越聪明。什么是聪明？聪明就是记性比你好，算得比你快，体力比你强。这三样东西，人类没有一样可跟机器人相提并论。因此，毫无疑问，AlphaGo 宣告人类一个新时代的到来。现在一些饭店、商店已经有机器人迎宾小姐，上海的一些高档写字楼已经由机器人送餐，日本已诞生了全自动化的宾馆，由清一色的机器人充当服务生。除了上天入地，还干许多人类干不了的活，机器人还可以进行难度更大、精确度更高的手术。它们还会书法、绘画，创作诗歌小说等，轻而易举地进入这些原本人类专属的领域。迈入人工智能时代，不只是快递小哥，连教师、医生甚至是艺术家都要被智能机器人取代了！

现在，我们正处在信息呈几何级数增长的大数据包围中，个人的知识量如沧海一粟，显得无足轻重。过去重视学习基础知识的算法，如让小孩学习加减乘除、背诵默写古诗词等，这些现在已经变得毫无意义。你面对的是海量数据，关键不是生产而是使用它们，只要掌握如何搜索就行，网络世界没有你问不到的问题、搜索不到的信息和数据。一鼠标在手，你就可以畅行天下、尽享天下了。可以说，在这样的时代，人的唯一价值在于创新，所以教育的改革在于培养具有独立思考能力、批判性思维以及创新性思维的人。注重创新、创造、创意，这是人唯一能超越机器人的地方了。

AlphaGo 战胜围棋高手，只是掀开冰山一角。可以断言的是，随着人工智能时代的到来，人类即将进入一个由机器人统治的时代，人不如狗，绝非危言耸听。如果我们不愿冒被机器人统治的风险，最好的办法就是把已有的人工智能全部毁掉⑨，同时颁布法律明令禁止，就像禁止多利羊的克隆技术应用在人类身上一样⑩。

2018 年经济类联考论证有效性分析真题

市场竞争有利于谁？有些人以为竞争有利于消费者。市场上不同的商家为了各自的利益而相互争斗，客观上会带来对第三方——消费者的好处，因为他们在竞争中相互压价，那么将使消费者获得便宜。

非常肯定地说，这种在把生产者与消费者相互割裂基础上的观点是极其错误的。消费者是谁？在现代社会，消费者不是什么第三方，他们之所以有消费能力，是因为他们作为公司的员工获得报酬。市场的主导消费者是谁？也是在单位默默工作，以获得收入的劳动雇佣人。消费者即生产者，在市场竞争中，还会与消费者毫无切身利益关系吗？还会是消费者占得便宜吗？

两家电器公司价格大战，我作为 IT 公司的员工，感到占便宜，因为电器价格下降了，但是对于电器公司呢？价格战使利润率降低，使电器公司的员工丧失了提高工资的可能。利润是公司投资的来源，也是工资的来源，这损害了相关竞争公司的员工利益。我在为电器公司竞争感到占便宜的同时，IT 公司之间也在竞争，我如同那个电器公司的员工一样恨自己的公司，因许多竞争对手无法独占或大部分占领市场。所以谁也没有占便宜，因为市场竞争是普遍的。总的来说，市场竞争受益者是消费者是个伪命题。

那么市场竞争到底有利于谁？答案是有利于那些能够在市场竞争中取得优势的社会集团。而竞争中处于劣势的，总是大多数，它们只能分食较小的利润份额。那么它们的员工就要承担竞争不利的威胁——降低薪水。它们的境遇越是恶化，那么它们的员工的购买力就越低。但是处于竞争劣势中的总是大多数公司的员工，他们是消费中的主力军。总之,市场竞争有利于占据竞争优势的行业的员工——当他们作为消费者的时候,购买力会加强;不利于竞争劣势中的行业的员工——他们同样作为消费者存在的时候,购买力就弱。市场竞争只是私有制条件下各市场主体利益相互对抗的产物,本身便是内耗,将一种混乱和内耗罩上有利于消费者的光环,根本是靠不住的。

2017 年经济类联考论证有效性分析真题

我们知道,如果市场规模大,最终产品的需求将是巨大的,采用先进技术进行生产的企业,因为产品是高附加值的,所以投资回报率高,工人的工资报酬也高。如果工人预见到工资报酬高,那么所有的工人都会争先恐后选择在采用先进技术生产的企业工作。这样一来,低技术、低附加值、低工资的劳动密集型企业就自动淘汰出局了,市场上最终生存下来的都是采用先进技术的高新技术企业。

相反地,如果市场规模狭小,最终产品的需求非常小,而且采用先进技术的成本很高,生产出来的高科技产品根本无人问津。企业无利可图,因此没有一家企业愿意采用先进技术进行生产。这时工人即使拥有高技术,也会发现英雄无用武之地。最终,市场上剩下的都是低技术、低附加值、低工资的劳动密集型企业了。

由此可见,市场规模决定了先进技术的采用与否,没有大的市场规模,就别指望能涌现高新技术企业。中国不仅拥有庞大的国内市场,而且拥有更庞大的国际市场,所以大可不必为中国低技术、低附加值、低工资的劳动密集型企业担心,更不要大动干戈搞什么产业结构升级,政府应该采取"无为而治"的方针,让市场去进行"自然选择",决定什么样的企业最终存活下来。所以,政府唯一要做的事情就是做大市场,只要政府把市场做大了,就什么都不用发愁了。

2016 年经济类联考论证有效性分析真题

在我们国家,大多数证书都是有有效期的。不要说驾照、营业执照等年年要年审的证书了,连身份证也有个十年或二十年期更换的规定,然而我们的结婚证书,都是不需要年审、不需要换证的。

我认为结婚证书也应有有效期。新领的,有效期 7 年;到期后,需重新到民政部门去办理存续手续,存续十年,十年过后,就可不用办存续手续了。为什么呢?

首先,男女双方能定期审视自己的婚姻生活。通过办理结婚证书存续手续,男女双方能够有机会好好审视一下双方结合以来的得与失，从而问一下自己：我还爱他吗？他还爱我吗？自己的婚姻有没有必要再延续呢？通过审视，就能很好地发现自己在上个婚期内有没有亏待过对方，这对今后的婚姻无疑大有益处。

其次，让双方再说一遍"我愿意"，提高夫妻各自的责任感。从热恋的激情甜蜜到婚姻中的熟悉平淡，这似乎是大多数情感的必经过程。然而疲惫的情感却容易使婚姻进入"瓶颈"。经过一段时期的婚期考验后，在办理婚姻存续手续时再向对方说一声"我愿意"，无疑更显真诚、更显实在、更多理性、更能感动对方，即使以前共同生活中有很多磕磕绊绊，但一句"我愿意"相信可以消除许多误会和猜疑；新婚时说的我愿意，有太多的理想感伤，而一段婚姻后再说的"我愿意"，不光更具真情实意，更重要的还具有更强的责任感；你不对我负责，我到期就跟你说再见。

第三，让一些垂死的婚姻自然死亡，减少许多名存实亡的婚姻的存在，降低离婚成本。现在很多家庭，即使恐怕已经彻底破裂，却因多种原因而维系着，维系的最主要的原因就是不愿去法院打官司，而通过这种婚姻到期存续，就没必要一定要通过办理离婚手续才可离婚，只要有一方说"我不愿意"，就没有婚姻关系了，这样将使更多对婚姻抱着"好死不如赖活着"想法的人，能够轻松获得解脱⑨。

2015 年经济类联考论证有效性分析真题

如何解决网络假货问题？

2014 年 11 月，中国互联网大会，阿里巴巴集团董事局主席马云和京东集团创始人刘强东，围绕网络假货问题各自发表了看法。刘强东此前已多次指责淘宝"假货"和"逃税问题"，大会开幕前在接受媒体采访时也直言不讳："中国互联网假货流行已严重影响消费者网购信心，这是整个电子商务行业最重要的'瓶颈'。目前，网络售卖假货、水货的大多是大型的有组织的，动辄千万、几个亿规模的公司。"

马云说："你想想，25 块钱买一个劳力士表，这是不可能的，原因是你自己太贪。"他指出：卖假货的商家害怕在淘宝上卖假货，阿里巴巴很容易就可以查出谁在卖。近一两年中国电商发展迅猛，若靠假货，每天的交易额不可能达到六七十亿元。阿里巴巴每年支出逾 1610 万美元用来打击假货，打假行动也获得了国际上的认可，所以，美国贸易代表将淘宝从 2012 年恶名市场名单中移除。

刘强东指出，解决网络假货问题要依靠行业合作，政府监管。他建议一方面要在整个电子商务行业推广使用电子发票，另一方面，推进卖家进行电子工商注册，政府各部门联合起来加强跨平台联合监管，共同打击有组织、有规模的假货公司。此外，他认为要解决互联网假货问题要从征税根源问题上进行，一方面要提高电商营业额起征点到100万元，另一方面，日常营运人数达百人以上的大商家要注册电子工商营业执照，并规定使用电子发票。

马云认为，解决网络假货问题要依靠生态系统和大数据。互联网技术为知识产权保护和打击制售假冒伪劣商品提供了便利条件。生态系统建设和大数据技术能够快速找出假货问题，在信用体系中弘扬正能量，从而有效地解决假货问题。马云还补充说，阿里巴巴集团正在建设一个互联网生态系统，该系统对知识产权保护和解决假货问题最有效。

——该篇改编自《火药味！两个大佬互联网大会上互掐》(《广州日报》，2014年11月21日)。

2014年经济类联考论证有效性分析真题

如何看待高考英语改革

2013年10月，北京市教育委员会公布的《2014—2016年高考高招改革框架方案》(征求意见稿) 显示，从2016年起该市高考语文由150分增至180分，数学仍为150分；英语由150分减为100分，其中听力占30分，阅读写作等占70分。这一举措引发了各方对高考改革的热烈讨论。

支持者的理由如下。第一，语文高出英语分值80分，有助于强化母语教育，因为不少学生对外语所投入的时间、精力和金钱远远超过语文。第二，母语是学习的基础，只有学好母语才能学好包括英语在内的其他科目。第三，很多中国人从幼儿园就开始学习英语，但除了升学、求职、升职经常需要考英语，普通人在工作、生活中很少用到外语。第四，此举可以改变现有的"哑巴式英语"教学的状况，突出英语作为语言的实际应用作用。

反对者的理由如下。第一，没必要那么重视语文，因为我们就生活在汉语环境中，平时说的、看的都是汉语，喊着"救救汉语"的人实在是杞人忧天。第二，普通人学习英语时不可能像学习母语时那样"耳濡目染"，若还要在学校里弱化英语教学，那么英语就更难学好了。第三，中学生学习负担沉重并不全是因为英语，英语改革需要有周密的调研，高考改革也应从全局考虑。第四，这一举措把中小学英语教学负担推给了大学，并没有考虑到学生今后的发展，因为学生读大学时还得参加四六级英语考试，而检验教育成果的一个重要方面就是学生以后的就业情况。

2013年经济类联考论证有效性分析真题

是否应该彻底取消"黄金周"?

1999年10月开始实行的"黄金周"休假制度，在拉动经济、为国人带来休闲度假新概念的同时，也暴露出很多问题。因此，于2006年起陆续有人提出取消"黄金周"的建议。2008年"五一黄金周"取消，代之以清明、端午、中秋等传统节日的"小长假"。2012年"国庆黄金周"后彻底取消"黄金周"的声音再次引起公众的注意。

支持取消者认为：第一，"黄金周"造成了景区混乱和资源调配不合理、浪费社会资源、打乱正常生活秩序，不利于经济的长期可持续发展。第二，"黄金周"人为地将双休日挪在一起，使大家不得不连续休假七天，同时要连续工作七天。这在很大程度上是一种"被放假"的安排，体现了一种群众运动式的思维，是计划经济的产物、不符合自主取消的原则。第三，当初实行"黄金周"是一种阶段性的考虑，随着带薪休假制度的落实，应该彻底取消"黄金周"。

反对取消者则认为：第一，"黄金周"对旅游业的成熟和发展起了极大的促进作用，对经济的拉动也功不可没。任何事物都有利有弊，不能看到弊端就彻底取消。第二，随着消费者出游经验的不断丰富，旅游消费必将更加理性。错峰出游、路线选择避热趋冷等新的消费习惯会使一些现有问题得到解决。第三，目前我国可享受带薪休假的职工仅有三成，年假制度不能落实，"被放假"毕竟比"被全勤"好，实在的"黄金周"毕竟要比虚无缥缈的带薪休假更加现实。

——改编自《旅游界反对取消十一黄金周，新假期改革效果尚不明确》（南方日报，2008年9月9日），《黄金周假期惹争议，最终取消是必然》（凤凰网资讯，2012年10月8日），《彻底取消黄金周高估了带薪休假环境》（东方网，2012年10月5日）。

2012年经济类联考论证有效性分析真题

汉语能力测试怎么看？

从今年开始，教育部、国家语委将在某些城市试点推出一项针对国人的汉语水平考试——"汉语能力测试（HNC）"。该测试主要考母语为汉语的人的听、说、读、写四方面的综合能力，并将按照难度分为各个等级，其中最低等级相当于小学四年级水平（扫盲水平），最高等级相当于大学中文专业毕业水平。考生不设职业、学历、年龄限制，可直接报考。公众对于这项新事物，支持和反对的意见都有。

支持者认为，在世界各地掀起学习汉语热潮的今天，孔子学院遍地开花，俨然一个"全世界都在说中国话"的时代就要来临。但是国人的汉语能力，如提笔忘字、中英文混杂、网络用语不规范等现象普遍存在。目前大家都感到母语水平下降，但是对差到何种程度，差在哪里，怎么入手解决无人能言。而汉语能力测试有一个科学的评测标准，可以帮助应试者了解其汉语水平在特定人群、地域中的位置。这样的测试一定会唤起大家对母语文化的重视。

以下几种是反对观点。观点一，汉语学习更多地是培养一种读书氛围，养成良好的阅读习惯，不能太功利；汉语要保存，要维系，需要培养的是修养而不是一种应试能力；在当前汉语衰退的环境下，要让汉语重新"热"起来，应从维系汉语文化的长远发展着手，营造一种大众的、自由的、向上的母语学习环境。观点二，中国的孩子在中国的土地上学习母语有完整的教育体系，在这种情况下，这项测试的诞生不仅是一种浪费，还严重干扰了当前的汉语教学；汉语的综合水平量化，就是使得原来丰富生动的语言扭曲化，简陋化。观点三，对于把汉语作为母语的中国人来说，汉语会用会说就可以了，不是人人都要成为作家，汉语类的能力测试更适合外国人来考。

——摘编自《汉语考试族群添新成员，汉语能力测试你怎么看？》（人民日报海外版，2011年8月8日），《国家汉语能力测试10月份在江苏等地试点》（中国日报，2011年8月14日）。

2011年经济类联考论证有效性分析真题

2010年9月17日北京发生"惊天大堵"。当日，北京一场细雨，长安街东西双向堵车，继而蔓延至143条路段严重堵车，北京市交管局路况实时显示图几乎通盘红色。央视著名主持人白岩松以"令人崩溃""惨不忍睹"的字眼来形容。全国工商联房地产商会理事陈宝存在接受媒体采访时称，北京"首堵"已成常态，不"迁都"已经很难改变城市的路况。

12月13日，上海学者沈晗耀在接受媒体采访时表示：要解决北京集中爆发的城市病，迁都是最好的选择，并提出未来的新首都应选在湖南岳阳或河南信阳。有人将其表述称之为"迁都治堵"。12月15日,沈晗耀告诉《郑州晚报》记者,媒体"曲解"了他迁都的本意,他的设想是在中部与西部、南方和北方连接处的枢纽地区建设"新首都",培育符合市场经济规律的"政策拉力",以此根本改变中国生产力分布失衡的状况。治疗北京日益严重的城市病,只是迁都后的一个"副作用"。沈晗耀说,他所认为的新都选址,不应该是一个已经成型的大中型城市,而是再造一个新城。与大多数建议者一样,沈晗耀将"新都"的选址定在了中原地区或长江流域,较好的两个迁都地址是:"一个是湖南岳阳,一个是河南信阳。距离武汉二三百公里的地方都是最佳的选择。"他的理由是,这些地方水资源充沛、交通便利、地势平坦。更重要的理由是,迁都能够带动中西部的发展,有利于经济重心的转移。

其实,1980年就有学者提出将首都迁出北京的问题。1986年,又有学者提出北京面临迁都的威胁,一度引起极大的震动。2006年,凶猛夹袭的沙尘暴将"迁都"的提议推向高潮。当年3月,参加全国人大会议的479名全国人大代表,联名向全国人大常委会提出议案,要求将首都迁出北京。此后,北京理工大学教授胡星斗在网上发出酝酿已久的迁都建议书:"中国北方的生态环境已经濒临崩溃。我们呼吁:把政治首都迁出北京,迁到中原或南方。"并上书中央、全国人大、国务院,建议分都、迁都和修改宪法。2008年民间学者秦法展和胡星斗合作撰写了长文《中国迁都动议》,提出"一国三都"构想,即选择佳地建立一个全新的国家行政首都,而上海作为国家经济首都,北京则只留文化职能,作为文化科技首都。

网络上,关于迁都引发的争议,依旧在热议,甚至已有"热心人士"开始讨论新首都如何命名。但现实是,每一次环境事件都会引发民间对于迁都的猜想和讨论,不过,也仅仅限于民间。

附录 B
管理类联考及经济类联考
论证有效性分析真题解析（示例）*

2019 年管理类联考论证有效性分析真题解析

分析下述论证中存在的缺陷和漏洞，选择若干要点，写一篇 600 字左右的文章，对该论证有效性进行分析和评论。（论证有效性分析的一般要点是：概念特别是核心概念的界定和使用是否准确并前后一致，有无各种明显的逻辑错误，论证的论据是否成立并支持结论，结论成立的条件是否充分等等。）

有人认为选择越多越快乐。其理由是：人的选择越多就越自由，其自主性就越高，就越感到幸福和满足，所以就越快乐。其实，选择越多可能会越痛苦。

常言道："知足常乐。"一个人知足了才会感到快乐。世界上的事物是无穷的，所以选择也是无穷的①。所谓"选择越多越快乐"，意味着只有无穷的选择才能使人感到最快乐②。而追求无穷的选择就是不知足，不知足者就不会感到快乐，那就只会感到痛苦③。

再说，在做出每一个选择时，首先需要我们对各个选项进行考察分析，然后再进行判断决策。选择越多，我们在考察分析选项时势必付出更多的精力，也就势必带来更多的烦恼和痛苦④。事实也正是如此。我们在做考卷中的选择题时，选项越多选择起来就越麻烦，也就越感到痛苦⑤。

还有，选择越多，选择时产生失误的概率就越高，由于选择失误而产生的后悔就越多，因而产生的痛苦也就越多⑥。有人因为飞机晚点而后悔没选坐高铁，就是因为可选交通工具多样而造成的⑦。如果没有高铁可选，就不会有这种后悔和痛苦。

退一步说，即使其选择没有绝对的对错之分，也肯定有优劣之分。人们做出某一

---

* 更多解析见《鑫全讲真题（写作）——写作历年真题名家详解》

选择后，可能会觉得自己的选择并非最优而产生懊悔。从这种意义上说，选择越多，懊悔的概率就越大，也就越痛苦。很多股民懊悔自己没有选好股票而未赚到更多的钱，从而痛苦不已，无疑是因为可选购的股票太多造成的⑧。

精点解析

✓ 一、阅卷组提供的官方标准答案

- 所谓"选择越多越快乐"，其中的选择再多也是有限的，所以并不"意味着"选择者有无穷的选择。选择者不可能去追求无穷的选择，也就无所谓"不知足"。
- 从"知足常乐"不能推出"不知足者就不会感到快乐而只会感到痛苦"。
- 考察分析更多的选项虽然要付出更多的精力，但也可能带来探索的乐趣，而未必带来更多的烦恼和痛苦。
- 人们的多种选择可能都合适，选项多少与选择失误之间未必存在正比关系，所以"选择越多，选择时产生失误的概率就越高"等说法未必正确。
- "因为飞机晚点而后悔没选坐高铁"，其后悔的原因明明是"未预测到飞机晚点"，不一定"是因为可选交通工具多样而造成的"。如果没有高铁可选，可能也有这种后悔和痛苦。
- "股民懊悔自己没有选择好股票而未赚到更多的钱"与"可选购的股票太多"无直接因果关系。

✓ 二、手把手教写作

（一）论证缺陷分析

论证关系①　世界上的事物是无穷的→选择也是无穷的

发现	由"所以"确定论证关系。在论证关系中可发现有相似概念，即"事物无穷"与"选择无穷"。可尝试使用"混淆概念"的思路进行分析。
切入思路	混淆概念，需分析出两个概念的不同之处。
分析	事物"无穷"与选择"无穷"不是同一概念，客观事物的无限性并不意味着个人主观选择的无限性。比如工作机会有很多，但是每一个工作机会都有相应的任职要求，而个人能力有限，并不能满足每一个工作机会的要求，选择就会受限。

论证关系②　选择越多越快乐→只有无穷的选择才能使人感到最快乐

发现	ⓐ 由"意味着"确定论证关系。在论证关系中可发现有相似概念,即"选择多"与"无穷的选择",可尝试使用"混淆概念"的思路进行分析。 ⓑ 根据结构标志词"只有……才……"可以确定此处可用"条件关系"分析思路。
切入思路	ⓐ 混淆概念,需分析出两个概念的不同之处。 ⓑ 必要性分析,"只有Q,才P"的分析思路:"没有Q,P仍成立"。
分析	ⓐ 混淆概念:"选择多"不等同于"无穷的选择"。选择再多也是有限的,是在一定的范围内进行选择;而无穷则是没有范围限制,论证者显然"混淆"了两者的外延。 ⓑ 必要性分析:即使没有"无穷的选择",人仍可以"最快乐"。人的精力有限,有时无穷的选择可能使人犹豫、纠结、徘徊,不知所措。即便没有无穷的选择,只在一定的范围内进行有限选择时,人们可能更容易权衡,不至于陷入"选择焦虑",反倒更快乐。

论证关系③　知足常乐→不知足者就不会感到快乐,而只会感到痛苦

发现	ⓐ "知足常乐"与"不知足者不会感到快乐"是"P→Q"与"非P→非Q"的关系,可以确定此处可用"条件关系误用"思路来分析。 ⓑ 根据结构词"不会……只会……",可以确定此处可用"非黑即白"思路来分析。
切入思路	ⓐ "P→Q"不等于"非P→非Q",需要指出误用的充分必要条件。 ⓑ 非黑即白,需分析出除了黑与白外,还有其他选择。
分析	ⓐ 条件关系误用:从"知足常乐"不能推出"不知足者就不会感到快乐"。"知足"是"快乐"的充分条件,而非必要条件,不知足者是否快乐不得而知。 ⓑ 非黑即白:"不会感到快乐"未必就会"感到痛苦",还有可能是淡定、无感等,二者关系不是非此即彼。

论证关系④　选择越多→考察分析选项时付出更多精力→带来更多的烦恼和痛苦

发现	根据结构标志词"势必……势必……"可以确定此处误把"可能性"当成"必然性",通过分析A→B→C,可发现"滑坡谬论"。
切入思路	依次分析每一个论证的有效性。

附录B 管理类联考及经济类联考论证有效性分析真题解析(示例)

(续)

分析	虽然选择很多，但并非每个选项都是必须考虑的，如果选择标准明确，那么排除选项可能就不需要耗费太多精力。此外，即使考察分析选项时要付出更多的精力，但如果能够从中获得乐趣和成就感，何来烦恼和痛苦一说？

论证关系⑤ 选择越多，付出更多精力，带来更多烦恼→做考卷时，选项越多，越麻烦、痛苦

发现	根据结构标志词"……也正是如此"可以考虑使用"类比不当"的分析思路。
切入思路	紧扣材料分析，说出类比对象之间的不同。
分析	人生中的选择不一定都像做考卷时那么简单纯粹，相比而言考虑的因素要复杂得多。考卷选项可能根据大纲相应的出题原则和规律设置，做考卷时可能也有固定的解题思路，而人生中的许多选择却没有这些限定，也缺少决策准则与规律性，具有很高的不确定性。显然二者不能简单类比。

论证关系⑥ 选择越多→选择时产生失误的概率就越高→产生的后悔就越多→产生的痛苦也就越多

发现	根据结构标志词"越……就越……"可以发现该论证过程存在连续的不合理的推理关系，误把"可能性"当成"必然性"。
切入思路	采用"滑坡谬论"思路，依次分析每一个论证的有效性。 考生特别需要注意：此处的推理过程较长，如果每个论证过程的不足之处都详细分析出来，可能会导致段落臃肿，所以考生在此处需将论证关系适当概括。（见以下分析）
分析	论证者从"选择越多"出发，经过一系列论证，最终无法得出"产生的痛苦也就越多"的结论。其中每一个论证过程都是或然的而非必然的。比如："选择越多"未必产生的"失误概率越高"。首先，选择虽多，但如果这些选择结果都是明确的，决策失误的概率反而更小。其次，选项多少与选择失误之间未必存在相关性。产生失误的概率高低，除了受选项数量影响，更多地取决于做选择人的能力以及当时选择处境等。同理，其他论证过程也存在诸多问题，最终无法得出"产生痛苦越多"的结论。

论证关系⑦ 可选交通工具多样→飞机晚点而后悔没选坐高铁

发现	根据结构标志词"因为"可以采用"因果关系"分析思路。

265

(续)

切入思路	采用归因谬误进行分析。
分析	"因为飞机晚点而后悔没选坐高铁",其后悔的原因明明是"未预测到飞机晚点",将其归为"可选交通工具多样而造成的"显属归因谬误。在选择时未预测到飞机会晚点而主动放弃高铁选飞机、未选择更早的航班,也许才是更主要的原因。

论证关系⑧ 可选购的股票太多→没有选择好股票而未赚到钱,痛苦不已

发现	根据结构标志词"因为"可以采用"因果关系"分析思路。
切入思路	寻找他因,割裂因果之间必然联系。
分析	"股民懊悔自己没有选择好股票而未赚到更多的钱"与"可选购的股票太多"之间未能构成必然的因果关系。没选好股票赚不到钱的影响因素众多:可能是自身能力不足,对股票行情不甚了解,不能够精准预测股票的涨跌概率,购入、卖出股票时机不对,对历史数据和现实情况的因果关系分析不明确等。更何况现实生活中也有人在股票众多的股市里赚到了钱。

(二) 参考范文

选择越多越痛苦吗

"选择越多越痛苦"? 论证者针对此观点展开了系列论证,其有效性存在缺失,现分析如下。

事物"无穷"与选择"无穷"不是同一概念,客观事物的无限性并不意味着个人主观选择的无限性。比如工作机会有很多,但是每一个工作机会都有相应的任职要求,而个人能力有限,并不能满足每一个工作机会的要求,选择就会受限。

"选择多"不等同于"无穷的选择"。"选择再多"也是有限的,而"无穷"则是没有范围限制,论证者显然"混淆"了两者的外延。此外,即使没有"无穷的选择",人仍可以"最快乐"。人的精力有限,有时无穷的选择可能使人犹豫、纠结、徘徊,不知所措。只在一定的范围内进行有限选择时,人们可能更容易权衡,不至于陷入"选择焦虑",反倒更快乐。

"人生中的选择"不一定都像"做考卷"时那么简单纯粹,相比而言考虑的因素要复杂得多。考卷选项可能根据大纲相应的出题原则和规律设置,做考卷时可能也有固定的解题思路,而人生中的许多选择却没有这些限定,也缺少决策准则与规律性,具有很高的不确定性。显然二者不能简单类比。

"股民懊悔自己没有选择好股票而未赚到更多的钱"与"可选购的股票太多"之间未能构成必然的因果关系。没选好股票赚不到钱的影响因素众多:可能是自身能力不足,对股票行情不甚了解,不能够精准预测股票的涨跌概率,购入、卖出股票时机不对,对历史数据和现实情况的因果关系分析不明确等。更何况现实生活中也有人在股票众多的股市里赚到了钱。

综上所述,上述论证过程存在诸多不足,还需提供更多论据完善其有效性。

2017年经济类联考论证有效性分析真题解析

分析下述论证中存在的缺陷和漏洞,选择若干要点,写一篇600字左右的文章,对该论证的有效性进行分析和评论。(论证有效性分析的一般要点是:概念特别是核心概念的界定和使用是否准确并前后一致,有无各种明显的逻辑错误,论证的论据是否成立并支持结论,结论成立的条件是否充分等等。)

我们知道,如果市场规模大,最终产品的需求将是巨大的,采用先进技术进行生产的企业,因为产品是高附加值的,所以投资回报率高,工人的工资报酬也高①。如果工人预见到工资报酬高,那么所有的工人都会争先恐后选择在采用先进技术生产的企业工作。这样一来,低技术、低附加值、低工资的劳动密集型企业就自动淘汰出局了,市场上最终生存下来的都是采用先进技术的高新技术企业②。

相反地,如果市场规模狭小,最终产品的需求非常小,而且采用先进技术的成本很高,生产出来的高科技产品根本无人问津。企业无利可图,因此没有一家企业愿意采用先进技术进行生产③。这时工人即使拥有高技术,也会发现英雄无用武之地。最终,市场上剩下的都是低技术、低附加值、低工资的劳动密集型企业了。

由此可见,市场规模决定了先进技术的采用与否,没有大的市场规模,就别指望能涌现高新技术企业④。中国不仅拥有庞大的国内市场,而且拥有更庞大的国际市场,所以大可不必为中国低技术、低附加值、低工资的劳动密集型企业担心,更不要大动干戈搞什么产业结构升级⑤,政府应该采取"无为而治"的方针,让市场去进行"自然选择",决定什么样的企业最终存活下来。所以,政府唯一要做的事情就是做大市场,只要政府把市场做大了,就什么都不用发愁了⑥。

精点解析

✓ 一、阅卷组提供的官方标准答案

- 产品附加值高只能说明产品拥有高额利润，但是投资回报率由利润与投资总额共同决定，因此投资回报率未必高，未必能给工人较高工资。
- 材料不当假设了所有的劳动者都具备到先进技术企业工作的能力。
- 可能短期内无利可图，但长期看会产生盈利，因此不必然没有企业愿意采取先进技术进行生产。
- 高新技术企业是否能涌现，除了目前的市场规模以外，还与行业前景有关。
- 劳动密集型企业进行产业结构升级，除了受市场规模影响，还与提高劳动生产效率、降低生产成本、满足消费者多变的需求等因素相关。
- 经济运行有自己的规律，企业生存发展也受多方因素影响，因此即使政府做大市场也不能高枕无忧。

✓ 二、手把手教写作

（一）论证缺陷分析

论证关系① 采用先进技术进行生产的企业，其产品是高附加值的→投资回报率高→工人的工资报酬也高

发现	根据结构标志词"因为……所以……""也"可以发现此处是连续论证 A→B→C。可考虑使用"滑坡谬论"思路来分析。
切入思路	依次分析每一个论证关系的有效性。
分析	"高附加值产品"可能说明产品具有较高的价值增长与较高经济效益，其拥有高额利润。但是投资回报率由利润与投资总额共同决定，如果先进技术的前期投资较大，或者出现管理不善，就可能造成利润损失，由此便无法获得较高的投资回报率。 此外，即便企业的"投资回报率高"，也不必然给工人提供"高报酬"。有可能企业将大部分利润用做其他投资、扩大生产或股东分红等，而未必会把大部分利润作为工资分给员工。

论证关系② 工人预见到工资报酬高→所有的工人都会争先恐后选择在采用先进技术生产的企业工作→劳动密集型企业就自动淘汰出局了

发现	根据结构标志词"如果……那么……""这样"可以发现此处是连续论证 A→B→C。可考虑使用"滑坡谬论"思路来分析。
切入思路	依次分析每一个论证关系的有效性。
分析	"工资报酬"只是工人选择工作岗位的必要条件而非充分条件。虽然采用先进技术生产的企业工资报酬高,但是对工人工作能力的要求也高。因此,很可能有的劳动者由于教育背景、工作技能等条件的限制,不能到采用先进技术生产的企业工作,只能选择到劳动密集型企业就业,那么就无法说明劳动密集型企业会自动淘汰出局。

论证关系③ 采用先进技术生产成本高,无利可图→没有企业愿意采取先进技术进行生产

发现	根据结构标志词"因此",可采用"因果关系"分析思路。
切入思路	前提不必然推出结论,存在相反结论,即(X→非Y),可采用"让步攻击"的方法。
分析	虽然采用先进技术生产成本高,短期内可能不盈利、无利可图,但是从长远发展看,如果该公司能够很好地利用该技术,生产出高质量且深受消费者喜欢的产品,那么该公司将获得较高盈利。并且其他公司很可能都来效仿,纷纷采用先进技术进行生产,而非没有企业愿意采用先进技术生产。

论证关系④ 市场规模决定了先进技术的采用与否,没有大的市场规模→就别指望能涌现高新技术企业

发现	由"就"确定论证关系,可考虑使用"条件关系"分析思路。
切入思路	前提条件不充分,即 P+?→Q。
分析	"高新技术企业能否涌现",除了与目前的"市场规模"相关以外,还与行业前景、经济环境、消费者需求、社会购买力等因素有关。而市场规模的大小仅是其中一个因素,仅凭它不足以得出该结论。

论证关系⑤ 中国拥有庞大的国内外市场→不必为劳动密集型企业担心,更不用搞产业结构升级

发现	根据结构标志词"所以",可采用"因果关系"分析思路。

(续)

切入思路	ⓐ 前提不唯一，即存在他因共同作用（X+?→Y） ⓑ 前提不必然推出结论，存在相反结论，即（X→非Y），采用"让步攻击"的方法。
分析	ⓐ X+?→Y："劳动密集型企业"是否进行产业结构升级，除了受市场规模影响，还与提高劳动生产效率、降低生产成本、满足消费者多变的需求等因素相关。 ⓑ X→非Y：即便目前"劳动密集型企业"发展良好，市场庞大，也不能确保未来也将永远如此，特别是在经济全球化的今天，倘若我们不搞产业结构升级，而国外的竞争对手进行产业结构升级赶超我们，那么我国企业就可能被淘汰。

论证关系⑥　政府把市场做大了→就什么都不用发愁了

发现	根据结构标志词"只要……就……"，可采用"条件关系"分析思路。
切入思路	前提条件不必然推出该结论，即P∧非Q，可采用"让步攻击"的方法。
分析	经济运行有自己的规律，企业发展也不一定以政府意志为导向，因此，即使在政府做大市场后也不能高枕无忧。更何况，劳动密集型企业一般生产的是中低端产品，如果产品满足不了市场需求，或经济不景气，社会购买力不足，即使做大了市场也要为如何把产品销售出去而发愁。

（二）参考范文

如此论证，有待斟酌

上述材料中的论证有效性存在缺失，现分析如下：

"工资报酬"只是工人选择工作岗位的必要条件而非充分条件。虽然采用先进技术生产的企业工资报酬高，但是对工人工作能力的要求也高。因此，很可能有的劳动者由于教育背景、工作技能等条件的限制，不能到采用先进技术生产的企业工作，只能选择到劳动密集型企业就业，那么就无法说明劳动密集型企业会自动淘汰出局。

采用先进技术的成本高，无利可图，就没有企业愿意采取先进技术进行生产吗？未必。虽然采用先进技术生产成本高，短期内可能不盈利、无利可图，但是从长远发展看，如果该公司能够很好地利用该技术，生产出高质量且深受消费者喜欢的产品，那么该公司将获得较高盈利。并且其他公司很有可能都来效仿，纷纷采用先进技术进行生产，而非没有企业愿意采用先进技术生产。

市场规模决定了先进技术的采用与否，没有大的市场规模，并非就别指望能涌现高新技术企业。高新技术企业能否涌现，除了与目前的市场规模相关以外，还与行业前景、经济环境、消费者需求、社会购买力等因素有关。而市场规模的大小仅是其中一个因素，仅凭它不足以得出该结论。

中国拥有庞大的"国内外市场"难以说明"不必为劳动密集型企业担心，更不用搞产业结构升级"。劳动密集型企业是否进行产业结构升级，除了受市场规模影响，还与提高劳动生产效率、降低生产成本、满足消费者多变的需求等因素相关。此外，即便目前"劳动密集型企业"发展良好，市场庞大，也不能确保未来也将永远如此，特别是在经济全球化的今天，倘若国外的竞争对手进行产业结构升级赶超我们，那么我国企业就可能被淘汰。

综上所述，上述论证是不足为信的，还需提供更多论据加以完善。

附录 C
管理类联考及经济类联考论说文写作真题

管理类联考

2021 年管理类联考论说文写作真题

根据下述材料,写一篇 700 字左右的论说文,题目自拟。

我国著名实业家穆藕初在《实业与教育之关系》中指出,教育最重要之点在道德教育(如责任心和公共心之养成,机械心之拔除)和科学教育(如观察力、推论力、判断力之养成)。完全受此两种教育,实业界中坚人物遂由此产生。

2020 年管理类联考论说文写作真题

根据下述材料,写一篇 700 字左右的论说文,题目自拟。

据报道,美国航天飞机"挑战者号"采用了斯沃克公司的零配件,该公司的密封圈技术专家博易斯乔利多次向公司高层提醒:低温会导致橡胶密封圈脆裂而引发重大事故。但是,这一意见一直没有受到重视。1986 年 1 月 27 号,佛罗里达州卡纳维拉尔角发射场的气温降到零度以下,美国宇航局再次打电话给斯沃克公司,询问其对航天飞机的发射还有没有疑虑之处。为此,斯沃克公司召开会议,博易斯乔利坚持认为不能发射,但公司高层认为他所持理由还不够充分,于是同意宇航局发射。1 月 28 日上午,航天飞机离开发射平台,仅过了 73 秒,悲剧就发生了。

2019 年管理类联考论说文写作真题

根据以下材料,写一篇700字左右的论说文,题目自拟。

知识的真理性只有经过检验才能得到证明。论辩是纠正错误的重要途径之一,不同观点的冲突会暴露错误而发现真理。

2018 年管理类联考论说文写作真题

根据以下材料,写一篇700字左右的论说文,题目自拟。

有人说,机器人的使命,应该是帮助人类做那些人类做不了的事,而不是代替人类。技术变革会夺取一些人低端烦琐的工作岗位,最终也会创造更高端更人性化的就业机会。例如,历史上铁路的出现抢去了很多挑夫的工作,但又增加了千百万的铁路工人。人工智能也是一种技术变革,人工智能也将促进未来人类社会的发展。有人则不以为然。

2017 年管理类联考论说文写作真题

根据以下材料,写一篇700字左右的论说文,题目自拟。

一家企业遇到了这样一个问题:究竟是把有限的资金用于扩大生产呢,还是用于研发新产品?有人主张投资扩大生产,因为根据市场调查,原产品还可以畅销三到五年,由此可以获得可靠而丰厚的利润。有人主张投资研发新产品,因为这样做虽然有很大的风险,但风险背后可能有数倍于甚至数十倍于前者的利润。

2016 年管理类联考论说文写作真题

根据以下材料,写一篇700字左右的论说文,题目自拟。

亚里士多德说:"城邦的本质在于多样性,而不在于一致性。……无论是家庭还是城邦,它们的内部都有着一定的一致性。不然的话,它们是不可能组建起来的。但这种一致性是有一定限度的。……同一种声音无法实现和谐,同一个音阶也无法组成旋律。城邦也是如此,它是一个多面体。人们只能通过教育使存在着各种差异的公民统一起来组成一个共同体。"

2015 年管理类联考论说文写作真题

根据以下材料，写一篇 700 字左右的论说文，题目自拟。

孟子曾引用阳虎的话："为富，不仁矣；为仁，不富矣"。（《孟子·滕文公上》）这段话表明了古人对当时社会上为富为仁现象的一种态度，以及对两者之间关系的一种思考。

2014 年管理类联考论说文写作真题

根据下述材料，写一篇 700 字左右的论说文，题目自拟。

生物学家发现雌孔雀往往选择尾巴大而艳丽的雄孔雀作为配偶，因为雄孔雀的尾巴越艳丽表明它越有生命活力，后代的健康越能得到保证。但是这种选择也产生了问题，孔雀尾巴越艳丽越容易被天敌发现和捕获，生存反而受到威胁。

2013 年管理类联考论说文写作真题

根据以下材料，写一篇 700 字左右的论说文，题目自拟。

20 世纪中叶，美国的波音与麦道两家公司几乎垄断了世界民用飞机的市场，欧洲的制造商深感忧虑。虽然欧洲各国之间竞争也相当激烈，但还是争取了合作的途径，法国、德国、英国和西班牙等决定共同研制大型宽体飞机，于是"空中客车"便应运而生。面对新的市场竞争态势，波音公司和麦道公司于 1997 年一致决定组成新的波音公司，以此抗衡来自欧洲的挑战。

2013 年 10 月 MBA 联考论说文写作真题

阅读以下资料，给全国的企业经理写一封公开信，并在信前添加合适的标题文字，700 字左右。

改革开放以来，中国经济发展的速度举世瞩目。据国际货币基金组织的统计，在 188 个国家与地区中，1980 年，我国按美元计算的 GDP 位列第 11 位，只是美国的 7.26%，日本的 18.63%，从 2010 年起位列世界第 2 位，成为世界第二大经济体，到 2012 年我国的 GDP 是美国的 52.45%，日本的 137.95%，与 30 年前不可同日而语。然而，从能源消耗看，形势非常严峻，1980年，我国能源消耗总量为6.03亿吨标准煤，到2012年增加到36.20亿吨，为1980年的6倍，按石油进口的排名，1982年我国在世界排名中第43，从2009年起上升到第2位，而且面临继续上升的困境。与能源消耗相关的污染问题也频频现于报端，引起全国民众和政府的极大关注。能源消耗和污染问题已经成为阻碍我们实现中国梦的两个难关，对此，我们要群策群力，攻坚克难。

2012年管理类联考论说文写作真题

根据以下材料，写一篇700字左右的论说文，题目自拟。

中国现代著名哲学家熊十力先生在《十力语要》（卷一）中说："吾国学人，总好追逐风气，一时之所尚，则群起而趋其途，如海上逐臭之夫，莫名所以。曾无一刹那，风气或变，而逐臭者复如故。此等逐臭之习，有两大病。一、各人无牢固与永久不改之业，遇事无从深入，徒养成浮动性。二、大家共趋于世所矜尚之一途，则其余千途万途，一切废弃，无人过问。此二大病，都是中国学人死症。"

2012年10月MBA联考论说文写作真题

阅读以下文字，写一篇论说文，题目自拟，700字左右。

2012年7月6日《科技日报》报道：我国主导的TD-LTE移动通信技术已于2010年10月被国际电信联盟确立为国际4G标准。

TD-LTE是我国自主创新的第三代移动通信技术TD-CDMA的演进技术。TD-CDMA的成功规模商用为TD-LTE的快速发展奠定了坚实的基础。目前，TD-LTE已形成由中国主导、全球广泛参与的产业链，全球几乎所有通信系统和芯片制造商都已支持该技术。

在移动通信技术的1G和2G时代，我们只能使用美国和欧洲的标准。通过艰难的技术创新，到3G和4G时代，中国自己的通信标准已经成为世界三大国际标准之一。

2011年管理类联考论说文写作真题

根据以下材料，写一篇700字左右的论说文，题目自拟。

众所周知，人才是立国、富国、强国之本，如何使人才尽快地脱颖而出是一个亟待解决的问题。人才的出现有多种途径，其中有"拔尖"，有"冒尖"。"拔尖"是指被提拔而成为尖子，"冒尖"是指通过奋斗、取得成就而得到社会的公认。有人认为我国当今某些领域的管理人才，"拔尖"的多而"冒尖"的少。

2011年10月MBA联考论说文写作真题

根据下述材料，写一篇700字左右的论说文，题目自拟。

2010年春天，已持续半年的干旱让云南很多地方群众的饮水变得异常困难，施甸县大亮山附近群众家里的水管却依然有清甜的泉水流出，他们的水源地正是大亮山林场。乡亲们深情地说："多亏了老书记啊，要不是他，不知道现在会是什么样子。"

1988年3月，61岁的杨善洲从保山地委书记的岗位上退休，婉拒了省委书记劝其搬至昆明安度晚年的邀请，执意选择回到家乡施甸县种树。20多年过去了，曾经光秃秃的大亮山完全变了模样：森林郁郁葱葱，溪流四季不断；林下山珍遍地，枝头莺鸣燕歌……一位地委书记，为何退休后选择到异常艰苦的地方去种树？

"在党政机关工作多年，因工作关系没有时间去照顾家乡父老，他们找过我多次也没给他们办一件事。但我答应退休后帮乡亲们办一两件有益的事，许下的承诺要兑现。至于具体做什么，考察来考察去，还是为后代绿化荒山比较现实。"关于种树，年逾八旬的杨善洲这样解释。

2010年管理类联考论说文写作真题

根据以下材料，写一篇700字左右的论说文，题目自拟。

一个真正的学者，其崇高使命是追求真理。学者个人的名利乃至生命与之相比都微不足道，但因为其献身于真理就会变得无限伟大。一些著名大学的校训中都含有追求真理的内容。然而，近年学术界的一些状况与追求真理这一使命相去甚远，部分学者的功利化倾向越来越严重，抄袭剽窃、学术造假、自我炒作、沽名钓誉等现象时有所闻。

2010年10月MBA联考论说文写作真题

根据下述材料，写一篇700字左右的论说文，题目自拟。

唐山地震孤儿捐款支援汶川灾区

2008年5月18日，在中宣部等共同发起的《爱的奉献》抗震救灾大型募捐活动中，天津民营企业荣程联合钢铁集团有限公司董事长张祥青代表公司再向四川灾区捐款7000万元，帮助灾区人民重建"震不垮的学校"。至此，荣程联合钢铁集团公司在支援四川灾区抗震救灾中累计捐款1亿元。

"我们对灾区人民非常牵挂，荣钢集团人大多来自唐山，亲历过32年前的唐山大地震，接受过全国人民对唐山灾区的无私援助，32年后为四川地震灾区捐款，回馈社会，是应尽的义务，我们必须做！"张祥青说。

张祥青在1976年唐山大地震时失去父母，年仅8岁的他不幸成为孤儿，他深深感受到来自全国四面八方的涓涓爱心。1989年，张祥青与妻子张荣华开始了艰苦的创业历程，从卖早点、做豆腐开始，最后组建了荣钢集团。企业发展了，荣钢集团人不忘回报社会，支援汶川地震灾区是其中一例。

2009年管理类联考论说文写作真题

以"三鹿奶粉事件所想到的"为题，写一篇700字左右的论说文。

2009年10月MBA联考论说文写作真题

根据以下材料，写一篇700字左右的论说文，题目自拟。

《动物世界》里的镜头：一群体型庞大的牦牛正在草原上吃草。突然，不远处来了几只觅食的狼。牦牛群奔跑起来，狼群急追……终于，有一头体弱的牦牛掉队，寡不敌众，被狼分食了。

《动物趣闻》里的镜头：一群牦牛正在草原上吃草。突然，来了几只觅食的狼。一头牦牛发现了狼，它的叫声提醒了同伴。领头的牦牛站定与狼对视，其余的牦牛也围在一起，站立原地。狼在不远处虎视眈眈地转悠了好一阵，见没有进攻的机会，就没趣地走开了。

2008年1月MBA联考论说文写作真题

根据以下材料，写一篇700字左右的论说文，题目自拟。

"原则"就是规矩，就是准绳。而在日常生活和工作中，常见的表达方式是："原则上……但是……"请以"原则"与"原则上"为议题写一篇论说文，题目自拟，700字左右。

2008年10月MBA联考论说文写作真题

根据以下材料，写一篇700字左右的论说文，题目自拟。

南美洲有一种奇特的植物——卷柏。说它奇特，是因为它会走。卷柏生存需要充分的水分，当水分不充足时，它就会自己把根从土壤里拔出来，让整个身躯卷成一个圆球状。由于体轻，只要稍有一点风，它就会随风在地面滚动，一旦滚到水分充足的地方，圆球就会迅速打开，根重新钻到土壤里，暂时安居下来。当水分又一次不充足，住得不称心如意的时候，它就会继续游走，以寻求更好的生存环境。

难道卷柏不走就不能生存了吗？一位植物学家做了一个实验：用挡板圈出一块空地，把一株卷柏放到空地中水分最充足的地方，不久卷柏便扎根生存下来。几天后，当这里水分减少时，卷柏便拔出根须，准备飘移。但实验者用挡板对其进行严格控制，限制了它游走的可能。结果实验者发现，卷柏又重新扎根生存在那里；而且在几次将根须拔出又不能移动的情况下，便再也不动了。而且，卷柏此时的根已经深深扎入泥土，长势比任何时期都好，也许它发现，根扎得越深，水分越充足……

2007年1月MBA联考论说文写作真题

根据以下材料，写一篇700字左右的论说文，题目自拟。

电影《南极的司各脱》，描写的是英国探险家司各脱上校到南极探险的故事。司各脱历尽艰辛，终于到达南极，却在归途中不幸冻死了。在影片的开头，有人问司各脱：你为什么不能放弃探险生涯？他回答："留下第一个脚印的魅力。"司各脱为留下第一个脚印付出了生命的代价。

2007年10月MBA联考论说文写作真题

根据下述材料，写一篇700字左右的论说文，题目自拟。

著名作家曹禺先生说过这样一段话：我看，应该给"眼高手低"正名。它是褒义词，而不是贬义词。我们认真想一想，一个人做事眼高手低是很正常的，只有眼高起来,手才能跟着高起来。一个人不应该怕眼高手低,怕的倒是眼也低手也低。我们经常是眼不高,手才低的。

2006 年 1 月 MBA 联考论说文写作真题

根据以下材料,围绕企业管理写一篇论说文,题目自拟。700 字左右。

两个和尚住在东、西两座相邻的山上寺庙里,两山之间有一条清澈的小溪。这两个和尚每天都在同一时间下山,去溪边挑够一天用的水。久而久之,他们就成为好朋友了。光阴如梭,日复一日,不知不觉已经过了三年。有一天,东山的和尚没有下山挑水,西山的和尚没有在意:"他大概睡过头了。"哪知第二天,东山的和尚还是没有下山挑水。第三天、第四天也是如此,西山的和尚担心起来:"我的朋友一定是生病了,我应该去拜访他,看是否有什么事情能够帮上忙。"

于是他爬上了东山去探望他的老朋友。到达东山的寺庙,西山和尚看到他的老友正在庙前打太极拳,一点也不像几天没喝水的样子。他好奇地问:"难道你已经修炼到可以不用喝水就能生存的境界了吗?"东山和尚笑笑,带着他走到寺庙后院,指着一口井说:"这三年来,我每天做完功课,都会抽空挖这口井。如今终于挖出水来了,我就不必再下山挑水啦。"西山和尚不以为然:"挖井花费的力气远远甚于担水,你又何必多此一举呢?"

2006 年 10 月 MBA 联考论说文写作真题

根据以下材料,围绕企业管理写一篇论说文,题目自拟。700 字左右。

可口可乐与水

在 20 世纪 80 年代,可口可乐公司处在一个失去发展空间的悲观情景当中:它以 35%的市场份额控制着软饮料市场,这个市场份额几乎是市场和管制的最高点;另一方面,更年轻、更充满活力的百事可乐展开积极的进攻,可口可乐似乎只能采取防守的心态,最多是为一两个百分点展开惨烈的竞争。

尽管可口可乐的主管、员工很有才干,工作努力,甚至士气也很好,但是,从根本上讲他们是悲观的,他们看不到如何逃出这句话所描绘的宿命:在顶峰上唯一可能的路径就是往下。

郭思达（Roberto Goizueta）在接任可口可乐 CEO 后，在高层主管会议上提出了这样的一系列问题：

"世界上 44 亿人口每人每天消耗的液体饮料平均是多少？"

答案是："64 盎司。"（1 盎司约为 31 克）

"那么，每人每天消费的可口可乐又是多少呢？"

"不足 2 盎司。"

"那么，在人们的肚子里，我们的市场份额是多少？"郭思达最后问。

通过这些问题，郭思达给所有人带来了观念的革新。这样，人们关注的核心问题不再是可口可乐在美国可乐市场的占有率，也不再是在全球软饮料的市场占有率，而变成了在世界上每个人要消费的液体饮料市场的占有率。这个问题的答案是，可口可乐的市场份额少到可以忽略不计。

"郭思达引导可口可乐的主管们看到：他们的敌人不是百事可乐，而是咖啡，是牛奶，是茶，他们的敌人是水。"管理学者、《执行》作者拉姆·查兰这样分析说，"郭思达把可口可乐的市场重新定位了，而这一市场的巨大空间远远超出任何人的想象。"可口可乐被无可限量的前景唤醒。

2005 年 1 月 MBA 联考论说文写作真题

根据下述内容，自拟题目，写一篇短文，评价丘吉尔的决策，说明如果你是决策者，在当时情况下你会做出何种选择，并解释决策依据。700 字左右。

二战期间英国首相丘吉尔曾做出一个令他五内俱焚的决定。当时盟军已经破译了德军的绝密通信密码，并由此得知德军下一个空袭目标是英国的一个城市考文垂。但是，一旦通知这个城市做出任何非正常的疏散和防备都将引起德军的警觉，使破译密码之事暴露，从而丧失进一步了解德军重大秘密的机会。所以丘吉尔反复权衡，最后下令不对这个城市做任何非正常的提醒。结果考文垂在这次空袭中一半被焚毁，上千人丧生。然而通过这个密码，盟军了解到德军几次重大战役中兵力部署情况，制定了正确的反应战略，取得了重大军事胜利。

2005 年 10 月 MBA 联考论说文写作真题

根据下述材料，写一篇 700 字左右的论说文，题目自拟。

如果你不能成为挺立山顶的苍松，那就做山谷一棵小树陪伴溪水淙淙；

如果你不能成为一棵大树，那就化做一丛茂密的灌木；

如果你不能成为一只乡獐，那就化做一尾最活跃的小鲈鱼，享受那美妙的湖光；

如果你不能成为大道宽敞，那就铺成一条小路目送夕阳；

如果你不能成为太阳，那就变成一颗星星在夜空闪亮；

不可能都当领航的船长，还要靠水手奋力划桨；

世上有大事、小事需要去做，最重要的事在我们身旁。

2004年1月MBA联考论说文写作真题

根据下述材料，写一篇700字左右的论说文，题目自拟。

一位旅行者在途中看到一群人在干活，他问其中一位在做什么，这个人不高兴地回答："你没有看到我在敲打石头吗？若不是为了养家糊口，我才不会在这里做这些无聊的事。"旅行者又问另外一位，他严肃地回答："我正在做工头分配给我的工作，在今天收工前我可以砌完这面墙。"旅行者问第三位，他喜悦地回答："我正在盖一座大厦。"他为旅行者描绘大厦的形状、位置和结构，最后说："再过不久，这里就会出现一座宏伟的大厦，我们这个城市的居民就可以在这里聚会、购物和娱乐了。"

2004年10月MBA联考论说文写作真题

根据以下材料，自拟题目撰写一篇700字左右的论说文。（40分）

在滑铁卢战役的第一阶段，拿破仑的部队兵分两路。右翼由拿破仑亲自率领，在利尼迎战布鲁查尔；左翼由奈伊将军率领，在卡特勒布拉斯迎战威灵顿。拿破仑和奈伊都打算进攻，而且，两个人都精心制定了对各自战事而言相当优秀的作战计划。但不幸的是，这两个计划均打算用格鲁希指挥的后备部队，从侧翼给敌人以致命一击，但他们事前并没有就各自的计划交换意见。当天的战斗中，拿破仑和奈伊所发布的命令又含糊不清，致使格鲁希的部队要么踌躇不前，要么在两个战场之间疲于奔命，一天之中没有投入任何一方的作战行动，最终导致拿破仑惨败。

经济类联考

2021 年经济类联考论说文写作真题

阅读下述材料，写一篇 700 字左右的论说文，题目自拟。

巴西热带雨林中的食蚁兽在捕食时，使用灵活的带黏液的长舌伸进蚁穴捕获白蚁，但不管捕获多少，每次捕食都不超过 3 分钟，然后就去寻找下一个目标，从来不摧毁整个蚁穴。而那些未被食蚁兽捕获的工蚁就会马上修复蚁穴，蚁后也会开始新一轮繁殖，很快产下更多的幼蚁，从而使蚁群继续生存下去。

2020 年经济类联考论说文写作真题

阅读下面的材料，并据此写一篇不少于 600 字的论说文，题目自拟。

2018 年，武汉一名退休老人向家乡木兰县教育局捐赠 1000 万元，引起了广泛的关注。这笔巨款是马旭与丈夫一分一毫几十年积攒下来的，他们至今生活简朴，住在一个不起眼的小院里，家里没有一件像样的家具。

马旭 1932 年出生于黑龙江省木兰县，1947 年参军入伍，在东北军政大学学习半年后，成为解放军第四野战军的一名卫生员，先后参加过解放战争、抗美援朝战争，期间多次立功受奖。20 世纪 60 年代，她被调入空降兵部队，成为一名军医，后来主动要求学习跳伞，成为新中国第一代女空降兵。此后 20 多年里，马旭跳伞多达 140 多次，创下空降女兵跳伞次数最多和年龄最大两项纪录。

如今，马旭的事迹家喻户晓，许多地方邀请她参加各类活动，她大多婉拒。她说："我的一生都是党和部队给的，我只是做了我力所能及的事。只要活着，我们还会继续攒钱捐款，把自己的一切献给党和国家。"

2019 年经济类联考论说文写作真题

阅读下面的材料，并据此写一篇不少于 600 字的论说文，题目自拟。

法国科学家约翰·法伯曾做过一个著名的"毛毛虫实验"。这种毛毛虫有一种"跟随者"的习性，总是盲目地跟着前面的毛毛虫走。法伯把若干个毛毛虫放在一只花盆的边缘上，首尾相接，围成一圈。他在花盆周围不远的地方，撒了一些毛毛虫喜欢吃的松叶。毛毛虫开始一个跟一个，绕着花盆，一圈又一圈地走。一个小时过去了，一天过去了，毛毛虫们还在不停地、固执地团团转。一连走了七天七夜，终因饥饿和筋疲力尽而死去。这其中，只要有任何一只毛毛虫稍稍与众不同，便会立刻吃到食物，改变命运。

2018 年经济类联考论说文写作真题

阅读下面的材料，并据此写一篇不少于 600 字的论说文，题目自拟。

近期有报道称，某教授颇喜穿金戴银，全身上下都是世界名牌，一块手表价值几十万元，所有的衣服和鞋子都是专门定制的，价格不菲。他认为对"好东西"的喜爱没啥好掩饰的。"以前很多大学教授都很邋遢，有些人甚至几个月都不洗澡，现在时代变了，大学教授应多注意个人形象，不能太邋遢了。"

2017 年经济类联考论说文写作真题

阅读下面的材料，以"是否应该对穷人提供福利"为题，写一篇不少于 600 字的论说文。

国家是否应该对穷人提供福利存在较大的争议，反对者认为：贪婪、自私、懒惰是人的本性，如果有福利，人人都想获取。贫穷在大多数情况下是懒惰造成的。对穷人提供福利相当于把努力工作的人的财富转移给了懒惰的人。因此穷人不应该享受福利。支持者则认为：如果没有社会福利，穷人没有收入，就会造成社会动荡，社会犯罪率会上升，相关的管理支出也会增加，其造成的危害可能大于提供社会福利的成本，最终也会影响努力工作的人的利益。因此，为穷人提供社会福利能够稳定社会秩序，应该为穷人提供福利。

2016 年经济类联考论说文写作真题

阅读下面的材料，以"延长退休年龄之我见"为题，写一篇不少于 600 字的论说文。

自从国家拟推出延迟退休政策以来，就受到了社会各界的广泛关注，同时也引起激烈的争论。为什么要延长退休年龄？赞成者说，如果不延长退休年龄，养老金就会出现巨大缺口；另外，中国已经步入老年社会，如果不延长退休年龄，就会出现劳动力紧缺的现象。反对者说，延长退休年龄就是剥夺劳动者应该享受的退休福利，退休年龄的延长意味着领取养老金时间的缩短；另外，退休年龄的延长也会给年轻人就业造成巨大压力。

2015 年经济类联考论说文写作真题

根据下述材料，写一篇 600 字左右的论说文，题目自拟。

孔子云："求其上者得其中，求其中者得其下，求其下者无所得。"由此得出如何确定你的人生目标？

2014 年经济类联考论说文写作真题

根据下述材料，写一篇 600 字左右的论说文，题目自拟。

我懂得了，勇气不是没有恐惧，而是战胜恐惧。勇者不是感觉不到害怕的人，而是克服自身恐惧的人。——南非前总统纳尔逊·曼德拉

2013 年经济类联考论说文写作真题

根据下述材料，写一篇 600 字左右的论说文，题目自拟。

被誉为清代"中兴名臣"的曾国藩，其人生哲学很独特，就是"尚拙"。他曾说"天下之至拙，能胜天下之至巧，拙者自知不如他人，自便会更虚心。"

2012 年经济类联考论说文写作真题

根据下述材料，写一篇不少于 600 字的论说文，题目自拟。

中国 500 毫升茅台价格升至 1200 元，纽约华人聚居区法拉盛，1000 毫升装的同度数茅台价格为 220 至 230 美元，500 毫升约合 670 元人民币。因海外茅台价格便宜，质

量有保证,华人竞相购买,回国送人。这些年,中国游客在海外抢购"MADE IN CHINA"商品的消息早已不是什么新鲜事了。服装、百货、日用品、中国造的东西,去了美国反而更便宜。有媒体报道 Levi's 505 牛仔裤,广东东莞生产,在中国商场的价格是 899 元人民币,在美国的亚马逊网站上的价格是 24.42 美元,合人民币 166 元,价格相差 5.4 倍。

——摘自《茅台酒为何在美国更便宜?》(新京报,2011 年 1 月 7 日)。

2011 年经济类联考论说文写作真题

根据下述材料,写一篇不少于 600 字的论说文,题目自拟。

自 2007 年以来,青年学者廉思组织的课题组对蚁族进行了持续跟踪调查。廉思和他的团队撰写的有关蚁族问题的报告多次得到中央领导的批示和高度重视。

在 2008 年、2009 年对北京蚁族进行调查的基础上,课题组今年在蚁族数量较多的北京、上海、广州、武汉、西安、重庆、南京等大城市同时展开调查,历时半年有余,发放问卷 5000 余份,回收有效问卷 4807 份,形成了第一份全国范围的蚁族生存报告。

此次调查有一些新发现,主要有:随着高校毕业生就业形势的日趋严峻,蚁族的学历层次上升;蚁族向上流动困难,"三十而离";五成蚁族否认自己属于弱势群体等。

——摘自《调查显示蚁族学历层次上升,五成人否认自己弱势》(中国青年报,2010 年 12 月 10 日)。

附录 D
管理类联考及经济类联考论说文真题解析（示例）*

2019 年管理类联考论说文真题解析

根据以下材料，写一篇 700 字左右的论说文，题目自拟。

知识的真理性只有经过检验才能得到证明。论辩是纠正错误的重要途径之一，不同观点的冲突会暴露错误而发现真理。

1 审题立意

有同学由"知识的真理性只有经过检验才能得到证明"这个角度立意 **"实践出真知"**，显然不够准确。材料后面对"实践"有具体的指示，即论辩，从"论辩"入手分析显然比"实践"更为准确。

"论辩是纠正错误的重要途径之一，不同观点的冲突会暴露错误而发现真理"，由这个角度可以分析 **"论辩与真理"** 的关系。

有考生仅仅针对"真理"展开论证，即"什么是真理，为什么要追求真理，怎么获得真理"。如此立意，会被判为偏题。材料显然暗示考生构建 **"论辩与真理"** 这一论证关系，仅从一方论证，或仅仅谈论辩，或仅仅析真理，都不符合命题要求。

> **延伸学习**
>
> **论辩与真理**
>
> 批判性思维中的"论辩"：采用理由来支持一个观点，以说服已知或未知的受众。
> 论辩可能包括反对，但是言之有据的论辩比单纯的反对含义更丰富。
> 真理是人对于客观事物及规律的正确反映。
> ①由于真理是客观的，有其不依赖于人的意识的客观内容，所以真理必然是一元

---

* 更多解析见《鑫全讲真题（写作）——写作历年真题名家详解》

的。也就是说，不论人们在认识事物的时候可能得出多少种结论，但只有符合客观实际的认识才是真理。

②真理是一元的，因此，真理面前人人平等。真理不以人的主观意志、不以阶级的主观愿望为转移，从这个意义上说，真理没有阶级性。

③真理多元论主张不同的人、不同的阶级可以有不同的真理，真理因人而异。真理多元论否认了真理的客观性，是一种主观唯心主义的真理观。

2 论证结构

根据"双要素"题型命题特点，本题论证采用双要素"合一"的写法，即将两个要素放进一个论证关系中，针对论证关系展开论证。逻辑思路如下：1. 为什么：论辩为什么能够获得真理？—→ 2. 为什么：论辩获取真理的重要性。—→ 3. 难，论辩获取真理的难点所在。—→ 4. 怎么办？如何通过论辩获取真理。

段落	论证目的	分析思路
1	破	根据材料构建论证关系。
2	立	论辩是获取真理的重要途径。
3	立	求真是和谐社会的公民必备的素养，论辩有利于这一素养的形成。
4	难	论辩获得真理难在何处？
5	怎么办	针对"立"与"难"的相关观点，提出应对措施。
6	结	概括与总结总论点。

3 手把手教写作

1 » 破。 本段的目的是"点题立论"，即文章开篇。考生根据材料，尽量合乎逻辑地构建论证关系。

【示例】知识的真理性只有经过检验才能得到证明。而论辩，则是获得真理的内在逻辑。

2 » 立。 分析两个要素之间的关系，论辩为什么是获取真理的重要途径。从真理的内涵、论辩的方式、目的出发，辨析二者关系。

【示例】常言道：真理越辩越明。论辩是获取真理的重要途径。在论辩过程中，论辩者发表自己的观点，接受别人理性的检查，放任对方批评和纠正自己的观点，不同观点的冲突会暴露错误而发现真理。这一过程不是一个人对世界的主观感受,而是两个人在论辩中理性的碰撞,对真理的接近和契合。论辩即批判性讨论,其结果就是追求真理。

3》立。 从论辩获取真理的社会价值出发,分析这一关系的社会意义。

【示例】求真是和谐社会的公民必备的素养,论辩有利于这一素养的形成。人们对事物和价值往往有歧见。和谐社会要求我们必须消除歧见,达至认同。行动和思维选择标准来自真理,知识的真理性特质只有通过外部的批判性检验才能获得。论辩是一种言语交际方式,其基本手段就是通过批判达成思想和行动的一致。

4》难。 论辩获取真理的难点所在。"论辩"本身就是获取"真理"的手段,从人的动机和行为的关系入手,分析论辩过程中与真理失之交臂的原因。

【示例】知易行难,论辩获得真理难在何处?一是论辩者的本位主义。当论辩的目的建立在自私的动机之上时,它常常表现为服务于一个人自身或其"集团"的既定利益的理念的技巧性操作。它是"自私的"或"诡辩的"形式,其过程与结果必定远离真理。二是论辩者立论的公正性。世界由许多具有不同观点和思维方式的人组成。如果人们仅仅从特定群体出发,如仅仅从有限的立场来思考问题,那论辩者就不能真正地理解世界,也就不能获得真理。

5》怎么办。 从"难"点分析入手,针对"本位主义"和"公正性",提出构建批判性思维的建议。

【示例】通过论辩获得真理需要我们培养批判性思维。批判性思维是自我校准的思维方式。批判性思维并非仅仅就是批判,就是为了发现缺陷,其更是为了寻求真理,从而为人们的思想和行为进行理性奠基。在论辩过程中,我们通过批判性思维达到自我审查、自我校准的目的。自我审查可以反省自己动机、态度与价值观,避免偏见,做到了思想公正、客观、尊崇真理;自我校准可以揭露错误或不足,"见贤思齐焉,见不贤而内自省也",通过校正错误发现真理。

延伸学习　　批判性思维

批判性思维就是通过一定的标准评价思维,进而改善思维,是合理的、反思性的思维,既是思维技能,也是思维倾向。

人们对批判性思维存在三个基本误解。有人认为批判性思维是否定性的,即本质上是发现缺陷。然而，一个批判性思维者不仅仅是悬疑判断。质疑、批判是为了寻求理由或确保正当性，为我们的信念和行为进行理性奠基。因此，批判性思维也是建设性的。批判性思维使人们意识到，我们所处的世界中的价值、行为和社会结构的多样性。人们还以为，批判性思维作为一个控制的手段起作用，是有害的、应避免的东西。可是，批判性思维是个人自治的基础。一个自主的人是自我管理的（控制的）或自我指示的。自治使一个人较少依赖并因此较少受他人的规定、指示和影响。还有一个误解是，批判性思维并不包括或鼓励创造性。这源于一个错误观念：创造性本质上是打破规则。相反，创造性常常包括大量对规则的遵循。一个原创的洞察力恰恰需要知道如何在给定的情景中解释和应用规则。

思考与总结

针对"批判性思维"的相关讲解，你还能联想到哪些社会现象？请针对这些现象做"理论分析"。

6》结。 概括与总结总论点。

【示例】真理虽然稀少，但总是供大于求，论辩就是把智慧变成真理。

4 范文

论辩，获得真理的内在逻辑

知识的真理性只有经过检验才能得到证明。而论辩，则是获得真理的内在逻辑。

常言道：真理越辩越明。论辩是获取真理的重要途径。在论辩过程中，论辩者发表自己的观点，接受别人理性的检查，放任对方批评和纠正自己的观点，不同观点的冲突会暴露错误而发现真理。这一过程不是一个人对世界的主观感受，而是两个人在论辩中理性的碰撞，对真理的接近和契合。论辩即批判性讨论，其结果就是追求真理。

求真是和谐社会的公民必备的素养，论辩有利于这一素养的形成。人们对事物和价值往往有歧见。和谐社会要求我们必须消除歧见，达至认同。行动和思维选择标准来自真理，知识的真理性特质只有通过外部的批判性检验才能获得。论辩是一种言语交际方式，其基本手段就是通过批判达成思想和行动的一致。

知易行难，论辩获得真理难在何处？一是论辩者的本位主义。当论辩的目的建立在自私的动机之上时，它常常表现为服务于一个人自身或其"集团"的既定利益的理念的技巧性操作。它是"自私的"或"诡辩的"形式，其过程与结果必定远离真理。二是论辩者立论的公正性。世界由许多具有不同观点和思维方式的人组成。如果人们仅仅从特定群体出发，如仅仅从有限的立场来思考问题，那论辩者就不能真正地理解世界，也就不能获得真理。

通过论辩获得真理需要我们培养批判性思维。批判性思维是自我校准的思维方式。批判性思维并非仅仅就是批判，就是为了发现缺陷，其更是为了寻求真理，从而为人们的思想和行为进行理性奠基。在论辩过程中，我们通过批判性思维达到自我审查、自我校准的目的。自我审查可以反省自己动机、态度与价值观，避免偏见，做到思想公正、客观、尊崇真理；自我校准可以揭露错误或不足，"见贤思齐焉，见不贤而内自省也"，通过校正错误发现真理。

真理虽然稀少，但总是供大于求，论辩就是把智慧变成真理。

5　案例学习

批判性思维与现代公民

批判性思维者区分可靠的和不可靠的理由，并权衡证据，判断什么是合理的，进而决定相信什么或做什么。一旦证据或理由被提出支持一个观点或信念，结果就是产生一个论证。这种信念或观点就是论证的结论。分析该信念是否真的被证据或理由所支持的活动就是辨识论证、澄清论证和评估论证。我们正在进入信息时代。为了有效地使用信息，当代的决策者们（公共的和私人的）需要批判性地阅读、聆听、观察、演讲和写作的技能。而这些特殊技能的基础是更为一般的批判性思维能力。对批判性思维技能的需求已经被确认为一个国家甚至整个世界的优先性。

建设具有民主法治、公平正义、诚信友爱、充满活力、安定有序、人与自然和谐相处6大特征的社会主义和谐社会，与我们每个公民都息息相关。公民是具备一定的国籍，依照一国宪法和法律，享有权利、承担义务的自然人。但是，公民可能因缺乏能力而无法有效地实现自己的权利，履行自己的义务。亚里士多德早就指出，只有具有理性讨论公共利益能力的人，才适合成为公民。理性是从前提逻辑地推出结论的能力，或者为实现目标和最大限度地获取价值而选择最有效和最合适的方法的能力。人必须经过自我塑造才能担当起公民的角色，换言之，只有获得了一定的素质，才能称得上是真正意义上的现代公民。在国家典章制度、法律常识和伦理规范之外，现代性当中注重的启蒙精神、批判意识和参与公共生活实践的意愿需要刻意培养。公民素质，除泛指政治或法律上权利及身份的传统意义之外，还包括必备的知识、责任、德行、态度、价值及能力。普遍认为，现代公民的基本素质至少包括：了解现代公民的权利与义务，并具有相应的实践能力；了解现代国家运行的基本原则和程序，具有民主与法制的意识和民主参与的能力；了解现代社会可持续发展必需的基本规范和伦理底线；了解现代社会的基本特征，学会自主判别、自主选择和自主承担，能够为现代社会有尊严的多样性做出贡献。这里所涉及的"能力"与批判性思维能力和气质密切相关。

美国社会学家萨姆纳在研究社会风俗时早就指出，思维的批判性习惯必须遍及社会的所有风俗，因为它是对付生活难题的一个方法。批判性能力是教育和训练的产物，是一种智力习性和力量。它是人类福祉的一个根本条件，男女都应经受的训练。它是我们反对错觉、欺骗、迷信以及误解我们自己和现世环境的唯一保证。批判性能力教育是唯一真正称得上是培养好公民的教育。在现代社会，批判性思维被普遍确立为教育特别是高等教育的目标之一。养成批判性思维能力和精神气质，不仅是应付复杂而多变的社会生活之必需，也是提升现代社会生活之人文精神之要求。批判性思维既体现思维技能水平，也凸显现代人文精神。它是人们的私人生活和公共生活的强大资源。

充分发扬民主是社会主义和谐社会的第一要求。民主要求公民具备思想开放的批判性思维气质。公民需要理解和尊重人们需求的多元性，要善于从别人的立场审视事物。政治问题包括社会公共事务是要靠理性、程序与协商来解决的。意见分歧的解决只能通过批判性讨论即理性对话。民主制度和民主社会生活的形成和运作要靠具备理性能力的公民支撑。批判性思维构成理性的基本内容。合理的表达所要求的论证能力意味着，具有这种能力的主体在适当的情况下自身应当能够提供论证理由。经过论证的主张和行之有效的行为才是合理性的标志。和谐社会的交往实践的特征表现为共识的达成、维持与更新，但这种共识是建立在主体相互之间对可以批判检验的有效性要求认可基础上的。这种交往实践内在的合理性表现为，通过交往所达成的共识最终必须具有充分理由。而衡量交往实践参与者的合理性标准在于，他们是否能够在具体的情况下对其表达加以证明。因此，日常交往实践内在的合理性把自己托付给论证实践。这样，一种主张（认识的、价值的和实践的）的合理性可以通过批判和论证加以还原。合理性是具有语言能力和行为能力的主体的一种素质，它表现在总是能够得到充分证明的行为方式当中。这就意味着，合理的表达可以得到客观的评价。通过论证可以使得某种行为在特殊意义下成为合理行为，比如从错误得到教益。合理表达的可检验性和可论证性只是表明了论证的可能性，而我们获得理论知识和道德认识、完善和扩充评价语言、克服自我欺瞒和沟通困难所经历的学习过程，依靠的则是论证。有学者将理性社会等同于批判性社会是很有道理的。在个体层次上，批判性思维应内化为个人的精神气质；在社会层次上，批判性思维应内化为整个社会的生活习惯。涉及我们生活的种种计划或政策，也只有在经历批判性思维的洗礼之后，才能尽显其公正、善意和有效。这就是所谓的"合法性"或正当性问题。正如哲学家马卡尔德所说，今天，除了在所有人面前辩护的必要性是无须辩护的而外，一切都需要辩护。正是对一项重大决策的反复争论，推动了这项决策的不断完善，重大决策在论证和反论证的厮杀的回合中，逐步获得了正当性，成为真正民主的、合理的决策。我国开始逐步推行的听证制度正是批判性思维在社会生活中发挥作用的途径之一。

和谐社会充满活力，就是能够使一切有利于社会进步的创造愿望得到尊重，创造活动得到支持，创造才能得到发挥，创造成果得到肯定。创造本质上是解决或最佳解决问题。解决问题有5个步骤：确定问题；分析问题的性质；搜集有关信息并提出可能解决的假设；评估可能的解决方案，并选择最适当的解决方案；按选择的方案采取实际行动，并在实施中视需要随时修正。问题解决的5个阶段都渗透批判性思维。创新的原动力在于问题情景。问题情景的本质是主体追求与现状的差距。然而，发现这种差距正是要通过对现状的批判性分析。问题解决需要创造性思维，创造性思维是能引发新的或更好的解决问题方法的思维方式。批判性思维是对所提供的解决问题的方法进行检测，以保证其有效力的思维方式。这两种思维方式对有效解决问题而言都是必要的，尽管二者常相互干扰。我们在创造性地思考问题时必须敞开思路。这个思考过程越是处于自发状态，越有可能产生有效的解决问题的方法。直觉、灵感、想象和隐喻诱发源源不断的想法，提供解决问题的原材料。然后，批判性的判断把好的观点提取出来，在诸多可能性中选出解决问题的最佳方案。如果不能提炼出那些切合实际的、合理的想法，我们的创造力最终不会有实质性结果。对大多数人来讲，创造性思维和批判性思维平衡发展是社会生活的必然要求。

求真是和谐社会的公民必备的素养。求真离不开批判性思维。波普尔曾强调批判性讨论在科学进步中的重要性。知识的真理性特质只有通过外在化的批判性检验才能获得。通过论辩活动，人从自身内部提取知识，并把它用作每个情景或环境中真理的相对标准。论辩是纠正错误的活动，在这种活动中，不同思想的冲突暴露错误而产生真理。除非论辩双方达成默契，放任对方批评和纠正自己的观点，否则就无法保证真理的出现。论辩者打开自己，接受别人有条理的检查，而他的观点或态度会因这种交锋而改变，这样，实现了"主体间的确认"，即出现了一个主体间确认的现实，这一现实不是一个人对世界的主观感受，而是两个这样的相互竞争的感知的碰撞。这就是所谓的"主观互证"，即研究者运用同样的概念语言和科学研究的方法彼此交换他们的发现，并检验彼此的研究成果的可靠性。主观互证要求在词汇的含义方面、交流的符号及用来取得或证实知识的程序等方面一致。如果没有这种一致，知识就是完全主观的，对他人不能进行有意义的传递。主观互证的水平决定了一个研究者的发现能够在何种程度上与他人的发现一致。科学结论作为一种有"好理由"的论述，必定是在交流、论争和劝服的过程中历史地、具体地和相对地产生的。从这样的观点来看，论辩即批判性讨论就是创造真理，而不仅仅是使真理显得更有效。

和谐并不意味着没有意见、没有批判，也不是非理性的一团和气、皆大欢喜。和谐社会需要的民主意识和科学意识都以批判性思维（包括技能和气质）为基础。但是，布朗（M. Brown）和凯利（S. Keeley）1986年报告，许多将要毕业的高年级学生缺乏重要的批判性思维技能。1988年春的研究又显示，大多数学生不能洞悉含糊暧昧、成问题的假设和价值偏好以及批判性评估的重要组成。保罗（R. Paul）等专家1995年对加利福尼亚38所公立大学和28所私立大学的调查表明，大部分教员和学生在对批判性思维的概念、技能和气质的理解上存在不少问题。另一项检测表明，一年级大学生仅有25%有逻辑思维所必需的技能。相比之下，在我国，批判性思维能力与气质的培养尚未明确列入国家教育发展目标和人才培养要求中；批判性思维能力检测尚未成为高等教育素质教育的常规工作。培养公民特别是年轻一代的批判性思维能力和气质，是我们建立和谐社会征程中的又一迫切而艰巨的任务。

思考与总结

考生试用常用的"双要素"结构，针对"实践出真知"这一主题构建结构、展开论证。考生完成下表，并写一篇700字左右的论说文。

段落	论证目的	分析思路
1	破	
2	要素一	
3	两要素关系	
4	难	
5	怎么办	
6	结	

2017年经济类联考论说文真题解析

阅读下面的材料，以"是否应该对穷人提供福利"为题，写一篇不少于600字的论说文。

国家是否应该对穷人提供福利存在较大的争议，反对者认为：贪婪、自私、懒惰是人的本性，如果有福利，人人都想获取。贫穷在大多数情况下是懒惰造成的。对穷人提供福利相当于把努力工作的人的财富转移给了懒惰的人。因此穷人不应该享受福利。支持者则认为：如果没有社会福利，穷人没有收入，就会造成社会动荡，社会犯罪率会上升，相关的管理支出也会增加，其造成的危害可能大于提供社会福利的成本，最终也会影响努力工作的人的利益。因此，为穷人提供社会福利能够稳定社会秩序，应该为穷人提供福利。

1 审题立意

1）命题要求

以"是否应该对穷人提供福利"为题，说明这是一个命题作文，考生不能另行拟题。

2) 侧重与选择

我们很容易判断该命题形式属于**"二选一"**类型（**"反对者认为……；支持者认为……"**等两个不同的观点）。材料没有明确倾向性，考生可根据自己的擅长选择其中一个方向展开论证，但是选择"支持者"观点便于展开论证。

2 论证结构

根据"二选一"题型命题特点，若选择支持"应该对穷人提供福利"，本题论证逻辑思路如下：**1.** 踩，驳反对者理由；⟶ **2.** 立，阐明支持者的理由；⟶ **3.** 怎么办，针对"踩"和"立"提供解决问题的措施。

段落	论证目的	分析思路
1	破	"二"是什么？为何选"一"？
2	踩	驳"贫穷在大多数情况下是懒惰造成的"。
3	立	从社会公平角度入手分析为什么给穷人提供福利。
4	反	分析如果不给穷人提供福利，危害是什么。
5	怎么办	针对"踩"与"立"的相关观点，提出应对措施。
6	结	概括与总结总论点。

3 手把手教写作

1》破。 本段的目的是"点题立论"，即文章开篇。"二选一"的题型，可以先把另一方的理由列出来，为下一段的"踩"立靶子。

【示例】国家是否应该对穷人提供福利存在较大的争议。反对者认为，贫穷在大多数情况下是懒惰造成的。

2》踩。 反驳贫穷在大多数情况下是懒惰造成的。1) 穷人不等于懒人；2) 导致贫穷的原因并非仅是懒惰。

【示例】首先，穷人和懒人并不能简单等同。造成贫困的原因复杂。环境恶劣、交通落后是许多贫困地区发展的硬伤。据调查，多年没有解决温饱的贫困人口76%生活在交通落后的山区，700万左右的贫困人口甚至住在生存条件恶劣的地区。

3》立。 从社会公平角度入手分析为什么给穷人提供福利。

【示例】反对救济穷人有违社会平等。有人认为，贫富差距恰恰是平等竞争的结果，因而是公平的。然而不可否认，较大的收入差距维持一段时间以后，就会导致一部分人生来就得不到平等竞争的机会。两个天赋完全相同的人仅仅因为出生于不同家庭，能够获得的教育就可能有极大的差异，以至于其中一个不管他如何努力，注定不可能获得同样的生活质量。这无论如何是不公平的。

延伸学习　　　　　　　公平与平等

公平涉及三个方面：机会均等、过程公平、结果均等。

机会均等的实质就是：竞赛应该从同一条起跑线开始。一个人生活的结果应该主要反映他本人的努力和天赋，而不是他的背景。两个天赋完全相同的人仅仅因为出生于不同家庭，从而不管他们努力程度如何，注定不可能获得同样的生活质量。可见机会不均等会带来社会差异的形成和扩大。

过程公平的核心就是对一切合法经济活动的参与者的财产和其他权利的有效保护。从某种意义上说，追求过程公平的实质就是追求效率。

结果均等通常指的是收入和财富的均等化分配。为了保证结果均等，常常采用收入和财富再分配等公共政策手段。

"平等"是一个复杂的概念，其中包含着价值判断。

有人认为，收入差距恰恰是平等竞争的结果，因而是公平的。然而不可否认，较大的收入差距维持一段时间以后，就会导致一部分人生来就得不到平等竞争的机会，这无论如何是不公平的。

机会不均等往往会伴随着影响力、权力和社会地位的巨大差异，因此，机会不平等趋向于持续存在下去。不公平的存在导致资源利用率低下，并降低了体制的有效性，从而对社会长期发展是有害的。

机会均等和过程公平是市场机制有效发挥作用的基本前提。促进公平本身就是政府的责任，只能由政府在维护市场机制的同时通过健全的公共治理和公共政策来实现。第一、保证机会均等的要义在于投资于人的能力建设（教育、公共卫生和医疗服务以及社会保障）。社会保障的意义在于给每个人都提供一种安全网，使之在遭受较大风险冲击或面对其威胁的情况下仍然能有机会参与经济活动。第二、过程公平的核心在于权利保护。保护公民拥有合法财产权或其他权利，是过程公平的基本要求。这就需要通过政府公共治理尤其是建设以法治为基础的市场经济体制来实现。

> **思考与总结**
>
> 有关机会均等、过程公平、结果均等，你还能联想到哪些社会现象？请针对这些现象做"理论分析"。

4》反。 分析如果不给穷人提供福利，危害是什么。

【示例】如果没有社会福利，穷人没有收入，就会造成社会动荡，社会犯罪率会上升，相关的管理支出也会增加，其造成的危害可能大于提供社会福利的成本，最终也会影响努力工作的人的利益。

> **思考与总结**
>
> 考生注意观察本段写法，深刻理解"就地取材"。想一想这段表达使用了原材料哪部分内容？写文章，尽量要扣着材料走，要将材料作为己用，这样省时、省力。

5》怎么办。 针对"踩"与"立"的相关观点，提出应对措施。措施通常从个体调适（穷人自身调整）+政策支持的角度谈。

【示例】不可否认，部分穷人之所以穷，一个重要原因是精神上存在一定的"等、靠、要"思想，因此要让他们彻底告别贫困，首先得激发他们的志气，做好扶志工作。"扶志"，就是要把贫困农民自己主动脱贫之志气"扶"起来，增强他们脱贫增收的主观能动性。（个体调适）

同时，对于穷人的帮助，绝不应仅仅局限于提供保障生活的必需品或者最低限度的医疗和自尊。一个社会，完善的社会，应该为那些没有条件的人提供发挥自身潜力所需要的物质条件和机会，保证人人都能得到受教育以及实现自身潜力的机会。（政策支持）

6》结。 概括与总结总论点。

【示例】只有当社会能够为穷人提供条件，使得其自身的潜力能够最大限度地实现，这种帮助才是充分的。

4 范文

应该对穷人提供福利

国家是否应该对穷人提供福利存在较大的争议。反对者认为，贫穷在大多数情况下是懒惰造成的。

这些观点乍看有理，但细想之下有逻辑上的问题。

首先，穷人和懒人并不能简单等同。造成贫困的原因有很多。环境恶劣、交通落后是许多贫困地区发展的硬伤。据调查，多年没有解决温饱的贫困人口76%生活在交通落后的山区，700万左右的贫困人口甚至住在生存条件恶劣的地区。

其次，反对救济穷人有违社会平等。有人认为，贫富差距恰恰是平等竞争的结果，因而是公平的。然而不可否认，较大的收入差距维持一段时间以后，就会导致一部分人生来就得不到平等竞争的机会。两个天赋完全相同的人仅仅因为出生于不同家庭，能够获得的教育就可能有极大的差异，以至于其中一个不管他如何努力，注定不可能获得同样的生活质量。这无论如何是不公平的。

再有，如果没有社会福利，穷人没有收入，就会造成社会动荡，社会犯罪率上升，相关的管理支出也会增加，其造成的危害可能大于提供社会福利的成本，最终也会影响努力工作的人的利益。

不可否认，部分穷人之所以穷，一个重要原因是精神上存在一定的"等、靠、要"思想，因此要让他们彻底告别贫困，首先得激发他们的志气，做好扶志工作。"扶志"，就是要把贫困农民自己主动脱贫之志气"扶"起来，增强他们脱贫增收的主观能动性。

同时，对于穷人的帮助，绝不应仅仅局限于提供保障生活的必需品或者最低限度的医疗和自尊。一个社会，完善的社会，应该为那些没有条件的人提供发挥自身潜力所需要的物质条件和机会，保证人人都能得到受教育以及实现自身潜力的机会。

只有当社会能够为穷人提供条件，使得其自身的潜力能够最大限度地实现，这种帮助才是充分的。

5 案例学习

民主社会主义福利国家论的利与弊

民主社会主义福利国家论的主要观点是，主张由国家实行全面的社会保障计划，为失业、疾病、工伤和年老者提供经济援助（社会福利）。民主社会主义福利国家论极大地促进了资本主义国家的政治稳定、经济发展和社会进步。但由此建立的福利制度也带来了一系列的弊端危机,我们应对此做一分为二的分析。

一、民主社会主义福利国家论的优点

第一,缩小贫富差距,维护社会稳定。当代资本主义国家的高福利是通过高税收来实现的。各国政府通过对不同收入的阶层实行有差别的税收政策,特别是累进税减少了由所有权产生的分配不合理,缩小了贫富差距,在一定程度上缓和了不同利益集团之间的矛盾,增强了生产力高度发达的市场经济制度下的凝聚力,这一税制是战后资本主义国家得以稳定发展的不可或缺的"缓冲器""减震器"。广泛的社会福利措施改善了人们的生活状况,保障了大多数人的最低经济要求和社会需求,在一定程度上防止社会动荡,平息社会不满,起到缓解社会矛盾的"安全网"作用,同时向社会成员灌输现存体制和价值观的合理性,减轻对现有制度的离心力。从而为资本主义国家的经济发展和社会稳定提供了前提和保证。

第二,调节社会需求,推动经济发展。根据一般规律,低收入阶层的消费潜力较大,其新增收入绝大部分能够转化为现实消费;而高收入阶层由于其阶段性消费已基本饱和,在新的消费热点尚未出现的情况下,其新增收入则会在很大程度上转化为储蓄或其他金融资产。"从摇篮到坟墓"的福利制度形成了一个巨大的、覆盖全社会公民基本生活需求的保障网络,居民家庭收入的很大一部分来自社会福利,使居民在生活上没有任何后顾之忧,从而可以当期消费甚至适度超前消费。因此,社会福利制度作为国家收入再分配的一种形式,对经济的发展能起到"稳定器"和"调节器"的作用,政府通过福利支出可以适当调节社会需求,刺激或抑制消费,适度的福利开支能推动经济发展。

第三,促进社会服务,缓解就业压力。民主社会主义福利国家论的确立和发展促进了资本主义国家第三产业的发展,因为社会保障制度的发展需要相应的配套措施,如职业培训、医疗保健等社会服务部门,这些部门的发展一方面提高了社会文化生活水平,另一方面增加就业机会、缓解失业对社会的压力。社会服务本身是一个庞大的消费主体,能为大量的劳动力提供就业机会,在工业劳动力的需求增长缓慢的情况下,社会服务这样的公共部门对增加就业机会、缓解就业压力的贡献是不可低估的。另外,福利制度不仅在生理方面保证了劳动力的基本生活水平,提高了劳动力的身体素质,而且通过教育等手段提高了劳动力的文化素质。这样,劳动者体力和脑力的增强,使劳动的效率提高了,劳动者寿命的延长,使他们能够从事劳动的期限延长了,从而保证了经济扩张时对劳动力的需求。

第四，扩大公民自由，体现团结互助。民主社会主义福利国家论的社会福利制度具有普遍性，几乎惠及所有的公民。从生到死的保障增加了社会中下层阶层对失业、疾病等风险的抵御能力，有助于将个人从僵化的制度中解放出来，从而扩大了公民个人自我设计、自我选择的自由。另外，民主社会主义福利国家论的特点就是把大量的财富从就业者方面向正在成长的一代和老一代进行再分配。尽管这种帮助是以国家立法的形式出现的，但它至少也体现了一种"强制的"团结互助。

二、民主社会主义福利国家论的弊端

第一，失业危机。实现充分就业是民主社会主义福利国家论的一项核心政策，是国家能够提供福利服务和收入转付的先决条件，是福利国家得以维持的前提与基础。只有就业才能创造福利，福利就是对就业者收入的一种扣除。失业大军的存在使失业福利支出居高不下，失业人群信心大减，造成福利国家的失业危机。过高的社会福利开支，最终将通过各种税收转为生产成本，而生产成本的提高，必然影响产品的竞争力，这就使得原本热情锐减的雇主尽量减少雇佣人数，致使社会中就业机会减少，随之而来的是失业保障费用的增加，并形成失业保障和就业之间的恶性循环，所以，福利不但没有成为消除失业的手段，反而成了增加失业的导因。

第二，财政危机。国家财政具有刚性，其规模可以不断扩大，但要缩小已达规模，理论上可行，实行上极难，因为社会福利从一开始就是社会中各个利益集团政治交易的对象。当经济高涨时，各利益集团致力于瓜分财政剩余，而当经济萧条时，为了刺激经济，又必须扩大政府的财政支出。各利益集团争夺既得权益的行为，使政府的财政僵化。为了弥补财政赤字，政府又不得不增发货币或发行赤字公债。前者将增加通货膨胀的压力，后者将现在的负担转嫁给下一届政府，使政府财政陷入两难境地。民主社会主义福利国家论的覆盖面过广，享受人数过多，费用也极度庞大，使得政府的社会福利开支数额巨大，引起财政状况恶化，财政危机就这样造成了。

第三，老龄危机。当代资本主义国家出生率低，平均寿命延长，导致人口老龄化。人口老龄化是一个全球性问题，人口老龄化社会的到来使福利国家在养老金支付方面面临着前所未有的负担。随着二战后生育高峰期降生的婴儿正纷纷进入退休期，老龄化已成为当代资本主义国家的共性。退休者的增加以及生产者的减少，使社会保险费率逐年上升，职工收入相对减少，对劳动者的热情和消费起到抑制作用。再加上民主社会主义福利国家论的过于全面的社会福利，一方面福利开支过大，另一方面，老年人死亡率大大下降，福利开支进一步加大。

第四，社会危机。沉重的社会福利负担，造成失业现象严重、普遍贫穷，突出表现为效益的失衡。高标准的福利是向企业和个人征税维持的，因此也就给企业造成了沉重负担。同时，劳动力成本也居高不下，产品在国际市场上缺乏足够的竞争力。因而许多跨国公司不断地将资本转移到劳动力成本较低的国家。这更进一步减少了福利国家的税源，造成了更大的困难。这又成为福利国家的另一个怪圈，高额的福利支出要求有高额的税收作为保证，而高额的税收造成的资本转移又减少了税收总额，使高额福利支出难以为继。

第五，观念危机。由于福利制度给人们提供了比较全面的服务，一些人宁肯靠国家补助过日子也不愿努力寻找工作，滋长了懒惰和不思进取的思想。在资本主义社会，工人不是生产资料的主人，出于生存的需要，他们为获取较多的个人收入而努力工作，并注意改进工作，一旦最低收入有了保障，最基本的生活需要得到了供给，而激励工人发奋工作的新的动机——政治思想因素的作用又不可能产生，于是形成了"动力的真空"，大家"多干""少干"差距不大，"少干""不干"无多大区别，失业者的收入有时不低于在业工人的收入，使许多失业者并不急于找工作。这种情况的存在和继续，必然会使部分人产生过分依赖社会和国家的思想，造成一种不干或少干工作都照样可以生活的社会观念。从某种意义上，优厚的社会福利是一种"大锅饭"，使许多人上进心理减退，不劳而获思想增强，高福利制度造就了不少"高级乞丐"。在某种程度上，情况恰如新自由主义所说的那样：福利国家削弱了个人的进取和自立精神，并且在我们这个自由社会的基础之下酝酿出某种一触即发的怨恨。

第六，制度危机。民主社会主义福利国家论的全面推行，还导致制度危机。主要表现在两个方面：行政的低效率和结构的不合理。行政的低效率是人类组织结构的一个常见问题，而结构的不合理是由于社会的保障制度在其发展过程中受到各方面的制约，因而忽视了管理科学中的一个基本原理，即目标和标准的一致性。另外，福利制度管理不严，还将导致福利诈骗行为严重，资金大量流失。

思考与总结

根据下述材料，写一篇不少于600字的论说文，题目自拟。

精准扶贫，是粗放扶贫的对称，是指针对不同贫困区域环境、不同贫困农户状况，运用科学有效的程序对扶贫对象实施精确识别、精确帮扶、精确管理的治贫方式。